EL DESPERTAR
de los
MUERTOS

LA GLORIA *de un* CORAZÓN QUE VIVE A PLENITUD

JOHN ELDREDGE

CARIBE-BETANIA
Una División de Thomas Nelson, Inc.
The Spanish Division of Thomas Nelson, Inc.
Since 1798 - desde 1798
www.caribebetania.com

Betania es un sello de Editorial Caribe, Inc.

© 2004 Editorial Caribe, Inc.
Una división de Thomas Nelson, Inc.
Nashville, TN., E.U.A.
www.caribebetania.com

Título en inglés: *Waking the Dead*
© 2003 por John Eldredge
Publicado por Thomas Nelson Publishers

A menos que se señale lo contrario, todas las citas bíblicas
son tomadas de la Versión Reina-Valera 1960
© 1960 Sociedades Bíblicas Unidas en América Latina.
Usadas con permiso.

Traductora: Raquel Monsalve

Diseño y tipografía: Jorge R. Arias
A&W Publishing Electronic Services, Inc.

ISBN: 0-8811-3801-0

Impreso en E.U.A.
Printed in U.S.A.

La gloria de Dios es que el hombre esté completamente vivo.

—San Ireneo

CONTENIDO

PRIMERA PARTE

Cómo ver nuestro camino con claridad

Es más difícil encontrar el camino a través del mundo
que el camino más allá del mundo.

—Wallace Stevens

Angosto [es] el camino que lleva a la vida, y pocos son los que
[lo] hallan.

—Jesús de Nazaret (Mateo 7.14)

Hay pocas realidades tan cruciales para nosotros como nuestra propia vida, y hay pocas verdades acerca de las cuales tengamos menos claridad.

Este viaje que iniciamos no es un camino de rosas, y la analogía no es mala. Podemos comenzar en la luz, con esperanza y alegría, y nuestro sendero parecería siempre guiarnos a los bosques, envueltos en una niebla baja. ¿Dónde se encuentra esa vida abundante que supuestamente nos prometió Cristo? ¿Dónde está Dios cuando más lo necesitamos? ¿Qué nos va a pasar a nosotros?

El efecto acumulado de días sobre años que no entendemos realmente es un *desgaste* sutil. Llegamos incluso a dudar de nuestro lugar en el universo y empezamos a cuestionar las intenciones de Dios para nosotros, y perdemos la noción de las cosas más importantes de la vida.

No estamos totalmente convencidos de que lo que Dios nos ofrece *es* vida. Hemos olvidado que el corazón es lo definitivo, y no tenemos ni idea que hemos nacido en un mundo que está en guerra.

CAPÍTULO UNO

Vestíos de toda la armadura

El ladrón no viene sino para hurtar y matar y destruir;
yo he venido para que tengan vida y para que la tengan
   en abundancia.

                       —Jesús de Nazaret (Jn. 10.10)

Nosotros y el mundo siempre estaremos en guerra, hijos míos.
La retirada es imposible.
Vestíos de toda la armadura.

                             —Leif Enger

Se estaba acabando el combustible y la niebla se rehusaba a desaparecer. El *Icy Straight* [estrecho helado] se desplegaba debajo de nosotros, hermoso y amenazador. A mí siempre me gustó mucho el océano, y cuanto más embravecido, mejor. Pero era claro que éste no era el lugar preciso para que se acabara el combustible. Si por casualidad pudiéramos sobrevivir tras dejar caer el pequeño avión, apenas duraríamos unos siete minutos en esas aguas, y el rescate más cercano a nosotros quedaba a cuarenta y cinco minutos de viaje. Fantástico. *Así es como sucede*, pensé. *Vamos a salir publicados en*

Selecciones. *«Una familia que salió de vacaciones perdida en un accidente mortal»*. La lluvia y la niebla empañaban el parabrisas mientras nos esforzábamos por ver hacia adelante, buscando un espacio donde las nubes se hubieran separado. Como estos aviones no tienen radar, los aviadores de la jungla vuelan con RVF (restricciones visuales de vuelo). Si usted no puede ver hacia dónde va, entonces no puede volar. Tampoco puede continuar sus intentos de vuelo, porque el reloj que marcha sin clemencia se llama tanque de combustible. Tres minutos más, y tendríamos que regresar.

«Vamos a hacer otro sobrevuelo».

Fairweather Mountain [montaña del buen temporal], es un nombre completamente equívoco. Con un nombre como ése, usted se imagina un lugar en Hawai o en Costa Rica, con brisas cálidas, colinas verdes, el tiempo siempre bueno. Estas montañas se elevan a más de cinco mil metros sobre el nivel del mar, cerca de la costa de la parte sureste de Alaska, con precipicios escarpados y ventiscas amenazantes. En aquel lugar se presenta una de las peores condiciones meteorológicas del mundo.

El piloto daba alaridos por encima del ruido del motor: «¡Estas montañas se llaman así porque uno solamente las puede ver en buen tiempo!»

¡Qué lindo! ¿A qué atolondrado se le ocurrió esa viveza? El temor se había tragado mi sentido del humor. *Las deberían haber llamado «Las cumbres congeladas de la muerte», o «Las montañas de ni se te ocurra ir por esos lados»*. ¿Buen clima? Por estos lados, tal vez unos veinte días al año, y eso con suerte.

Nosotros tuvimos suerte.

Además, nunca he visto algo más arrobador en toda mi vida. Descendimos a lo largo de paredes verticales de granito que se elevaban y caían miles de metros desde el suelo a ambos lados, como lo haría un gorrión entre los montes del Himalaya. ¿Esas son caídas de agua?» pregunté señalando hacia varias cascadas blancas que caían a través del aire sobre los negros acantilados.

«Avalanchas. Hoy la temperatura debe ser cálida por estos lados».

Enormes grietas en los glaciares de abajo contenían agua cristalina, de un color que no sabía que existía, entre el azul celeste y el azul marino.

«Esas grietas son tan grandes que podríamos volar en medio de ellas».

Pretendí no oír. Yo sentía que nos habíamos escapado de las garras de la muerte, y no quería darle a la muerte otra oportunidad. La belleza que ahora nos rodeaba era suficiente.

CON UNA NECESIDAD APREMIANTE DE CLARIDAD

Veinte días claros en todo el año. Eso suena como mi vida. Creo que apenas empiezo a entender de qué se trata todo realmente en esos veinte días. El resto se siente como si hubiera neblina, al igual que el espejo del baño después de tomar una ducha caliente. Usted sabe lo que quiero decir. ¿Sobre qué cosas siente usted que tiene perfecta claridad? ¿Qué me dice de su vida? ¿Por qué han sucedido las cosas de la manera que se han dado? ¿Dónde estaba Dios en todo eso? ¿Sabe usted lo que debería hacer a continuación, con una confianza profunda y tranquila de que todo va a resultar bien? Yo tampoco. Oh, a mí me encantaría despertar todas las mañanas sabiendo quién soy y a dónde me lleva Dios. Completamente en el lugar correcto en mis relaciones, sin vacilaciones y firme en mi llamado. Es maravilloso cuando puedo ver. No obstante, para la mayoría de nosotros, la vida se parece a conducir el automóvil con un parabrisas manchado y de repente el sol le pega de frente. Alcanzo a ver las formas delante de mí, y estoy casi seguro de que la luz es verde.

¿No resultaría muy provechoso tener un poco de claridad ahora mismo?

Comencemos por saber por qué la vida es tan terriblemente *dura*. Uno trata de bajar de peso, así solo sea un poco, pero no parece que lo vaya a lograr. Piensa en hacer un cambio en cuanto a su carrera o su ocupación, inclusive servir más a Dios, pero en realidad nunca lo puede hacer. Tal vez algunos de ustedes dan el salto, pero muy rara vez resulta de la forma en que pensaron. Usted trata de recuperar algo en su matrimonio y su cónyuge lo mira como diciendo: «¿Qué es lo que te crees?», o «¿No te parece un poco tarde para esto?», y el asunto termina en una discusión frente a los hijos. Sí, todos tenemos nuestra fe. Pero aun allí, y tal vez *especialmente* allí, todo parece no alcanzar la promesa. Se habla de libertad y de vida abundante, de paz como un río y de gozo inefable, pero para ser honestos, vemos muy poco de eso.

¿Por qué sucede, tal como lo dijera Tillich, que es solamente «aquí y allí en el mundo, y muy pocas veces dentro de nosotros» que vemos la evidencia de una nueva creación? Aquí y allí y muy pocas veces. En otras palabras, no mucho. Cuando las colocamos lado a lado, la *descripción* de la vida cristiana práctica contrasta fuertemente en el Nuevo Testamento al compararse con la vida *actual* de la mayor parte de los creyentes. Da vergüenza. El apóstol Pablo suena como un profesor lunático, y nosotros nos vemos un poco tontos, como los niños a los que no les permiten pasar de grado en la escuela. ¿Por qué casi todas las cosas buenas, desde tomar la vacación anual en familia, hasta planear una boda o cultivar una relación, nos cuestan tanto trabajo?

Es casi como si hubiera algo que se opone a nosotros.

NEUROSIS DE GUERRA

Unos buenos amigos míos acaban de regresar de unas vacaciones de tres semanas en Francia. Había sido el sueño de ellos por casi veinticinco años. ¿Qué podría ser más romántico que pasear por los Campos Elíseos al caer la tarde, como lo hacen los enamorados? Parecía la manera ideal de celebrar sus veinticinco años de casados. Ambos habían servido a Dios fielmente por décadas, pero durante muchos años un viaje a Europa les pareció algo tan alcanzable como la luna. Sin embargo, al final del otoño pasado, sus sueños empezaron a volverse una realidad.

Unos amigos que iban a viajar a Europa les ofrecieron dos pasajes para que viajaran juntos. Así pudieron programar sus anheladas vacaciones. Iban a ir a Francia. Justo cuando llegaron a Paris, todo se desmoronó. Craig se enfermó de pulmonía y Laura quería devolverse al tercer día. Toda clase de conflictos salieron a la superficie en su matrimonio, pero debido a que estaban con amigos, los asuntos parecían quedarse en sus pensamientos, los cuales oscilaban alrededor del divorcio. No era nada romántico; era algo *difícil*. Después, cuando hablamos por teléfono sobre la situación, Laura dijo: «La vida nunca parece salir de la manera en que uno cree que va a salir, como noventa por ciento del tiempo». No es broma. ¿No tenemos todos una historia que va con esa leyenda de parachoques?

El día anterior, yo recibí otra llamada telefónica. Fue la mañana que nuestro hijo Blaine tendría su cita final con el cardiólogo, y yo estaba ansioso por saber las noticias. Yo sé bien que todos los padres creen que sus hijos son mucho mejores que los demás, pero les digo que Blaine es un muchacho especial. Este año cumplió sus once, y es uno de los niños más felices y sanos que jamás he conocido. Tiene un corazón de oro, está consciente de las cosas espirituales, y se preocupa por los demás. Es sorprendentemente compasivo para su edad, y es el niño más valiente de todos. Cuando se trata de escalar rocas, saltar por precipicios o esquiar, Blaine siempre es el primero. Es un gran atleta y un artista talentoso, y es muy chistoso cuando se trata de humor. Toca el violín, aprende de memoria poesía de vaqueros, le gustan las cosas grandes, y quiere ser un caballero Jedi. Me encanta este niño.

La vida de Blaine es una larga historia de oraciones, esperanza y preocupación. Cuando era un niño pequeño, su pediatra descubrió una anormalidad en su corazón durante un examen de rutina. Después de una cantidad de pruebas, el cardiólogo confirmó que Blaine tenía varios hoyos en su corazón. «Va a necesitar una operación», dijo él. Nosotros decidimos esperar hasta que Blaine fuera un poco mayor, para darle a Dios una oportunidad de intervenir. La idea de que mi hijo tuviera una operación a corazón abierto me daba escalofríos.

Durante el transcurso de esos años pasamos muchas noches en oración pidiéndole a Dios que sanara el corazón de Blaine. Durante una de esas oportunidades, Stasi, quien no es muy dada a las visiones, tuvo una visión de una luz que le penetraba el corazón. En ese momento, ella estuvo segura de que Dios lo había sanado. Y esta mañana, el día de su examen anual, cuando comencé a orar por Blaine sentí que Jesús me decía: *Lo he sanado*. Mi corazón descansó y yo esperé el buen informe.

«Hola… soy yo. Blaine necesita una operación inmediatamente».

La esperanza se desvaneció. Sentí esa sensación en las entrañas que se siente en una caída libre, el sentimiento que uno experimenta cuando sube una escalera y comienza a resbalar. Me embargaron toda clase de pensamientos y emociones. Oh, no… No después de todo esto… yo… yo pensé… Mi corazón dio un vuelco. Desesperación, traición, el abandono de Dios. De parte nuestra, el no haber orado lo suficiente o no haber creído lo suficiente. Me sentí a pocos instantes del desánimo total. Parecía inevitable.

Esos momentos no son una progresión racional y calculada de pensamientos; son más bien como si usted fuera tirado al mar cuando se encuentra en una balsa en medio de una tormenta. Llegan rápida y furiosamente, pero la corriente siempre empuja hacia el desánimo. La mayor parte de las veces somos arrastrados; dejamos de luchar, nos desanimamos, y salimos de eso algún tiempo más tarde. Algunas personas nunca pueden salir.

Ojos para ver

Cuando Spillane *(The Perfect Storm)* trata a los marineros heridos en la costa, una de las primeras cosas que evalúa es su grado de conciencia. El nivel más alto, conocido como «alerta y orientado medida cuatro», describe a casi todo el mundo en una situación diaria. Saben quiénes son, donde están, la hora que es y lo que acaba de suceder. Si alguien recibe un golpe en la cabeza, lo primero que pierde son los acontecimientos recientes («alerta y orientados medida tres»), y lo último que pierde es su identidad. Una persona que ha perdido todos los niveles de conciencia, hasta su identidad, se dice que está «alerta y consciente medida cero». Cuando John Spillane se despierta en el agua, él está alerta y conciente medida cero. Su comprensión del mundo se ha reducido al hecho de que existe, nada más. Casi simultáneamente entiende que está sufriendo mucho dolor. Por mucho tiempo, esto es todo lo que sabe.

John Spillane es un paramédico que lleva a cabo misiones de rescate y es enviado al Atlántico Norte a una de las peores tormentas del siglo veinte, *la tormenta perfecta*, como la llaman el libro y la película, para que rescate a un pescador perdido en el mar. Cuando su helicóptero cae, él se ve obligado a saltar a una total oscuridad, desde una altura desconocida, y cuando llega al agua, está cayendo a tanta velocidad que es como caer sobre el pavimento desde una altura de 24 metros. Él está aturdido y confundido, tal como lo estamos nosotros cuando se trata de la historia de nuestras vidas. Es una analogía perfecta. No tenemos idea de quiénes somos realmente, por qué estamos aquí, que nos está pasando, o por qué. Con toda honestidad, la mayoría de los días estamos alerta y orientados «medida cero».

¿Nos ha abandonado Dios? ¿No hemos orado lo suficiente? ¿Es algo que aceptamos como «parte de la vida», lo aguantamos, aun cuando nos rompe el corazón? Después de un tiempo, la acumulación de hecho tras hecho que no nos gustan o no entendemos corroe nuestra confianza de que somos parte de algo grande y bueno, y nos reduce a una mentalidad de sobreviviente. Lo sé, lo sé, siempre nos han dicho que somos importantes para Dios. Y una parte de nosotros lo cree. Pero la vida tiene una forma de ir quitando poco a poco nuestras convicciones, socavar nuestra firme creencia de que él quiere lo mejor para nosotros. Quiero decir, si eso es verdad, entonces ¿por qué él no _____? Llene el espacio en blanco. Sanó a su mamá. Salvó su matrimonio. Le dio un cónyuge. Lo ayudó más.

Nosotros, o bien (a) no estamos haciendo las cosas como debemos hacerlas, o (b) Dios está reteniendo algunas cosas de nosotros. O alguna combinación de las dos, que es donde se encuentra la mayor parte de la gente. Piense en esto. ¿No es allí donde *usted* se encuentra, con todas las cosas que no han salido de la manera que usted esperaba y quería? Parece más una versión de «no estoy haciendo las cosas de la debida manera», lo cual significa que es culpa suya, que podría haber hecho las cosas mejor, que podía haber sido más valiente o más inteligente, o más bello , etc. O «Dios retiene algunas cosas de mí», porque usted sabe que él *podría* haber intervenido, pero no lo ha hecho, y ¿qué es lo que usted debe pensar sobre eso?

Dicho sea de paso, esta es la Gran Pregunta, la pregunta que todos los filósofos y religiones y denominaciones cristianas han tratado de responder desde el principio del tiempo. *¿Qué es lo que en realidad está pasando aquí?* Admitámoslo, la vida es muy dura. Día tras día nos golpea, hasta que perdemos de vista lo que Dios quería para nosotros y no tenemos ni la más mínima idea de por qué nos están *sucediendo* a nosotros las cosas que nos están sucediendo. Después uno ve personas que mueren en las Torres Gemelas, se entera los de niños que mueren de hambre en Etiopía, y ¡paf! Si un Dios bueno está realmente en control… todo eso.

Yo me sentí muy mal cuando París no fue todo lo que mis amigos esperaron que hubiera sido, pero no estaba seguro de qué decirles. Al igual que la mayoría de los creyentes en esas situaciones, simplemente le pregunté a Laura cómo podía orar por ellos. «Que podamos tener ojos para ver lo que está sucediendo». Mi corazón dio un vuelco. ¡Brillante! ¡Perfecto! Eso es exactamente lo que necesitamos. Ojos para ver. ¿No es eso lo que Jesús nos ofreció, claridad? ¿Recuperación de la vista para los ciegos (Lucas 4.18)? Necesitamos claridad y la necesitamos con urgencia. De mi corazón se eleva una oración simple: *Jesús, quita la niebla y las nubes y el velo, y ayúdame a ver… danos ojos que en realidad puedan ver.*

La oferta es *vida*

La gloria de Dios es que el hombre esté completamente vivo (San Ireneo).

La primera vez que leí esta cita, mi reacción inicial fue… *Es una broma. ¿Realmente?* Quiero decir, ¿es eso lo que le han dicho a usted? ¿Que el propósito de Dios, aquello en lo cual él está arriesgando su reputación, es que usted esté completamente vivo? Ah. Bueno, esta es una perspectiva diferente de las cosas. Me hizo preguntar: *¿Cuáles son las intenciones de Dios conmigo? ¿Qué es lo que yo he llegado a creer en cuanto a eso?* Sí, nos han dicho muchas veces que nosotros le importamos a Dios, y hay algunas preciosas promesas en la Biblia que hablan de eso. Pero por otro lado, tenemos días malos en nuestra vida, y tienen una forma de dejar una sombra grande en nuestro corazón cuando se trata de las intenciones de Dios hacia *nosotros* en particular. Leí la cita de nuevo: «La gloria de Dios es que el hombre esté completamente vivo», y algo comenzó a dar vueltas en mí. *¿Podría ser?*

Me volví al Nuevo Testamento para leerlo por mí mismo y darle una nueva mirada a lo que Jesús tiene para ofrecer. «Yo he venido para que tengan vida, y para que la tengan en abundancia» (Juan 10.10). ¡Qué notable! Eso es muy diferente a decir: «He venido a perdonarte. Punto». El perdón es algo maravilloso, pero Jesús dice aquí que ha venido a darnos *vida*. Parece que Ireneo debe saber algo. «Yo soy el pan de vida» (Juan 6.48). «El que cree en mí, como dice la Escritura, de su interior correrán ríos de agua viva» (Juan 7.38). Cuanto más miraba, tanto más saltaba de las páginas este tema de la vida . Lo que quiero decir es que *está en todas partes*.

> Sobre toda cosa guardada, guarda tu corazón;
>   porque de él mana la vida (Proverbios 4.23).

> Me mostrarás la senda de la vida (Salmo 16.11).

> En él estaba la vida, y la vida era la luz de los hombres
>   (Juan 1.4).

> Anunciad al pueblo todas las palabras de esta vida
>   (Hechos 5.20).

Comencé a experimentar el sentimiento que tiene un hombre que ha sido atracado. Estoy plenamente consciente de que lo que *necesito* es vida, y es vida lo que busco. Pero la oferta ha sido interpretada por gente bien intencionada que dice: «Oh, bien. Sí, por supuesto… Dios quiere vida para usted. Pero eso es vida *eterna*, queriendo decir que debido a la muerte de Jesucristo usted puede ir al cielo cuando muera». Y eso es cierto, de una manera. Pero es como decir que casarse quiere decir: «Porque te doy este anillo quiere decir que voy a cuidar de ti cuando te jubiles». ¿Y qué sucede *entre tanto*? (A propósito, es en este «entre tanto» que vivimos nuestros días). ¿Estamos perdidos en el mar? ¿Qué quiso decir Jesús cuando nos prometió vida? Yo regreso a la fuente y lo que encuentro es sorprendente:

> Hubiera yo desmayado, si no creyese que
> veré la bondad de Jehová en
> la tierra de los vivientes (Salmo 27.13).

> «De cierto os digo, que no hay nadie que haya dejado casa, o padres, o hermanos, o mujer, o hijos por el reino de Dios, que no haya de recibir mucho más en este tiempo, y en el siglo venidero la vida eterna» (Lucas 18.29, 30).

Jesús no traslada esta oferta que nos hace a algún futuro distante después que nosotros hayamos trabajado arduamente para vivir nuestros días aquí en la tierra. Él habla de una vida que está disponible para nosotros aquí *en esta época*. Lo mismo dice el apóstol Pablo: «La piedad para todo aprovecha, pues tiene promesa de esta vida presente, y de la venidera» (1 Timoteo 4.8). Nuestra vida *presente* y la próxima. Cuando escuchamos las palabras *vida eterna*, la mayoría de nosotros tendemos a interpretarla «como una vida que nos espera en la eternidad». Pero *eterna* significa que «no tiene fin», no que vaya a ser realidad «más tarde». Las Escrituras usan este término para dar a entender que nunca la podemos perder. Es una vida que nadie nos puede quitar. La oferta es vida, y esa vida comienza *ahora*.

> A fin de que como Cristo resucitó de los muertos por la gloria del Padre, así también nosotros *andemos en vida nueva* (Romanos 6.4, cursivas añadidas).

¿La gloria de Dios es un hombre completamente vivo? ¿Ahora? En forma espontánea, resurgió en mí la esperanza con el pensamiento

de que las intenciones de Dios para conmigo podían ser mejores de lo que yo había pensado. ¿Su felicidad y mi felicidad están unidas? ¿El llegar a ser un hombre completamente vivo es lo que Dios se ha comprometido hacer en cuanto a mí? ¿Es *esa* la oferta del cristianismo? ¡Qué fantástico! Quiero decir que haría una enorme diferencia si supiéramos, en realidad supiéramos con todo nuestro ser que nada ni nadie nos los puede quitar, si *supiéramos* que nuestras vidas y la gloria de Dios están entretejidas, enlazadas. Las cosas podrían comenzar a verse mejor. Sería algo prometedor, como si uno se hiciera amigo el primer día de clase del muchacho más grande del curso.

La oferta es vida. No se equivoque al respecto. Así que entonces … ¿dónde *está* esa vida? ¿Por qué es tan rara?

ESTAMOS EN GUERRA

> El ladrón no viene sino para hurtar y matar y destruir; yo he venido para que tengan vida, y la tengan en abundancia (Juan 10.10).

¿Se ha preguntado alguna vez por qué Jesús unió esas dos declaraciones? ¿Sabía usted que él las dijo al mismo tiempo? Lo que quiero decir es que él las dijo en un mismo hálito. Y él tiene sus razones. Por supuesto que Dios quiere que usted tenga vida. Pero ahora mismo esa vida tiene *oposiciones*. No se le presenta en bandeja de plata. Hay un ladrón. Ese ladrón viene a hurtar, a matar y a destruir. En otras palabras, sí, la oferta es vida, pero usted va a tener que pelear por ella porque en su vida hay un enemigo que tiene otros planes.

Hay algo que se opone a nosotros.

Estamos en guerra.

Por qué no me di cuenta de esto por tanto tiempo es un misterio para mí. Tal vez lo pasé por alto; tal vez preferí no verlo. *Estamos en guerra*. A mí no me gusta esto como tampoco le gusta a usted, pero cuanto antes lo aceptemos, tanto mejores posibilidades tendremos de vivir la vida que queremos vivir. Esto no es el paraíso. Probablemente se haya dado cuenta de eso. No es Mayberry; tampoco es el mundo de Seinfeld; tampoco es *Survivor*. El mundo en el que vivimos es una zona de combate, un choque violento de reinos, una amarga lucha hasta la muerte. Lo siento si soy el que tiene que darle estas noticias: usted nació en un mundo que está en guerra, y usted vivirá todos los días de su vida en medio de una gran batalla en la que participan las fuerzas del cielo y del infierno, y que se desarrolla aquí en la tierra.

¿De dónde *pensó* usted que venía toda esta oposición?

Muy temprano en la Historia, allá en el comienzo de nuestro tiempo en la tierra, le fue entregada al hombre una gran gloria. Todos nosotros, hombres y mujeres, fuimos creados a imagen de Dios. Hemos sido hechos en forma formidable y maravillosa, creados como imágenes vivientes de la Persona más valiente, sabia y maravillosa que jamás ha vivido. Aquellos que lo vieron alguna vez, cayeron sobre sus rodillas sin siquiera pensarlo, como usted siente que pierde el aliento cuando ve el Gran Cañón o los Alpes o el mar en el amanecer. Esa gloria fue compartida con nosotros, y nosotros fuimos, para usar las palabras de Chesterton, «estatuas de Dios caminando por un huerto», dotados de un poder y una belleza que nos eran propios. Todo lo que alguna vez deseamos poder ser ya lo fuimos, y mucho más. Estábamos completamente vivos.

> Y creó Dios al hombre a su imagen, a imagen de Dios lo creó;
> varón y hembra los creó (Génesis 1.27).

> Cuando veo tus cielos, obra de tus dedos,
>   la luna y las estrellas que tú formaste, digo:

¿Qué es el hombre, para que tengas de él memoria,
　　y el hijo del hombre, para que lo visites?
Le has hecho poco menor que los ángeles,
　　y lo coronaste de gloria y de honra (Salmo 8.1-3).

Me atrevo a decir que ya hemos escuchado bastante sobre el pecado original, pero no lo suficiente sobre la gloria original, la cual viene *antes* del pecado y es más profunda para nuestra naturaleza. Hemos sido coronados con gloria y honor. ¿Por qué una mujer quiere ser hermosa? ¿Por qué quiere un hombre ser considerado valiente? Porque recordamos, aunque sea vagamente, que una vez fuimos más de lo que somos ahora. La razón por la cual usted duda que puede haber gloria en su vida es porque esa gloria ha sido el objeto de una guerra larga y brutal.

Esto se debe a que había un enemigo acechando en el huerto. Este poderoso ángel que una vez también había sido glorioso, el capitán de las huestes del Señor, hermoso y poderoso más allá de cualquier comparación. Pero él se rebeló contra su Creador, dirigió una gran batalla contra las fuerzas del cielo y fue arrojado de allí. Desterrado de su hogar celestial, pero no destruido, él esperó que le llegara la oportunidad de vengarse. Incapaz de derrocar al Todopoderoso, él se volvió contra aquellos que llevan la imagen de Dios. Nos mintió en cuanto a dónde se podía encontrar la verdadera vida y nosotros le creímos. Caímos, y «nuestra gloria se desvaneció», como dijo Milton, «se desvaneció tan pronto». O como lamentó David: «¿Hasta cuándo volveréis mi honra en infamia?» (Salmo 4.2).

Pero Dios no nos abandonó, no lo hizo ni siquiera remotamente. Creo que aun una lectura rápida del Antiguo Testamento le convencería de que la *guerra* es un tema central de la actividad de Dios. Está en el libro de Éxodo, cuando Dios va a la guerra para darle libertad a su pueblo cautivo. Sangre, granizo, langostas, oscuridad, muerte. Plaga tras plaga desciende sobre Egipto como los puñetazos continuos de un boxeador, como los golpes de una gran hacha. Faraón afloja sus garras, pero sólo por un momento. Los esclavos que huyen quedan atrapados contra el Mar Rojo cuando Egipto hace una última descarga, cayendo sobre ellos en carros de guerra. Dios ahogó a los soldados en el mar, a cada uno de ellos. De pie, llenos de asombro y gozo en la ribera opuesta, los hebreos proclamaron: «Jehová es varón de guerra» (Éxodo 15.3). Jehová es un guerrero.

Luego sigue la guerra para llegar *a* la tierra prometida. Moisés y todos los demás tuvieron que hacer guerra contra los amalecitas; de nuevo Dios los salva y Moisés grita: «Jehová tendrá guerra con Amalec de generación en generación» (Éxodo 17.16). Jehová estará en guerra. No ha visto nada todavía. Luego está la guerra para *entrar a* la tierra prometida; Josué y la batalla de Jericó y todo eso. Después que los judíos ganaron la tierra prometida, la guerra que sigue es para *mantenerla* conquistada. Israel luchó con los cananitas, los filisteos, los madianitas, otra vez los egipcios, los babilonios, y más y más a continuación. Débora va a la guerra; el rey David va a la guerra. Elías luchó contra los profetas de Baal; Josafat pelea contra los edomitas. ¿Se está dando cuenta del escenario?

Mucha gente piensa que el tema de la guerra termina en el Antiguo Testamento. No es así. Jesús dijo: «No he venido para traer paz, sino espada» (Mateo 10.34). De hecho, su nacimiento involucró otra batalla en el cielo:

> Apareció en el cielo una gran señal: una mujer vestida con el sol, con la luna debajo de sus pies, y sobre su cabeza una corona de doce estrellas. Y estando encinta, clamaba con dolores de parto, en la angustia de alumbramiento. Y también apareció otra señal en el cielo: he aquí un gran dragón escarlata, que tenía siete cabezas y diez cuernos, y en sus cabezas siete diademas; y su cola

arrastraba la tercera parte de las estrellas del cielo, y las arrojó sobre la tierra. Y el dragón se paró frente a la mujer que estaba lista para dar a luz, a fin de devorar a su hijo tan pronto como naciese. Y ella dio a luz un hijo varón, que regirá con vara de hierro a todas las naciones; y su hijo fue arrebatado para Dios y para su trono… Después hubo una gran batalla en el cielo: Miguel y sus ángeles luchaban contra el dragón; y luchaban el dragón y sus ángeles… Entonces el dragón se llenó de ira contra la mujer; y se fue a hacer guerra contra el resto de la descendencia de ella, los que guardan los mandamientos de Dios y tienen el testimonio de Jesucristo (Apocalipsis 12.1-5, 7, 17).

El nacimiento de Cristo fue un acto de guerra, una *invasión*. El enemigo lo sabía y trató de matarlo cuando era un bebé (Mateo 2.13). No fue como la existencia de un pálido monaguillo, toda la vida de Cristo quedó marcada por la guerra y la confrontación. Él saca los demonios con un mandato enérgico. Reprende la fiebre y ésta deja a la suegra de Pedro. Reprende una tormenta y ésta se calma. Confronta a los fariseos vez tras vez para liberar al pueblo de Dios del legalismo. En voz alta despierta a Lázaro de los muertos. Desciende al infierno, lucha con Satanás por las llaves de la muerte y del infierno, y guía una hueste de cautivos a la libertad (Efesios 4.8, 9; Apocalipsis 1.18). También quiero destacar que cuando regrese, Jesús vendrá montado en un caballo de guerra, con su manto ensangrentado, armado para la batalla (Apocalipsis 19.11-15).

La guerra no es uno entre los muchos temas de la Biblia. Es *el* telón de fondo de todas las Escrituras, el contexto de todo lo demás. Dios está en guerra. Él está hoyando los viñedos donde se guardan las uvas de ira. ¿Y por qué esta luchando él? Por nuestra libertad y nuestra restauración. La gloria de Dios es el hombre completamente vivo. Entre tanto, Pablo dice *vestíos de toda la armadura*, y la primera parte que quiere que nos pongamos es el cinturón de la verdad (Efesios 6.10-18). Nos ponemos la armadura al tener una perspectiva sólida y buena de nuestra situación, al obtener claridad sobre las batallas de nuestra vida. Las intenciones de Dios para nosotros son vida. Y esas intenciones reciben oposición. El que está avisado, queda avisado, o como dice el dicho, guerra anunciada no mata soldados

En el libro *Mere Christianity*, en el capítulo que con tanta propiedad tituló «La invasión», C. S. Lewis trata de aclarar esta situación:

> Uno de los temas que más me sorprendió cuando comencé a leer el Nuevo Testamento con seriedad fue que hablara tanto de un poder oscuro en el universo; un poderoso espíritu del mal cuya función era ponerse detrás de cada muerte, enfermedad y pecado. La diferencia es que el cristianismo cree que este poder oscuro fue creado por Dios y que fue bueno al ser creado, pero luego se volvió malo. El cristianismo está de acuerdo… el universo está en guerra.

Usted debe pelear por su vida

Hasta que no aceptemos que la *guerra* es el contexto de nuestra vida diaria, no vamos a entender la vida. Vamos a interpretar mal noventa por ciento de lo que ocurre a nuestro alrededor. Va a ser muy difícil creer que las intenciones de Dios para nosotros son la vida abundante; y será aún más difícil no sentir que de alguna manera nosotros estamos echando a perder esos planes de Dios. Lo que es peor, vamos a comenzar a aceptar algunas afirmaciones realmente horribles en cuanto a Dios. Aquella niñita de cuatro años que ha sido abusada por su papá, ¿eso es «la *voluntad* de Dios»? El horrible divorcio que destrozó su familia, ¿Dios quería que eso también sucediera? Y ese accidente de aviación en el que murieron tantas personas, ¿era eso lo que Dios quería?

La mayor parte de las personas se estancan en algún lugar porque creen que Dios las ha abandonado. Él no actúa como ellos esperan. Una joven mujer, hablando de su vida con una mezcla de desilusión y cinismo, hace poco me dijo: «Dios está más bien silencioso últimamente». Sí, ha sido terrible. No lo niego ni por un instante. Ella no es amada; no tiene trabajo; ha pasado por muchas pruebas. Pero su actitud me parece en extremo ingenua, como sería la de una persona que se encuentra en medio de una balacera y con un poco de conmoción y con un sentimiento de traición dice: «Dios, ¿por qué no haces que me dejen de disparar?» Lo siento, pero ahí no es donde estamos ahora. Ahí no es donde estamos en la Historia. Ese día va a llegar, *más tarde*, cuando el león dormirá al lado del cordero y hagamos arados con las espadas. Por ahora, es una batalla sangrienta.

Por supuesto que esto explica una cantidad inmensa de problemas.

Antes de prometernos vida, Jesús nos advirtió que un ladrón trataría de robar, matar y destruir esa vida. ¿Cómo es que no pensamos que el ladrón realmente roba, mata y destruye? Usted no entenderá su vida, no podrá ver con claridad lo que le ha pasado o cómo vivir de ahora en adelante, a menos que la vea como una *batalla*. Una guerra contra su corazón. Y usted va a necesitar todo su corazón para lo que viene a continuación. No quiero decir lo que viene a continuación en la historia que estoy relatando. Quiero decir lo que viene a continuación en la vida que usted vive. Hay unas pocas cosas que sé, y una de las que sé es esta: No vemos las cosas con la claridad que deberíamos verlas. Tal como *necesitamos* verlas. No entendemos lo que está sucediendo a nuestro alrededor o a aquellos que amamos, y prácticamente no sabemos nada cuando se trata del peso de nuestras propias vidas y de la gloria… que está siendo retenida.

Algunos de ustedes todavía no lo ven. Está bien. Todavía tenemos un libro entero delante de nosotros. Si es verdad que hay una gran y feroz batalla desarrollándose alrededor de nosotros, y contra nosotros; ¿por qué el enemigo no es más visible? Y si hay una gloria para mi vida, bueno, entonces, ¿por qué tampoco veo *eso*? ¿Por qué tengo tantas dificultades para ver y dónde está la vida que Dios ofrece?

No vemos con claridad porque no vemos con los ojos de nuestro corazón.

CAPÍTULO DOS

Los ojos del corazón

… alumbrando los ojos de vuestro entendimiento, para que sepáis cuál es la esperanza a que él os ha llamado.

—El apóstol Pablo (Efesios 1.18)

Estoy preocupado por una forma de mirar la vida, que fue creada en mí por los cuentos de hadas, pero que desde entonces ha sido ratificada por los simples hechos.

—G. K. Chesterton

Dos hombres están sentados uno frente al otro en un cuarto oscuro. Afuera, una tormenta de rayos se desata en la noche, sacudiendo hasta los cimientos de la casa. La luz de los relámpagos no se percibe en toda su intensidad porque las cortinas han sido cerradas, puesto que se trata de una reunión *secreta*. Aquella es la primera vez que esos hombres se encuentran, aunque en realidad han estado buscándose la mayor parte de sus vidas. Y finalmente sus destinos se han cruzado. Uno de ellos, un hombre negro vestido de negro, tiene la apariencia de un maestro espiritual. El hombre más joven, tratando de ocultar el hecho de que está asustado e inseguro, se podría convertir en su discípulo. Todo depende de una decisión.

MORFEO: Me imagino que ahora tal vez te sientes un poco como Alicia, cuando caía en la cueva de los conejos.

NEO: No lo puedo negar.

MORFEO: Lo puedo ver en tus ojos. Tienes la mirada de un hombre que acepta lo que ve porque se espera de él que despierte. Es irónico, pero esto no está lejos de la verdad. ¿Crees en el destino, Neo?

NEO: no.

MORFEO: ¿Por qué?

NEO: Porque no me gusta la idea de que yo no ejerza el control de mi vida.

MORFEO: Sé exactamente lo que quieres decir. Déjame decirte por qué estás aquí. Estás aquí porque sabes algo. *Lo que* sabes no lo puedes explicar. Lo sientes. Lo has sentido toda tu vida. Hay algo que está mal con el mundo. No sabes lo que es. Pero está allí, como una astilla en tu mente, que te hace enloquecer. Es ese sentimiento el que te ha traído hasta mí. ¿Sabes de lo que estoy hablando?

NEO: ¿La Matriz?

MORFEO: ¿Quieres saber lo que es?

(Con un poco de vacilación, Neo asiente con la cabeza).

MORFEO: La Matriz está en todos lados. Ahora mismo en este cuarto. La puedes ver cuando miras por la ventana, o cuando prendes el televisor. La puedes sentir cuando vas a trabajar, cuando vas a la iglesia, cuando pagas tus impuestos. Es el mundo que ha sido colocado sobre tus ojos para ocultarte la verdad.

NEO: ¿Qué verdad?

MORFEO: De que eres un esclavo, Neo. Al igual que todos los demás, tú naciste en esclavitud, en una prisión que no puedes gustar, oler o tocar. Una prisión de tu mente. Desdichadamente, a nadie se le puede decir lo que es la Matriz. Tú la debes ver por ti mismo.

(En cada una de sus manos, extendidas como una ofrenda, el hombre mayor tiene dos cápsulas, una roja y la otra azul. Él le está ofreciendo al hombre más joven una oportunidad a la verdad).

MORFEO: Esta es tu última oportunidad, después de esto no hay vuelta atrás. Si tomas la cápsula azul, la historia termina, despertarás en tu cama y entonces puedes creer lo que quieras creer. Si tomas la cápsula roja, vas a permanecer en el País de las Maravillas y yo te mostraré cuán profunda es la cueva del conejo.

Neo toma la cápsula roja; Alicia sale del armario; Aladino frota la lámpara; Eliseo ora para que los ojos de su siervo sean abiertos; Pedro, Jacobo y Juan siguen a Jesús al monte de la transfiguración. Y todos ellos descubren que hay muchos más acontecimientos que suceden aunque los ojos no puedan verlos. La película *The Matrix* (La Matriz) es una parábola, una metáfora, y aunque es una historia oscura, está más cerca de la realidad y de su vida de lo que usted probablemente ha sido inducido a pensar. (Me estoy refiriendo solamente a la primera película de la trilogía). Y la pregunta que Morfeo le hace a Neo es una pregunta que las Escrituras nos hacen a cada uno de nosotros: *¿Quieres* ver?

¿CÓMO PODEMOS VER EN REALIDAD?

Hay otro hombre, un hombre anciano, un maestro espiritual. La vida para él también ha estado llena de aventuras y de guerra y de pruebas de fuego. Él también sabe algo que nosotros no sabemos. Y él también nos está ayudando a ver. Él escribe:

Por tanto, no desmayemos; antes aunque este nuestro hombre exterior se va desgastando, el interior no obstante se renueva de día en día. Porque esta leve tribulación momentánea produce en nosotros un cada vez más excelente y eterno peso de gloria; no mirando nosotros las cosas que se ven, sino las que no se ven; pues las cosas que se ven son temporales, pero las que no se ven son eternas (2 Corintios 4.16-18).

La primera línea de esta carta de Pablo me toma por sorpresa. «Por tanto, no desmayemos». ¿Alguien sabe cómo se puede no desmayar? Escucho sugerencias. Porque en realidad *estamos* desmayando. Todos nosotros. A diario. Es lo que más tenemos en común todos los seres humanos sobre el planeta en estos momentos. Nos estamos desmayando, o ya nos hemos desmayado. Aquella gloriosa y duradera imagen de Dios en nosotros se está desvaneciendo, y desaparece con mucha rapidez. Y este hombre Pablo afirma que sabe un camino de salida. Ahora bien, para apreciar el peso de sus palabras, usted necesita tener una idea de lo que ha sido su vida. Porque Pablo no es ni rico ni famoso; no ha vivido una vida libre de vicisitudes, pero eso sí ha visto visiones, ha tenido encuentros, puede decirse, con algo más allá de las paredes de su mundo. Y desde ese entonces, su vida se complicó. En sus propias palabras, él ha estado

… en cárceles más; en peligros de muerte muchas veces… cinco veces he recibido cuarenta azotes menos uno. Tres veces he sido azotado con varas; una vez apedreado; tres veces he padecido naufragio; una noche y un día he estado como náufrago en alta mar; en caminos muchas veces; en peligros de ríos, peligros de ladrones, peligros de los de mi nación… en hambre y sed, en muchos ayunos, en frío y en desnudez (2 Corintios 11.23-27).

Para no mencionar aquel pequeño incidente con animales salvajes en Éfeso. Usted se da cuenta. La vida de Pablo ha sido difícil, dura. Su curriculum vitae se lee como si hubiera estado sacado de Amnistía Internacional. Alguien ha estado tratando de encerrarlo o de silenciarlo. Él sabe algo; tiene un secreto. Así que, Pablo, ¿puedes decirnos *cómo?* ¿Cómo es que no vamos a desmayar?

> No mirando las cosas que se ven, sino las que no se ven (2 Corintios 4.18).

¿Qué? ¿Cómo así? Dejé escapar un suspiro de desánimo. *Ahora eso me va a ayudar. «Mirando las cosas que no se ven».* Eso suena como misticismo oriental, esa clase de sabiduría que tiene un rastro de espiritualidad pero que es completamente inaplicable a nuestras vidas. La vida es una ilusión. Fíjense en aquellas realidades que no pueden ver. *¿Qué quiere decir eso?* Recordando que un poco de humildad me puede ayudar a recorrer otro tramo largo del camino, intento reflexionar otra vez en la vida de este hombre viejo y sabio que me dice que hay una manera de ver la vida, y que aquellos que la descubren pueden vivir del corazón sin importar lo que suceda. ¿Cómo lo hacemos? Mirando con los ojos del corazón. La oración del apóstol Pablo era que Dios alumbrara «los ojos de vuestro entendimiento» (Efesios 1.18).

CÓMO SE PUEDE VER CON EL CORAZÓN

«He aquí, el sembrador salió a sembrar…»
«Un hombre… cayó en manos de ladrones…»
«¿O qué mujer que tiene diez dracmas, si pierde una…?»
«Diez vírgenes [que tenían] diez lámparas…»

Piense en eso. Usted es el Hijo de Dios. Ha venido al mundo a rescatar a la raza humana. Su tarea es comunicar verdades sin las cuales sus preciosos hijos van a estar perdidos… para siempre. ¿Lo haría de *esta* forma? ¿Un tesoro escondido en un campo? ¿Un poco de masa? ¿Diez vírgenes y algo acerca del aceite? ¿Por qué no viene y lo dice directamente? ¿De dónde salen todas esas historias? Yo me atrevo a agregar que algunas son más bien desconcertantes. Jesús no está entreteniendo a niños. Él está hablando a adultos en cuanto a los asuntos más profundos de la vida, y creo que puedo afirmar que él sabe muy bien lo que está haciendo. Como lo dice Dallas Willard, Jesús es brillante. Es el hombre más inteligente que jamás ha existido. ¿Entonces qué significan todas esas historias?

Nosotros los hijos de la Internet, los teléfonos celulares y el Canal de 24 horas con noticias del tiempo, nos creemos muy «ilustrados». No nos dejamos engañar por nada; queremos los *hechos*. El resultado final. Así que el teorema ha llegado a ser nuestro medio de decir lo que es verdad y lo que no lo es. Y el teorema ayuda… para algunas cosas. Sacramento es la capital del estado de California. El agua se congela a cero grados en la escala Celsius, sus zapatos están en la sala, debajo del sofá. Pero el teorema fracasa cuando se trata de las realidades de más peso en la vida. Y mientras es un hecho que la Guerra Civil en los Estados Unidos ocurrió entre los años 1861 y 1865, y también es un hecho que cientos de miles de hombres murieron en esa guerra, esos hechos ni siquiera pueden comenzar a describir lo que sucedió en Bull Run o Antietam, o Cold Harbor o Gettysburg. Usted ni siquiera comienza a entender la realidad de la Guerra Civil hasta que escucha las historias, o ve películas de aquel tiempo, o visita los campos de batalla, o mira una película como *Glory*.

Cuánto más, entonces, cuando se trata de verdades profundas de la fe cristiana. Dios lo ama y usted es importante para él. Ese es un hecho dicho en forma de teorema o proposición. Me imagino que la mayoría de ustedes han escuchado eso muchas veces. ¿Por qué, entonces, no somos las personas más felices de la tierra? Porque no ha llegado a nuestros corazones. Los hechos, en su mayor parte, permanecen alojados en la mente. No hablan al nivel en que necesitamos escuchar. La proposición o teorema le habla a la mente, pero cuando usted dice una historia, usted le habla al corazón. Hemos estado relatando historias desde el comienzo del tiempo. Es la forma en que comunicamos las verdades eternas, se las pasamos a otros.

Y es por este motivo que Jesús habla a las personas de una manera que va a ir más allá de sus barreras intelectuales y les llegará al corazón. Él relata una clase especial de historia. Como lo dice Chesterton: «Estoy preocupado por una forma de mirar la vida, que fue creada en mí por los cuentos de hadas, pero que desde entonces ha sido ratificada por los simples hechos». Y las mejores historias de todas, las que traen verdades eternas, siempre toman la forma de una parábola, o como a veces decimos, un cuento de hadas. Mejor aún, otros las llaman *mitos*.

Realidad mítica

Creo que ya he perdido a muchos de ustedes. Para la mayoría de nosotros, racionalistas, la palabra «mito» significa algo que «no es verdad». ¿No es eso en lo que piensa cuando escucha a alguien decir «Eso es un mito»? Quiere decir que no es verdad de acuerdo a los hechos. Pero un mito es una historia, como una parábola, que habla de verdades eternas. No estoy usando la palabra *mito* en un sentido técnico, refiriéndome a la mitología griega. La estoy usando en una forma más amplia, más comprensiva, para aludir a «una historia que le trae un vistazo de la eternidad», o «cualquier historia que despierta su corazón a las profundas verdades de la vida». Esa es la cualidad que unifica a todas las historias míticas, ya sean Sísifo, o La Bella Durmiente, o La Matriz. El profesor cristiano Rollan Hein ha escrito esto de la siguiente forma: «Los mitos son, en primer lugar, historias: Narraciones que nos hacen enfrentar algo que trasciende y que es eterno… un medio por el cual lo eterno se expresa en el tiempo».

Jesús cuenta la historia de un sembrador que salió a sembrar un campo. No se sabe en qué año sucedió y tampoco se conoce la identidad del sembrador. Él y sus semillas son metáforas para algo mucho más significativo que un granjero y un costal de maíz. En este caso, son símbolos del Hijo de Dios y de la Palabra eterna. La historia es para todos nosotros, así que trasciende el tiempo y el espacio y habla por siglos y siglos. Los mitos son así. Son historias que nos recuerdan verdades trascendentales y eternas. Fíjese en el éxito de las películas *La guerra de las galaxias*, o más recientemente la trilogía *El Señor de los anillos*. Millones de personas las han disfrutado, y más de una vez. No es porque pensamos que las historias son verdaderas en el sentido de los hechos. Ni siquiera nos detenemos a poner en duda su exactitud histórica o sus posibilidades científicas. Su atracción tiene razones más profundas, en el ámbito del corazón.

El ex—presidente de la Universidad Wheaton, Clyde Kilby, explica: «Mito es el nombre que se da a una manera de ver, a una forma de *saber*». Ni fantasías ni mentiras, sino experiencias que nos llegan desde más allá de las paredes de este mundo. Rollan Hein observa: «Es el tipo de historia que lo despierta a uno, y de pronto uno dice: 'Sí, de esto es lo que se trata mi vida. Aquí radican mi significado y mi destino'». Y nosotros necesitamos despertar, usted y yo, porque resulta que estamos, mayormente, alertas y conscientes en «medida cero».

Hace algunos años, una madre le escribió a C. S. Lewis con relación a su hijo (de nueve años), y a lo mucho que le gustaban *Las Crónicas de Narnia*. El niño se sentía mal porque pensaba que amaba a Aslan (el león héroe de la historia) más que a Jesús. Con gracia y brillantez, C. S. Lewis le respondió que no tenía por qué preocuparse: «Porque las acciones por las cuales el niño admira a Aslan, son las mismas que Jesús hizo o dijo. Así que cuando Lawrence piensa que ama a Aslan, en realidad está amando a Jesús, y tal vez amándolo más de lo que lo amó antes». La verdad no necesita un versículo adherido a ella para validarse como la verdad. Todo lo que usted ama de Aslan pertenece a Jesús.

«El sistematizar aplasta», dice Kilby, «en cambio la verdad redondea. El sistematizar le quita color a la vida, pero el mito restaura. El mito es necesario por lo que el hombre es… porque el hombre es fundamentalmente mítico. Su verdadera salud depende de que sepa y viva… su naturaleza mítica». Las historias míticas nos ayudan a ver claramente, lo que quiere decir que nos ayudan a ver con los ojos del corazón. Así que lance una red grande y recoja todas esas historias que han conmovido su alma, avivado su espíritu, que le han hecho llorar o le han dado alegría o que han avivado su imaginación heroica. Las va a necesitar todas, como verá más adelante.

LAS COSAS NO SON LO QUE PARECEN

¿Qué nos dicen todas las grandes historias y mitos? ¿Qué es lo que tienen en común? ¿Qué es lo que tratan de comunicar? De dondequiera que vengan, cualquiera sea la forma que tengan, casi siempre nos hablan de verdades eternas. Primero, esas historias tratan de recordarnos que *las cosas no son lo que parecen*. Hay mucho más sucediendo de lo que ven nuestros ojos. Mucho más. Después que el tornado la deposita en tierra, Dorothy se despierta y sale de la granja de su abuela para encontrarse en un mundo extraño y nuevo, una tierra de duendes y hadas y brujas malas. La tierra de Oz. Qué brillantes fueron los que hicieron la película, esperar hasta este momento para introducir el color. Hasta este momento la historia se había relatado en blanco y negro, y tan pronto Dorothy sale de la casa, la pantalla explota con color, y ella le susurra a su pequeño amigo: «Toto… creo que ya estamos en Kansas».

Alicia cae al hoyo del conejo en el País de las Maravillas. Adonos se despierta con el sonido del agua y descubre una corriente que fluye a través de su dormitorio. La alfombra que siempre le pareció a él como césped y flores, ahora es realmente eso, a saber, una pradera con margaritas que se mueven en la suave brisa. El techo se ha convertido en las ramas de un gran árbol «uno de esos que protegen el denso bosque, hacia el cual corre el riachuelo. Los casi imperceptibles rastros de un camino, ahora cubierto por el césped muy crecido y el musgo, no se podían ver a lo largo de la ribera derecha». Con propiedad supone que aquel debe ser el sendero que conduce al país de las hadas, y se resuelve seguirlo.

Neo se despierta del estado vegetativo de sueño-muerte de la Matriz para descubrir que la fecha no es 1999 sino 2199, y que el mundo que él pensaba que era real es en realidad una decepción colectiva impuesta a todos los seres humanos para mantenerlos prisioneros. Jacobo cae en un sueño bajo las estrellas en el desierto y sueña que una escalera «estaba apoyada en tierra, y su extremo tocaba en el cielo» (Génesis 28.12). Cuando despierta, más despierto de lo que jamás ha estado en su vida, por primera vez se da cuenta de que hay algo más que sucede a su alrededor de aquello que jamás había imaginado. «Ciertamente Jehová está en este lugar, y yo no lo sabía» (Génesis 28.16).«¿Y yo no lo sabía?» ¿No es esa la misma lección del camino a Emaús? Usted recuerda la historia: Dos seguidores de Jesús salieron de la ciudad de Jerusalén después de la crucifixión, tan desilusionados como dos personas pueden estar, con todas las razones en sus mentes para estarlo y mucho más. Sus esperanzas habían quedado destrozadas. Habían puesto toda su confianza en el Nazareno, y ahora él estaba muerto. Y cuando, deprimidos, se dirigían a sus hogares, Jesús se coloca de pronto a su lado, completamente vivo, pero de incógnito, y se une a la conversación de ellos, pretendiendo no saber, y ellos sin darse cuenta de que era Jesús…

Y les dijo: ¿Qué pláticas son estas que tenéis entre vosotros, y por qué estáis tristes?

Respondiendo uno de ellos que se llamaba Cleofas, le dijo: ¿Eres tú el único forastero en Jerusalén que no ha sabido las cosas que en ella han acontecido en estos días?

Entonces él les dijo: ¿Qué cosas?

Y ellos le dijeron: De Jesús nazareno, que fue varón profeta, poderoso en obra y en palabra delante de Dios y de todo el pueblo; y cómo le entregaron los principales sacerdotes y nuestros gobernantes a sentencia de muerte, y le crucificaron. Pero nosotros esperábamos que él era el que había de redimir a Israel (Lucas 24.17-21).

«Pero nosotros esperábamos…» Ah, sí. Esperábamos. Tengo algunas cosas en mi vida de las que puedo decir eso. Me imagino que usted también. *Yo esperaba…* La historia es tan humana, tan cierta en lo que respecta a nuestras vidas. Lo que es tan maravilloso y nos da esperanza, porque ahora *sabemos* cómo termina la historia, es algo que también me hace gracia, a saber, cómo es posible que no hayan visto. *No comprendieron el asunto.* Pasaron por alto los secretos del corazón que tanto les ardían por dentro. Porque la historia continúa, tal vez lo recuerde, y el misterioso Acompañante comienza a regañarlos por ser «tardos de corazón para creer», a medida que les recuerda las escrituras de los profetas, y la sabiduría de antaño. Lo invitan a cenar con ellos, y después de unas palabras relacionadas con su deseo de seguir su camino, él entra a la casa para cenar con ellos.

Y aconteció que estando sentado con ellos a la mesa, tomó el pan, y lo bendijo, lo partió, y les dio. Entonces les fueron abiertos los ojos, y le reconocieron; mas él se desapareció de su vista. Y se decían el uno al otro: ¿No nos ardía nuestro corazón en nosotros, mientas nos hablaba en el camino, y cuando nos abría las Escrituras? (Lucas 24.30-32).

¿Por qué cree usted que Dios nos comunicó esta historia? ¿Puede haber sido acaso para recordarnos que las cosas no son siempre aquello que parecen ser, y que nuestra interpretación de los hechos puede estar bastante equivocada? Si comenzamos allí, con un poco de humildad, entonces nosotros también nos podremos disponer para que se abran nuestros ojos al resto de la historia de *nuestras* vidas. Hay más cosas sucediendo de las que jamás nos hemos imaginado.

Esto es precisamente lo que la Biblia ha querido enseñarnos durante todos estos años: Que vivimos en dos mundos, o mejor, que vivimos en un mundo con dos dimensiones, una que podemos ver y otra que no podemos ver. Somos impulsados, por nuestro propio instinto de conservación, a actuar como si el mundo que no vemos (el resto de la realidad) tuviera, en verdad, más peso y fuera más real y más peligroso que el aspecto de la realidad que podemos ver. La lección de la historia del camino a Emaús, y la lección que toda la Biblia se propone que aprendamos, comienza con esta simple verdad: Las cosas no son lo que parecen. Hay mucho más sucediendo aquí que lo que ven nuestros ojos. Mucho más. Esta es la VERDAD ETERNA NÚMERO UNO.

SE ESTÁ LIBRANDO UNA BATALLA

Sin embargo, hay otra cualidad más urgente para cada verdad mítica. LA SEGUNDA VERDAD ETERNA que se presenta nos llega como un mensaje entrecortado que se escucha por la radio, o como un correo electrónico de un país lejano, acerca de una lucha grande, de un conflicto o batalla que se está llevando a cabo. Tal vez esté en juego la seguridad mundial. Cuando los cuatro niños llegan a

Narnia, el país y todas sus bellas criaturas están cautivadas bajo el hechizo de una Bruja Blanca y lo han estado por cien años. En otra historia, Jack y su madre se están muriendo de hambre y deben vender su única vaca. Frodo apenas puede salir de Shire salvando su vida y con el anillo de poder. En el instante preciso se da cuenta de que el anillo mágico de Bilbo es el Anillo único, que Sauron ha descubierto donde está, y que los Nueve Jinetes Negros ya han cruzado las fronteras buscando a la pequeña criatura con intenciones de muerte. El futuro de la Tierra pende de un hilo.

Darth Vader casi tiene al universo bajo su perverso puño cuando un par de droids caen en las manos de Lucas Skywalker. Lucas no tiene idea de lo que se está desarrollando, qué grandes acciones han sido hechas a su favor, o cuáles van a ser los requerimientos de la batalla que va a ocurrir. Sentado dentro de su choza de arena, pero con el viejo Ben Kenobi (él no sabe que éste es el gran guerrero Jedi Obi-Wan Kenobi), Lucas descubre el mensaje secreto de la princesa. «Esta es nuestra hora más desesperada. Ayúdeme, Obi-Wan Kenobi. Usted es mi única esperanza».

De nuevo, esto es exactamente lo que las Escrituras han tratado de inculcarnos durante siglos: «Despiértate, tú que duermes ... y te alumbrará Cristo» (Efesios 5.14-16). O como lo dice la popular versión de la Biblia conocida como *The Message*: «Mira por donde caminas. Usa la cabeza. Aprovecha al máximo cada oportunidad. ¡Estos son tiempos de desesperación!» (Traducción hecha de la versión inglesa). El cristianismo no es una religión que obliga ir a la escuela dominical, o asistir a cenas en las que todos traen un plato para compartir, a ser buenos, llevar a cabo lavados de automóviles, o a enviar nuestras ropas que ya no usamos a México, por muy buenas que esas actividades puedan ser. Este es un mundo en guerra. Algo grande y tremendamente peligroso se desenvuelve alrededor de nosotros, en lo cual todos estamos atrapados, y por sobre todo lo que nos hace dudar, lo cierto es que tenemos asignado un papel clave que cumplir. ¿Usted cree que estoy siendo demasiado dramático? Considere la historia que se relata en el capítulo 10 de Daniel.

En el año 605 a.J.C., los babilonios saquearon a Jerusalén. Entre los prisioneros llevados a la ciudad de los famosos jardines colgantes se encontraba un joven llamado Daniel. Este joven se convierte en una especie de consejero del gabinete real, principalmente porque Dios le da favor y le revela una cantidad de misterios a él que han desconcertado a todos los demás en el servicio del rey. Usted recordará el famoso episodio cuando, en medio de una función del estado vuelta casi un carnaval, el rey Belsasar ve la escritura en la pared, literalmente. MENE, MENE, TEKEL, UPARSIN. En realidad, todos la pueden ver pero Daniel es el único que la puede interpretar. El exilado hebreo acierta en su pronóstico nuevamente, el rey muere aquella misma noche. Entonces Medes asciende al trono, y después de muchos años más en el peligroso mundo de la política del Oriente Medio, Daniel tiene otra inquietante visión. Veamos la historia a continuación:

> En el año tercero de Ciro rey de Persia fue revelada palabra a Daniel llamado Beltsasar; y la palabra era verdadera, y el conflicto grande; pero él comprendió la palabra y tuvo inteligencia en la visión. En aquellos días yo Daniel estuve afligido por espacio de tres semanas. No comí manjar delicado, ni entró en mi boca carne ni vino, ni me ungí con ungüento, hasta que se cumplieron las tres semanas (Daniel 10.1-3).

Algo ha sucedido que Daniel no entiende. Creo que todos nosotros nos podemos identificar con eso. Tampoco nosotros entendemos el noventa por ciento de lo que nos ocurre. Daniel está afligido. Él se dispone a obtener una respuesta. Pero tres semanas de ayuno y de oración no producen resultados inmediatos. ¿Cuál es la conclusión que debe sacar él? Si Daniel hubiera sido como la mayoría de la gente, a estas alturas habría sacado probablemente una de dos conclusiones: *Estoy echando a perder el asunto*, o *Dios está reteniendo algo de mí*. Podría haber tratado de confesar cada pecado y ofensa con la esperanza de abrir las líneas de comunicación con Dios. O se pudo haber refugiado en una especie de desilusión resignada, dejar el ayuno y encender el televisor. En un esfuerzo por continuar aferrado a su fe, Daniel pudo haber abrazado la dificultad como parte de «La voluntad de Dios para su vida». Quizás hubiera leído un libro sobre «el silencio de Dios». Esa es la forma en que la gente que yo conozco maneja esta clase de asuntos.

Y Daniel hubiera estado completamente equivocado.

El día veintiuno del ayuno, aparece un ángel, sin aliento. Con una cierta clase de disculpa, el ángel le explica a Daniel que en realidad Dios lo había enviado con la respuesta el primer día de la oración de Daniel, hacía tres semanas. (He aquí la teoría completa de la oración no contestada, arrojada por la ventana). *¿Hace tres semanas?* ¿Qué debe hacer Daniel con eso? «¿El primer día? Pero... quiero decir, gracias, no quiero ser mal agradecido, pero... ¿dónde has *estado*?» Tú no has arruinado nada, Daniel, y Dios no te está reteniendo algo. El ángel entonces le explica que estuvo en una batalla mano a mano con un poderoso ángel caído, un poder demoníaco de enorme fuerza, quien lo mantuvo sin poder entrar al reino de Persia durante tres semanas, y finalmente él tuvo que llamar a Gabriel (el gran arcángel, el capitán de las huestes del Señor), para que viniera y lo ayudara a abrirse paso a través de las líneas enemigas. «Ahora estoy aquí en respuesta a tu oración. Siento que me haya tomado tanto tiempo».

He aquí la VERDAD ETERNA NÚMERO DOS: este es un mundo en guerra. Vivimos en una historia mucho más dramática y peligrosa de lo que nos podemos imaginar. La razón por la cual nos encantan *Las crónicas de Narnia*, o *La guerra de las galaxias*, o *La Matriz*, o *El señor de los anillos* es porque nos están diciendo algo acerca de nuestras vidas que nunca escucharíamos en las noticias de la tarde. O desde la mayoría de los púlpitos. *Esta es nuestra hora más desesperada.* Sin este ardor en nuestros corazones, perdemos el significado de nuestros días. Todo se reduce a comidas rápidas y a pagar cuentas y a correos electrónicos, y ¿a quien en realidad le importa de todas formas? ¿Se da cuenta de lo que ha sucedido? La esencia de nuestra fe ha sido debilitada por nosotros. Aquello que debía darle significado a nuestras vidas y *protegernos*, esa forma de ver la realidad, se ha perdido. O nos la robaron. Fíjese que aquellos que trataron de despertarnos a esta realidad por lo general perdieron su vida por eso: los profetas, Jesús, Esteban, Pablo, la mayoría de los discípulos. ¿Se le ha ocurrido a usted alguna vez que alguien estaba tratando de hacerlos callar?

Las cosas no son aquello que parecen ser. Este es un mundo en guerra. Y ahora prepárese para la noticia más sorprendente de todas.

EL PESO DE SU GLORIA

Veamos por último, aunque no por eso resulte menos importante, ni de lejos, que cada historia mítica nos grita que en esta hora desesperada *tenemos un papel crucial que desempeñar.* Esa es la TERCERA VERDAD ETERNA, y es la que necesitamos más desesperadamente si vamos a entender nuestros días. Durante la mayor parte de su vida, Neo se ve a sí mismo como Thomas Anderson, un programador de computación que trabaja para una compañía grande. A medida que el drama comienza a entrar en calor, y el enemigo lo busca, él se dice a sí mismo: «Esto es una locura. ¿Por qué me está sucediendo esto a mí? No soy nadie. No hice nada». Una convicción muy peligrosa... aunque es compartida por la mayoría de ustedes, mis lectores. De lo que más tarde él llega a darse cuenta, en un instante demasiado rápido, es que él es el único que puede romper el poder de La Matriz.

Frodo, el pequeño hombrecito del Shire, joven e ingenuo en tantos sentidos, «la persona que es la que uno menos imaginaría», es el Portador del Anillo. Él también debe aprender por medio de caminos peligrosos y una batalla feroz, que le ha sido asignada una tarea, y que si él no encuentra un camino, nadie lo hará. Dorothy es una muchachita campesina de Kansas que llega a Oz, no porque estuviera buscando aventuras, sino porque alguien le había herido los sentimientos y ella había decidido escaparse del hogar. Y, sin embargo, ella es la que depone a la Malvada Bruja del Oeste. Juana de Arco también era una muchacha campesina, que no sabía leer, la hija menor en su familia cuando recibió la primera visión de Dios. Casi nadie creyó lo que ella decía; su comandante del ejército francés dijo que ella debía ser enviada a su hogar y recibir una buena paliza. Y sin embargo, ella es quien conduce a los ejércitos a la guerra.

Usted descubre todo esto a través de las Escrituras: un pequeño muchachito que mata a un gigante, un pescador muy hablador que no puede mantener un trabajo va a ser el que guíe la iglesia, y una prostituta con un corazón de oro es la que hace la obra que Jesús nos dice que divulguemos lo que ella hizo «dondequiera que se predique este evangelio» (Marcos 14.9). Las cosas no son lo que parecen. *Nosotros* no somos lo que parecemos.

De todas las verdades eternas que no creemos, esta es la que dudamos más. Nuestros días no tienen nada de extraordinario. Están llenos de acontecimientos mundanos y rutinarios, especialmente en días de apuro. ¿Y nosotros? Nosotros estamos golpeados por todos lados. Nada realmente especial. Probablemente hemos desilusionado a Dios. Pero Lewis escribió: «El valor del … mito es que toma todas las verdades que sabemos y les restituye el significado que ha permanecido oculto bajo el velo de la familiaridad». Usted no es lo que usted cree que es. Hay una gloria en su vida que su enemigo teme, y él está determinado a destrozar esa gloria antes de que usted actúe para restaurarla. Tal vez esta parte de la respuesta suene increíble al principio; tal vez suene demasiado buena como para ser verdad; por cierto que usted se preguntará si será cierta para usted. Pero una vez que usted comienza a ver con esos ojos, una vez que, desde lo profundo de su corazón usted ha comenzado a saber que es verdad, va a cambiar todas las cosas.

La historia de su vida es la historia del brutal y largo asalto en su corazón perpetrado por el que sabe lo que usted puede llegar a ser y tiembla de solo pensarlo.

CÓMO VER CON CLARIDAD

¿Cree usted que yo estoy tratando de poner un hechizo? Tal vez lo estoy; pero recuerde sus cuentos de hadas. Los hechizos se usan para romper encantamientos tanto como para ponerlos. Y usted y yo necesitamos el hechizo más poderoso que puede encontrarse para que nos despierte del conjuro malvado de la mundanalidad, el cual ha sido colocado en nosotros por casi cien años (C. S. Lewis, *The Weight of Glory*).

Lewis no está tratando de escribir algo novedoso, él habla con mucha seriedad cuando escribe estas palabras. Ese conjuro malvado de la mundanalidad es la manera de ver la vida que nos ha dado el Siglo de las luces, la Época de la razón, la era moderna. La ciencia es nuestro intérprete. La Matriz. Todos hemos bebido mucho de esa copa, incluyendo a la iglesia, y ahora todo el reino se encuentra bajo el influjo de un encantamiento, al igual que Narnia durante el invierno, como el reino durmiente de *La bella durmiente*. O como lo dice la Biblia: «El mundo entero está bajo el maligno» (1 Juan 5.19). Nunca nos hemos detenido a pensar en eso. ¿Cómo? ¿*Cómo* es que todo el mundo está bajo el hechizo del maligno? La gente no lo ve. Están como en una neblina, bajo un hechizo. Sus corazones están embotados (2 Corintios 3.15; 4.3-6). Oh, Dios, quita este embotamiento de nuestros corazones.

Casi a mitad de camino en su viaje, siguiendo una gran cantidad de aflicciones y enfrentando muchas más, Sam Gamgee, el devoto amigo y siervo de Frodo, se pregunta en voz alta: «Me pregunto en qué clase de cuento hemos caído». En ese momento Sam está pensando en forma mítica. Él se está formulando una pregunta de la manera correcta. Su pregunta supone que *hay* una historia; que hay algo más grande que está sucediendo. También supone que de alguna manera han tropezado con ella, que han sido barridos hacia ella. Eso es exactamente lo que nosotros hemos perdido. A usted le pasan cosas. Se le rompe el automóvil, se pelea con su cónyuge, o de pronto se dio cuenta de cómo solucionar un problema en el trabajo. ¿Qué es lo que *en realidad* está sucediendo? David Whyte dice que nosotros vivimos nuestras vidas bajo un cielo pálido, «el sentido perdido de que vivimos nuestras vidas como parte de una historia más grande».

¿En qué clase de cuento he caído yo?, es una pregunta que nos ayudaría mucho si la formuláramos a nosotros mismos. Después que mi amiga Julie vio *La Comunidad de los Anillos*, ella se dirigió a la niña que hay dentro de ella y le susurró: «Hemos obtenido una vista más clara de la realidad de lo que por lo general vemos». Sí, esa es la clase de vista que necesitamos; esa es nuestra realidad. Lo que me llamó la atención fue la casa rodante que se usó para la película. En un resumen brillante de unos tres minutos, los cortos de la película capturan los elementos míticos esenciales de la historia. A medida que las escenas pasan una tras otra con rapidez antes los ojos del espectador, y Gandalf describe la historia, estas líneas cruzan la pantalla:

El destino lo ha elegido.

Una Comunidad lo ha protegido.

El mal lo va a perseguir.

Sí, eso es. Esa es la vida que el cristianismo está tratando de explicarle al mundo. Mejor aún, esa es la realidad a la cual el cristianismo es la puerta. Si pudiéramos creer eso en cuanto a nuestras vidas, y llegar a *saber* que es verdad, todo cambiaría. Podríamos interpretar mucho mejor los eventos que se están desarrollando a nuestro alrededor y en contra de nosotros. Descubriríamos la tarea que nosotros solos podemos llevar a cabo. Encontraríamos nuestro valor. Se hace tarde, y usted es necesario. Hay tanto en juego. ¿Dónde *está* su corazón?

CAPÍTULO TRES

El corazón de todas las cosas

Sobre toda cosa guardada, guarda tu corazón;
porque de él mana la vida.

—Rey Salomón (Proverbios 4.23)

Usted nunca será un hombre grande si tiene más mente que corazón.

—Beauchene

En su recorrido por el sendero amarillo de ladrillos, y quiero recordarle que este sendero se hace cada vez más peligroso con cada paso, Dorothy se encuentra con algunas cosas extrañas. Se hace amiga del Espantapájaros, y después los dos se encuentran con un leñador de hojalata, de pie completamente quieto en el bosque, blandiendo su hacha que parece congelada en el aire. Al principio, no parece que pueda hablar. Cuando se acercan, se da cuenta que está tratando de decir algo después de todo. *Aceite… hojalata*. Después de un poco más de malos entendidos y malas interpretaciones, colocan la lata de aceite en las articulaciones de su boca para descubrir que puede hablar tan bien como cualquier hombre, pero que está oxidado. Una vez que es liberado de su prisión, él comienza a contarles su historia.

Pero la película no presenta un hecho crucial que el autor dio en su cuento original. El leñador de hojalata había sido una vez un hombre *real,* que había estado enamorado de una hermosa doncella. Había soñado casarse con ella, una vez que hubiera ganado el suficiente dinero como para construirle una cabaña en el bosque. La Bruja Malvada odiaba su amor, y ella le puso un hechizo al hombre que le causó daño, de forma que cada uno de sus miembros tuvo que ser reemplazado con miembros artificiales de hojalata. Al principio, pareció una ventaja, porque su cuerpo de metal le permitía trabajar con tanto poder como una máquina. Con un corazón de amor, y con brazos que nunca se cansaban, parecía seguro que ganaría mucho dinero.

«Yo pensé que le había ganado a la Bruja Malvada entonces, y trabajé más duro que nunca; pero no tenía idea de lo cruel que podía ser mi enemiga. Ella pensó en otra forma de matar mi amor por la hermosa doncella, e hizo que el hacha se deslizara de mis manos, para que me cortara el cuerpo, separándolo en dos. Una vez más el hojalatero vino en mi ayuda y me hizo un cuerpo de hojalata. Me aseguró los brazos y las piernas y la cabeza al cuerpo por medio de articulaciones, para que yo me pudiera mover tan bien como antes. ¡Pero ay de mí! Ahora no tengo corazón y perdí mi amor por la doncella, y sin importarme si me casaba con ella o no…

«Mi cuerpo brillaba tanto en el sol que yo me sentía muy orgulloso de él y no importaba si el hacha se deslizaba de mis manos, porque no me podía cortar. Existía un solo peligro, que mis articulaciones se oxidarían; pero yo siempre tuve una aceitera en la cabaña y la usé cuando fue necesario. Sin embargo, llegó un día cuando me olvidé de hacerlo, y me sorprendió una tormenta de lluvia, y antes que pudiera pensar en el peligro, mis articulaciones se habían herrumbrado, y me quedé aquí en el bosque hasta que tú llegaste para ayudarme.

«Fue una experiencia terrible, pero en el año que hace que estoy de pie aquí tuve tiempo para pensar que la pérdida más grande que experimenté fue la pérdida de mi corazón. Cuando estaba enamorado era el hombre más feliz de la tierra; pero nadie puede amar si no tiene corazón, así que ahora he resuelto pedirle a Oz que me dé un corazón. Si lo hace, voy a regresar a la doncella y me voy a casar con ella».

Tanto Dorothy como el Espantapájaros habían estado muy interesados en la historia del Leñador de Hojalata, y ahora sabían por qué él estaba tan ansioso de tener un corazón nuevo. «Aun así», dijo el Espantapájaros, «yo voy a pedir por un cerebro en lugar de un corazón; porque un necio no sabría que hacer con un corazón si lo tuviera». «Yo voy a pedir un corazón», dijo el Leñador de Hojalata, porque el cerebro no me va a hacer feliz; y la felicidad es la mejor riqueza del mundo». (L. Frank Baum, *El maravilloso mago de Oz).*

Fíjese que este era un hombre que una vez había sido real y que estaba enamorado. Pero después de una serie de contratiempos, su humanidad fue reducida a eficiencia. Se convirtió en una clase de máquina, un hombre vacío. Al principio, ni se dio cuenta, porque su condición lo hizo un excelente leñador, al igual que cualquier persona puede llegar a ser productiva como una máquina cuando se olvida de su corazón. Fíjese también que fue la Bruja Malvada la que le trajo ese desastre a su vida. El relato mítico de Baum nos recuerda que el enemigo sabe la importancia vital que tiene el corazón, aunque nosotros no lo sabemos, y todas sus fuerzas están fijas en su destrucción. Porque si él puede hacer funcionar mal o hacer morir su corazón, entonces él ha malogrado el plan de Dios con efectividad, que era crear un mundo nuevo donde reinara el amor. Al tomar su corazón, el enemigo lo toma a *usted*, y usted es esencial para la Historia.

Usted se dará cuenta que él ha sido bastante eficaz.

Encuentro difícil de creer que hay que presentar un argumento para decir que el corazón está… pues bien, en el corazón mismo de todo esto. De la vida, De cada persona. De Dios y del cristianismo. Pero nuestro enemigo ha venido contra nosotros, y ahora todos estamos en cierta forma como el Leñador de Hojalata. Nosotros también hemos sufrido una serie de contratiempos a lo largo de la vida. Y nosotros también hemos adoptado la eficiencia, las muchas ocupaciones y la productividad como la vida que en cambio vamos a vivir. Ahora estamos perdidos. Mareados. Atentos y orientados en «grado cero». Vamos caminando dormidos a través de la vida. Para encontrar el camino que nos saque de este bosque, debemos volvernos al corazón.

El corazón es central

El corazón es central. El hecho de que tengamos que recordar esto muestra lo mucho que nos hemos alejado de la vida que fuimos creados para vivir, o lo poderoso que ha sido el hechizo. El tema del corazón se trata en la Biblia mucho más que cualquier otro, más que palabras sobre el servicio, más que el creer o la obediencia, más que el dinero, y aun más que la adoración. Tal vez Dios sabe algo que nosotros hemos olvidado. Por supuesto que sí; todas esas otras cosas son asuntos del corazón. Considere unos pocos pasajes:

> Y amarás a Jehová tu Dios de todo tu corazón, y de toda tu alma, y con todas tus fuerzas (Deuteronomio 6.5). [Jesús llamó a este el más grande de todos los mandamientos, y fíjese que el corazón se menciona en primer lugar.]

El hombre mira lo que está delante de sus ojos, pero Jehová mira el corazón (1 Samuel 16.7).

Porque donde está vuestro tesoro, allí estará también vuestro corazón (Lucas 12.34).

Fíate de Jehová de todo tu corazón,
    y no te apoyes en tu propia prudencia (Proverbios 3.5).

En mi corazón he guardado tus dichos,
    para no pecar contra ti (Salmo 119.11).

Este pueblo de labios me honra;
    mas su corazón está lejos de mí (Mateo 15.8).

Porque los ojos de Jehová contemplan toda la tierra, para mostrar su poder a favor de los que tienen corazón perfecto para con él (2 Crónicas 16.9).

Todo camino del hombre es recto en su propia opinión,
    pero Jehová pesa los corazones (Proverbios 21.2).

De acuerdo a las Escrituras, el corazón puede estar inquieto, puede ser herido, traspasado, quebrantado y hasta roto. ¡Qué bien sabemos todo esto! Afortunadamente, también puede ser contento, alegre, lleno de gozo, lleno de regocijo. El corazón puede estar sano, o puede estar dividido, como en esa frase que a menudo usamos: «Bueno, parte de mí quiere, pero la otra parte no quiere». Puede ser sabio o necio. Puede ser firme, verdadero, derecho, determinado, valiente. (Todas estas descripciones se pueden encontrar si se busca la palabra *corazón* en una concordancia bíblica). También puede ser temeroso, débil, cobarde, y derretirse como cera. Malvado y perverso. Creo que también sabemos todo eso.

Para sorpresa nuestra, según Jesús, un corazón también puede ser limpio, puro, como se dice en Mateo 5.8: «Bienaventurados los de limpio corazón, porque ellos verán a Dios». Y también puede ser bueno, noble, como en la historia del sembrador: «Mas la [semilla] que cayó en buena tierra, éstos son los que con corazón bueno y recto retienen la palabra oída, y dan fruto con perseverancia (Lucas 8.15). La Biblia ve el corazón como la fuente de toda creatividad, valor y convicción. Es la fuente de nuestra fe, de nuestra esperanza, y por supuesto de nuestro amor. Es de donde «mana la vida» dentro de nosotros (Proverbios 4.23), la esencia misma de nuestra existencia, el centro de nuestro ser, la fuente de nuestra vida.

Piense en su trabajo por un momento. ¿Por qué hay tantas personas aburridas o frustradas con su trabajo? ¿Por qué detestan el lunes de mañana, y le dan gracias a Dios de que ha llegado el viernes? Porque su corazón no está en su trabajo. Está muy lejos de él. De cualquiera que sea la forma en que llegaron a hacer lo que están haciendo, no fue porque escucharon a su corazón. Lo mismo es cierto en cuanto a su vida amorosa. ¿Por qué fracasan tantas relaciones? Porque una o las dos personas no tienen el corazón dispuesto a hacer que la relación funcione. Y así sucesivamente. ¿Por qué hay tantas personas luchando con la depresión y el desánimo? Porque no han seguido los dictados de su corazón. ¿Por qué no parecemos poder librarnos de nuestras adicciones? Porque a alguna altura del camino, en un momento de descuido y desesperación, entregamos nuestro corazón y ahora no lo podemos recuperar.

No hay escape en cuanto a la centralidad del corazón. Dios lo sabe. Por eso lo hizo el tema central de la Biblia, y asimismo colocó el corazón físico en el centro del cuerpo humano. El corazón es central, y para encontrar nuestras vidas debemos hacerlo central otra vez.

LA RAZÓN Y LA EMOCIÓN

La mente recibe y procesa *información*:

- El punto de hervor del agua es 212 grados Fahrenheit.
- Lincoln fue el presidente número 16 de los Estados Unidos.
- La luz viaja a una velocidad de 186.282 millas por segundo.

El corazón sabe y lucha con *realidades*:

- Usted perdió a su hijo en la guerra.
- Dios ha escuchado sus oraciones.
- Mañana se casa su hija.
- Usted es amado ahora y siempre ha sido amado.

La mente trata en *conceptos abstractos:*

- 2+2 = 4
- Se le debe cambiar el aceite a un automóvil cada tres meses.
- Su tarifa telefónica va a ser aumentada 10 por ciento.

La mente recibe y procesa la información. Es un bello don de Dios. Ahora mismo usted está usando la mente en su búsqueda de Dios y de vida. Pero en su mayor parte permanece indiferente. Su mente le dice que son las dos de la mañana y su hija no ha llegado todavía, porque el automóvil no está en el garaje. Su corazón lucha con la duda de si esto es motivo de preocupación o no.

El corazón vive en las realidades más cruentas y magníficas del vivir y del morir, del amar y del odiar. Por eso las personas que se guían por la mente están despegadas de la vida. Las cosas no parecen afectarlas mucho; se sienten perplejos en cuanto a la manera en que otras personas están tan afectadas por la vida, y concluyen que son emocionales e inestables. Mientras que los que viven guiados por el corazón encuentran a los que se guían por la mente… no disponibles. Sí, están presentes físicamente, como también lo está su computadora. Este es el dolor de muchos matrimonios, y la desilusión número uno de los hijos que sienten que sus padres no los toman en cuenta para nada o que no los entienden.

Sí, el corazón es la fuente de nuestras emociones. Pero hemos puesto a las emociones *como* iguales al corazón, y lo hemos puesto como una guía complicada y aun peligrosa. Sin duda que mucha gente ha arruinado sus vidas por seguir sus emociones sin detenerse a considerar si era una buena idea o no hacer algo. Ni el adulterio ni el asesinato son hechos racionales. Pero decir que el corazón es lo mismo que la emoción es la misma tontería que decir que el amor es una emoción. Por supuesto que sabemos que el amor es más que *sentir* una sensación de amor; porque si Cristo hubiera seguido sus emociones, no habría ido a la cruz por nosotros. Al igual que cualquier otro hombre, él sintió miedo; de hecho, sabía que todos los pecados del mundo serían colocados sobre él, así que tenía una causa mayor para la vacilación (Marcos 14.32-35). Pero en la hora de su mayor prueba, su amor venció a su temor de lo que amar le iba a costar.

Las emociones son la *voz* del corazón, para usar la frase de Chip Dodd. No son el corazón, sino su voz. Expresan los movimientos más profundos del corazón, como cuando lloramos por la pérdida de alguien que amamos, o cuando vitoreamos por el triunfo de un hijo en la competencia estatal. La mente se queda despegada, pero es con el corazón como respondemos a la vida en toda su plenitud. Francisco de Sales dijo: «El amor es la vida de nuestro corazón. De acuerdo a él deseamos, nos regocijamos, esperamos y nos desesperamos, tememos, sentimos ánimo, odiamos, evitamos algunas cosas, nos sentimos tristes, nos enojamos y nos regocijamos». El corazón se expresa por medio de las emociones, pero también se expresa de muchas otras formas.

LOS MOTIVOS

Usted notará que los que viven guiados por la mente tienen pocos temores. Me pregunto si esa no es la verdadera razón por la cual escogen ocultarse allí. Porque cuando somos honestos admitimos que hay razones *declaradas* para hacer las cosas que hacemos, y hay razones *reales*. Las llamamos motivos.

Su esposa le pregunta por qué se dio vuelta a mirar a esa joven que pasaba, y usted se defiende diciendo que le recordó a su tía Rut. Sí, y las personas ponen radares en sus automóviles para asegurarse de que manejan a la velocidad límite. ¿Fue motivado por el amor al recordar su aniversario de bodas o fue el temor de meterse en un problema si no se acordaba? Usted elogia a su jefe. ¿Tiene esto algo que ver con que el informe anual de su desempeño en el trabajo es la semana que viene? Lo que hace que el Día del Juicio sea algo tan temible es que todas nuestras pretensiones y charadas van a ser expuestas, todos los secretos serán revelados, y nuestro Señor «manifestará las intenciones de los *corazones*» (1 Corintios 4.5, cursivas añadidas).

Este es el punto que trata el famoso Sermón del monte. Primero Jesús dice que no tenemos esperanza de llegar al cielo a menos que nuestra justicia «no fuere mayor que la de los fariseos» (Mateo 5.20). ¿Cómo puede ser eso? Ellos eran personas quisquillosas que guardaban la ley con mucho cuidado, columnas de la iglesia, ciudadanos modelo. Sí, dice Jesús, y la mayor parte de eso era hipocresía. Los fariseos oraban para impresionar a los hombres con su espiritualidad. Daban para impresionar a los hombres con su generosidad. Sus acciones parecían buenas, pero sus motivos no eran buenos. Sus corazones, como dice el proverbio, no estaban en el lugar correcto. El carácter de una persona está determinado por sus motivos, y el motivo es siempre un asunto del corazón. Esto es lo que quiere decir la Biblia cuando dice que el hombre mira a la apariencia exterior pero que Dios mira el corazón. Dios no nos juzga por nuestro aspecto o inteligencia; él nos juzga por el corazón.

Tiene sentido, entonces, que la Biblia ubique la conciencia en el corazón. Pablo dice que aun aquellos que no conocen la ley de Dios, muestran «la obra de la ley escrita en sus corazones, dando testimonio su conciencia» (Romanos 2.15), tal como cuando un niño dice una mentira y su rostro muestra culpabilidad. Por eso es tan peligroso endurecer el corazón silenciando la conciencia, y por qué la oferta de perdón es tan buena noticia, porque nos podemos acercar a Dios «purificados los corazones de mala conciencia» (Hebreos 10.22). Oh, el gozo que se experimenta cuando vivimos con los motivos correctos, con un corazón limpio. Dudo que los que quieren no considerar el corazón quieran no considerar la conciencia, mucho menos la importancia del carácter.

LOS PENSAMIENTOS DEL CORAZÓN

Esto no quiere decir que el corazón sea solamente un lugar donde bullen las emociones, hay motivos encontrados, y deseos oscuros, sin pensamiento o razón. Lejos de eso. De acuerdo a las Escrituras, el corazón es donde están nuestros pensamientos más profundos. «Jesús, sabiendo lo que pensaban en sus corazones», es una frase común en los evangelios. Esto les puede resultar muy sorprendente a los que han aceptado el Gran Error Moderno de «que la mente es igual a la razón, y que el corazón es igual a las emociones. La mayor parte de la gente cree eso. Lo escuché otra vez una noche de labios de un joven muy astuto y devoto. «La mente es nuestro razonamiento; el corazón es nuestras emociones», dijo él. Qué necedad popular. Se recuerda a Salomón como el hombre más sabio que ha existido, y no es debido al tamaño de su cerebro. Más bien, cuando Dios lo invitó a que pidiera lo que más quería en el mundo, Salomón le pidió sabiduría y un *corazón* que pudiera discernir (1 Reyes 3.9).

Nuestros pensamientos más profundos se encuentran en nuestro corazón. La Biblia misma dice de sí misma que es «viva y eficaz, y más cortante que toda espada de dos filos; y penetra hasta partir el alma y el espíritu, las coyunturas y los tuétanos, y discierne los pensamientos y las intenciones del corazón» (Hebreos 4.12). No los sentimientos del corazón, los *pensamientos* del corazón. Recuerde que cuando los pastores informaron de las noticias que un grupo de ángeles les habían dado en el campo, María meditaba todas estas cosas «en su corazón» (Lucas 2.19), como lo hace usted cuando escucha noticias de mucha importancia que lo mantienen despierto en medio de la noche. Si usted le tiene miedo a las alturas, no hay ninguna cantidad de razonamiento que lo haga saltar de una montaña con una cuerda. Y si le preguntan por qué se siente paralizado con solo pensarlo, no va a poder explicarlo. No es racional, pero sin embargo es su convicción. Así que el escritor de los Proverbios le lleva la delantera a Freud por unos dos mil años cuando dice: «Porque cual es su [del hombre] pensamiento en su corazón, tal es él» (Proverbios 23.7). Son los pensamientos y las intenciones del corazón lo que le dan forma a la vida de una persona.

El apóstol Pablo lo deja bien claro cuando dice: «Que si confesares con tu boca que Jesús es el Señor, y creyeres en tu corazón que Dios le levantó de los muertos, serás salvo. Porque con el corazón se cree para justicia» (Romanos 10.9, 10). Lea eso otra vez en forma más lenta. «Usted cree con su *corazón*». ¿De dónde viene la fe salvadora? Del corazón. Lo cual indica una realidad perturbadora para todos nosotros: usted no le pertenece a Dios, usted no es creyente hasta que no involucra su corazón, cree *con el corazón*. Jesús dijo lo mismo, cuando en un momento de frustración con los suyos, clamó:

> Porque el corazón de este pueblo se ha engrosado;
> Y con los oídos oyen pesadamente,
> Y han cerrado sus ojos;

Para que no vean con los ojos,

Y oigan con los oídos,

Y *con el corazón entiendan,*

Y se conviertan, y yo los sane (Mateo 13.15, cursivas añadidas).

La mente es una facultad, y es una facultad magnífica. Pero el corazón es donde moran nuestras verdaderas creencias.

La memoria, la creatividad y el valor

¿Por qué, como dijera Buechner, «una fragancia en el aire, una cierta parte de una canción, una vieja foto que cae de las páginas de un libro, el sonido de la voz de alguien en el pasillo… hace que su corazón dé un vuelco y que sus ojos se llenen de lágrimas»? Porque el depósito de sus recuerdos está en su corazón. Porque es allí donde guardamos las cosas que son más preciosas para nosotros. En su última advertencia al pueblo de Israel, Moisés lo insta con estas palabras: «… guárdate, y guarda tu alma con toda diligencia, para que no te olvides de las cosas que tus ojos han visto, *ni se aparten de tu corazón* todos los días de tu vida» (Deuteronomio 4.9, cursivas añadidas). La memoria es muy importante, y es una función del corazón.

La creatividad también fluye del corazón. Usted puede pintar uno de esos cuadros que indican los colores usando números, pero al resultado le va a faltar algo esencial al arte. Después que Dios le dio a Moisés planes detallados para la construcción del tabernáculo, que había sido diseñado muy hermosamente, le dijo: «He puesto sabiduría en el ánimo de todo sabio de corazón, para que hagan todo lo que te he mandado… Y Moisés llamó a Bezaleel y a Aholiab, y a todo varón sabio de corazón, en cuyo corazón había puesto Jehová sabiduría, todo hombre a quien su corazón le movió a venir a la obra para trabajar en ella» (Éxodo 31.6; 36.2). Las máquinas producen objetos en masa, pero la creatividad fluye del corazón de una persona.

Y también está el valor, «la primera de las cualidades humanas», como lo sabía Churchill, «porque es la cualidad que garantiza a las demás». Por cierto que sí. Requiere valor amar, ¿no es verdad? Requiere valor confiarle su vida a una persona. Requiere valor creer en lo que no puede ver. Requiere valor seguir a Cristo. «No se turbe vuestro corazón, ni tenga miedo» (Juan 14.27). Y por buena razón. La vida esta que vivimos requiere mucho valor; más y más cuando vemos lo que está en la balanza aquí. «Oye, Israel, vosotros os juntáis hoy en batalla contra vuestros enemigos; no desmaye vuestro corazón» (Deuteronomio 20.3).

Trabajando con un arado en una mano y una espada en la otra, el pueblo de Israel reconstruyó el muro de su ciudad que había caído: «Edificamos, pues, el muro, y toda la muralla fue terminada hasta la mitad de su altura, porque el pueblo tuvo ánimo para trabajar» (Nehemías 4.6). Así sucede con los grandes proyectos que queremos realizar, especialmente este gran esfuerzo de vivir. El éxito o el fracaso se pueden predecir bastante bien al observar hasta qué grado hemos empeñado nuestro corazón. La palabra coraje (en el sentido de valor), viene de una palabra latina *cor*, que significa «corazón». Esta batalla por el corazón va a requerir todo el valor, coraje que usted pueda tener. No la enfrente sin el corazón.

El propósito de vivir

Me encanta ver a una manada de caballos pastando en una pradera o corriendo libremente por los prados cubiertos de flores aromáticas del estado de Montana. Me encanta caminar por las praderas cuando crecen las flores silvestres, las lupinas moradas y las margaritas, y las escrofularias cuando se vuelven rojizas. Me encantan las nubes de tormenta, las enormes. A mi familia le encanta sentarse afuera, en las noches de verano y ver los relámpagos, y escuchar los truenos cuando se aproxima una tormenta a través del estado de Colorado. También me encanta el agua, el océano, los riachuelos, los lagos, los ríos, las caídas de agua, la lluvia. Me encanta saltar de rocas altas a los lagos junto a mis hijos. Me encantan las granjas viejas, los molinos de viento, todo el oeste americano. Me encantan las viñas. Me encanta ver a mi esposa admirar algo. Me gozo en el deleite de ella. Amo a mis hijos. Amo a Dios.

Todo lo que usted ama es lo que hace que valga la pena vivir. Tome un momento, deje de leer este libro, y haga una lista de todas las cosas que usted ama o que le gustan. No la acorte; no se preocupe en cuanto al orden de prioridades o algo por el estilo. Simplemente piense en todas las cosas que ama. Ya sea la gente en su vida o las cosas que le traen gozo, o los lugares que le son queridos, o su Dios, usted no podría amar nada de eso si no tuviera corazón. Una vida llena de amor es una vida que es muy probable que sea la vida que Dios vive, que es lo que se suponía que debía ser la vida (Efesios 5.1, 2). Y amar requiere un corazón que esté vivo, despierto y libre.

De todas las cosas que se requieren de nosotros en la vida, ¿cuál es la más importante? ¿Cuál es la verdadera razón de nuestra existencia? A Jesús lo confrontaron con esa pregunta un día, a quemarropa, y él la redujo a dos cosas: amar a Dios y amar a los semejantes. Hagan eso, les dijo, y van a encontrar el propósito de sus vidas. Todo lo demás va a caer en su lugar. En algún lugar de nuestro ser sabemos que eso es verdad; sabemos que el amor es el propósito. Sabemos que si podemos amar y ser amados verdaderamente, y nunca perder el amor, finalmente seríamos felices. Gerald May escribió: «Hemos sido creados por amor, para vivir en amor, y por el bien del amor». ¿Y es posible aun amar *sin* su corazón?

El corazón es el punto de conexión, el lugar donde dos personas se encuentran. La clase de intimidad profunda del alma que anhelamos tener con Dios y con otras personas solo puede lograrse desde el corazón. No queremos ser el proyecto de alguien más. Queremos ser el deseo de su corazón. Gerald May se lamentaba: «Al adorar a la eficiencia, la raza humana ha adquirido el nivel más alto de eficiencia en la historia, ¿pero cuánto hemos crecido en amor?»

Hemos hecho lo mismo en cuanto a nuestra relación con Dios. Los creyentes han pasado sus vidas dominando toda clase de principios, haciendo lo que deben hacer, llevando a cabo los programas de su iglesia… y nunca han conocido a Dios íntimamente, de corazón a corazón. Existe ese perturbador pasaje que nos da Jesús cuando habla de que cuando demos la cuenta final de nuestras vidas, algunas personas que han hecho toda clase de cosas cristianas van a ser verdaderamente sorprendidos y no van a ser invitados a entrar al cielo. Dice así: «Muchos me dirán en aquel día: Señor, Señor, ¿no profetizamos en tu nombre, y en tu nombre hicimos muchos milagros? Y entonces les declararé: Nunca os conocí; apartaos de mí, hacedores de maldad» (Mateo 7.22, 23). El asunto no es la actividad, el asunto es la intimidad con Dios. Asista a una clase y aprenda información; después use esa información para cambiar la forma en que vive. Nada de eso lo va a traer a una intimidad con Dios, lo mismo que tomar un curso sobre anatomía no lo va a ayudar a amar a su cónyuge. «Y me hallaréis», dice Dios, «porque me buscaréis de todo vuestro corazón» (Jeremías 29.13).

Qué más puede decirse, qué otra cosa más importante que esta puede enunciarse: Para encontrar a Dios, usted debe buscar con su corazón. Para permanecer presente a Dios, usted debe permanecer presente a su corazón. Para escuchar la voz de Dios, usted debe escuchar dentro de su propio corazón. Para amarlo, usted debe amar con todo su corazón. Usted no puede ser la persona que Dios quiere que sea, y no puede vivir la vida que Dios quiere que viva, a menos que viva guiado por su corazón.

LA MISIÓN

Esto es absurdo. Le estoy tratando de decir a usted cómo debe respirar. «Recuerde que el oxígeno es indispensable para las necesidades de su cuerpo. Todas las demás funciones dependen de esto. Usted debe obtener suficiente oxígeno todos los días. Inhale, exhale. Inhale, exhale. ¡Fantástico! Ahora recuerde hacer esto todos los días de su vida». Toda mi defensa hasta aquí parece provenir de la experiencia real de que vuelva a recuperar su corazón. Enamórese. Haga algo heroico; salve la vida de alguien. Pase un mes en algún lugar de mucha belleza, sin hacer nada productivo en absoluto. Tome clases de pintura. Ría, con la clase de risa que le hace saltar lágrimas, y que le hace poner la mano en el costado porque le duele. Escuche una pieza musical hermosa. Viva con valor. Arrope a su hijo en la cama; escuche las oraciones de su hija; déle un beso en la mejilla. Encuentre a Dios.

Entonces va a recordar otra vez que el corazón es central. No la mente ni la voluntad, sino el corazón.

Entonces, ¿qué *es* el corazón? «El corazón en las Escrituras», dice Charles Ryrie, «es considerado el centro y la médula de la vida». Y así es. El corazón es el centro profundo de nuestra vida. «La parte más recóndita de la personalidad humana», dice James Houston, «el centro de esas cualidades que nos hacen humanos». Y eso es lo que es. El corazón es quienes somos. El verdadero yo. Creo que la definición que me gusta más es la de Oswald Chambers: «En la Biblia, el uso de la palabra corazón se entiende mejor diciendo 'yo'.» Yo. Nos trae de vuelta de toda aquella disección psicológica, científica y aun teológica que nos ha dado la Era Moderna y nos lleva de vuelta a ser nosotros mismos. Yo. Mi corazón soy yo. El verdadero yo. Su corazón es usted. Su usted más profundo y verdadero. Por eso el corazón es central. ¿Qué vamos a hacer si abandonamos nuestro yo?

Cristo no murió por una idea. Él murió por una persona, y esa persona es usted. Pero aquí nuevamente nos han descarriado. Pregúnteles a una cantidad de personas por qué vino Cristo, y recibirá una cantidad de respuestas, pero raramente la verdadera. «Cristo vino para traer paz al mundo». «Vino para enseñarnos a vivir en amor». «Vino a morir para que nosotros podamos ir al cielo». Y así sucesivamente, mucho de lo cual está basado en una verdad parcial. ¿Pero no sería mejor dejarlo hablar por sí mismo?

Jesús entra en escena. Toma una profecía de hace cuatrocientos años que dice por qué ha venido. Cita de Isaías 61.1 que dice lo siguiente:

> El Espíritu de Jehová el Señor está sobre mí,
>> porque me ungió Jehová;
>> me ha enviado a predicar buenas nuevas a los abatidos,
> a vendar a los quebrantados de corazón,
>> y publicar libertad a los cautivos,
>> y a los presos apertura de la cárcel.

El significado de esta cita ha sido oscurecido por años de lenguaje religioso y de envolturas ceremoniales. ¿Qué está diciendo él? Tiene algo que ver con buenas nuevas, con sanar corazones, con poner a alguien en libertad. Eso queda claro en el texto. Permítanme una traducción en lenguaje simple:

> Dios me ha mandado a una misión.
> Tengo muy buenas noticias para usted.
> Dios me ha mandado a restaurar y a poner en libertad algo.
> Y ese algo es usted.
> Estoy aquí para devolverle su corazón y ponerlo en libertad.

Bien, Cristo podría haber elegido cualquiera de mil otros pasajes para explicar el propósito de su vida. Él es el Cordero sacrificado, la raíz de Isaí, la Estrella de la Mañana. Pero aquí, en los momentos iniciales de su ministerio, él escogió este pasaje por encima de todos los demás; este es el corazón de su misión. Todo lo demás que él dice y hace cae bajo este estandarte. Estoy aquí para devolverles su corazón y darle libertad. Por *eso* es que la gloria de Dios es que el hombre esté completamente vivo; es lo que dijo que vendría a hacer. Pero por supuesto. Lo opuesto no puede ser verdad. «La gloria de Dios es un hombre que apenas puede resistir, un hombre que apenas está vivo». ¿Cómo le puede traer gloria a Dios que Su propia imagen, sus propios hijos, permanezcan tan terriblemente estropeados, destrozados y cautivos? ¿Atentos y orientados a «grado cero»?

La forma en que hemos pasado por alto esto es uno de los grandes misterios de nuestro tiempo. Es algo simplemente diabólico, detestable, completamente *maligno* que el corazón pueda ser malinterpretado, difamado o dejado de lado. Pero he aquí nuestra clave de nuevo. La guerra en la que estamos explicaría una pérdida tan grande. Esta es la *última* lección que el enemigo quiere que usted sepa. Su plan desde el principio fue asaltar el corazón, de la misma forma que la Bruja Malvada le habló al Leñador de Hojalata. Hazlos que estén tan ocupados, que se van a olvidar del corazón. Hiérelos tan profundamente que no van a querer un corazón. Tuerce su teología, y van a despreciar el corazón. Róbales el valor. Destruye su creatividad. Haz que la intimidad con Dios sea imposible para ellos.

Por supuesto que su corazón sería el objeto de una batalla grande y feroz. Es su posesión más preciosa. Sin su corazón usted no puede tener a Dios. Sin su corazón usted no puede tener amor. Sin su corazón usted no puede tener fe. Sin su corazón no puede encontrar el trabajo para el cual usted fue creado. En otras palabras, sin su corazón usted no puede tener *vida*. La pregunta es: ¿Cumplió Jesús su promesa? ¿Qué ha hecho él por nuestros corazones?

La respuesta lo va a asombrar.

SEGUNDA PARTE

EL CORAZÓN RESCATADO

«He aquí vienen días, dice Jehová,
    en los cuales haré nuevo pacto con la casa de Judá.
No como el pacto que hice con sus padres
el día que tomé su mano para sacarlos
    de la tierra de Egipto;
porque ellos invalidaron mi pacto,
    aunque fui yo un marido para ellos, dice Jehová.
Pero este pacto que haré con la casa de Israel
    después de aquellos días, dice Jehová;
Daré mi ley en su mente,
    y la escribiré en su corazón;
y yo seré a ellos por Dios,
    y ellos me serán por pueblo».

—JEREMÍAS 31.31-33

Os daré corazón nuevo, y pondré espíritu nuevo dentro de vosotros; y quitaré de vuestra carne el corazón de piedra, y os daré un corazón de carne. Y pondré dentro de vosotros mi Espíritu, y haré que andéis en mis estatutos, y guardéis mis preceptos, y los pongáis por obra.

—EZEQUIEL 36.26, 27

Esto es lo que sabemos ahora: el corazón es central. Tiene importancia, una profunda importancia. Cuando vemos con los ojos del corazón, que es lo mismo a decir que vemos desde una perspectiva mítica, comenzamos a despertar, y lo que descubrimos es que las cosas no son lo que parecen. *Estamos* en guerra. Debemos pelear por la vida que Dios quiere que tengamos, lo que quiere decir, que debemos pelear por nuestro corazón, porque es de él de donde brota la vida.

Interponerse en el camino que conduce al sendero de la vida, el camino del corazón, es una barrera monstruosa. Ha detenido a demasiados peregrinos por demasiado tiempo. Hay una creencia muy divulgada entre los creyentes de hoy en día de que el corazón es malvado, aun después de que una persona haya aceptado a Cristo.

Es una creencia que imposibilita.

Y no es verdad.

CAPÍTULO CUATRO

RESCATADO Y RESTAURADO

Crea en mí, oh Dios un corazón limpio.

—REY DAVID (SALMO 51.10)

Os daré corazón nuevo.

—DIOS (EZEQUIEL 36.26)

Ahora Bella temía que le hubiera causado la muerte. Corrió por todo el palacio, llorando fuertemente. Después de buscar por todos lados, recordó su sueño y corrió al jardín hacia el canal, donde lo había visto en el sueño. Allí ella encontró a la pobre Bestia, en el suelo, inconsciente. Ella pensó que había muerto. Sin preocuparse por lo horrible de su apariencia, ella se arrojó sobre su cuerpo y sintió que le latía el corazón. Así que buscó agua del canal y se la arrojó en la cara.

La Bestia abrió los ojos y dijo: «Te olvidaste de tu promesa, Bella. El dolor que sentí al haberte perdido me hizo decidir dejar de comer hasta morir. Pero moriré contento puesto que tengo el placer de verte una vez más».

«No, mi querido Bestia, tú no morirás», le dijo Bella. «Tú

vivirás y llegarás a ser mi esposo. Te doy mi mano, y te prometo que pertenezco solo a ti desde este momento en adelante. ¡Ay! Pensé que solamente sentía amistad por ti, pero el tormento que estoy sintiendo me hace dar cuenta que no puedo vivir sin ti».

Bella apenas había musitado esas palabras cuando el castillo brilló con luz. Los fuegos artificiales y la música anunciaron una fiesta. Sin embargo, estas cosas no atrajeron su atención. Ella volvió su mirada a su querida Bestia, cuya peligrosa condición la hizo temblar. Cuán grande fue su sorpresa cuando descubrió que la Bestia había desaparecido, y a sus pies había un príncipe más apuesto que el mismo Eros, quien le agradeció por ponerle fin a este hechizo.

Es la más profunda y maravillosa de todas las verdades míticas, descubierta aquí en el original libro *Bella y la Bestia*, escrita por Jeanne-Marie Leprince de Beaumont. La transformación. Una criatura que nadie podía siquiera soportar mirar, ahora es transformada en un apuesto príncipe. Aquello que era oscuro y feo es ahora glorioso y bueno. ¿No es el más maravilloso final para cualquier historia que se haya escrito? Tal vez se explica porque es el anhelo más profundo del corazón humano. Fíjese cuántas veces este tema sale a colación.

El ave fénix se levanta de las cenizas. La Cenicienta sale de la oscuridad para llegar a ser una reina. El patito feo se convierte en un hermoso cisne. Pinocho se convierte en un niño verdadero. El sapo se convierte en príncipe. El tacaño Scrooge se convierte en «un amigo tan bueno, un amo tan bueno, un hombre tan bueno como la vieja ciudad conocía, o cualquier otra vieja ciudad, aldea o barrio pudiera llegar a conocer en todo el viejo mundo». El León cobarde obtiene su valor, y el Espantapájaros obtiene su cerebro y el Leñador de hojalata consigue un corazón nuevo. En esperanza contra esperanza, todos son transformados en aquella realidad que jamás pensaron que podían llegar a ser.

¿Por qué estamos tan encantados con las historias de transformación? No puedo pensar en una película o novela o cuento de hadas que de alguna u otra forma no tenga algo de esto. ¿Por qué es una parte esencial de cualquier historia buena? Porque es el secreto del cristianismo, y el cristianismo es el secreto del universo. «Os es necesario nacer de nuevo» (Juan 3.7). Usted debe ser transformado. Guardar la ley, seguir las reglas, refinando sus modales, nada de eso lo va a lograr. Lo que cuenta es si en realidad hemos cambiado y somos personas nuevas y diferentes (Gálatas 6.15). ¿No es este el mensaje del evangelio? Zaqueo el tramposo se convierte en Zaqueo el honesto. María la prostituta se convierte en María, la última de los verdaderamente fieles. Pablo, el asesino que se creía justo se convierte en el humilde apóstol Pablo.

¿Y nosotros? Dudo que muchos de nosotros nos atrevamos a decir que hemos sido *transformados*. Nuestros nombres están escritos en algún lugar en el cielo, y hemos sido perdonados. Tal vez hemos cambiado un poco en lo que creemos y en cómo nos comportamos. Confesamos nuestros credos ahora, y hemos logrado controlar nuestro temperamento… en su mayor parte. Pero *transformados* parece demasiado para afirmarlo. ¿Por qué no *perdonados y en nuestro camino*? Así es como la mayoría de los creyentes describirían lo que les ha sucedido. Es en parte verdad… y en parte *mentira*, y la parte que no es verdad es la que nos está matando. Nos han dicho que aunque nosotros hemos depositado nuestra fe en Cristo, aun cuando nos hemos convertido en sus seguidores, nuestros *corazones* todavía son terriblemente malvados.

¿Pero es eso lo que enseña la Biblia?

LO QUE NECESITAMOS CON MÁS URGENCIA

«Todo lo que he aprendido acerca de la naturaleza humana lo aprendí de mí», escribió el dramaturgo Anton Chekhov, y los personajes que él ha creado tan vívidamente, con todo su egoísmo, su odio, sus oscuros y malos deseos y su desesperación, nos describen bastante bien. Imagínese una historia en la cual los personajes son tomados de *su* propia vida interior y agrandados para que todos los podamos ver. ¡Oh, no! Algo ha ido mal con la raza humana, y todos lo sabemos. Mejor dicho, algo ha ido mal *dentro* de la raza humana. No es preciso ser un teólogo o un psicólogo para decir eso. Lea un periódico. Pase un fin de semana con sus parientes. Simplemente preste atención a los movimientos de su propio corazón durante un solo día. La mayor parte de la desgracia que sufrimos en este planeta es el fruto del corazón humano que ha ido mal.

La Biblia no podría ser más clara en este asunto. Sí, Dios nos creó para que reflejáramos su gloria, pero apenas en solo tres capítulos del drama nosotros arrasamos con todo el proyecto. El pecado entró en escena y se esparció como un virus de computadora. Para el sexto capítulo del Génesis, nuestro espiral cuesta abajo había llegado al punto que Dios mismo no lo pudo aguantar más: «Y vio Jehová que la maldad de los hombres era mucha en la tierra, y que todo designio de los pensamientos del corazón de ellos era de continuo solamente el mal. Y se arrepintió Jehová de haber hecho hombre en la tierra, y le dolió en su corazón» (Génesis 6.5, 6). Esta es la primera mención que se hace en la Biblia del corazón de Dios, y es un comienzo triste, sin lugar a dudas. Su corazón está quebrantado porque el de nosotros ha caído.

Cualquier persona honesta lo sabe. Sabemos que no somos aquello para lo cual fuimos creados. Si dejáramos de desplazar la culpa por un momento, si dejáramos de tratar de poner la responsabilidad en alguna otra persona o alguna política o alguna otra raza, si consideráramos una evaluación franca y sincera de nosotros mismos cuya medida fuera la vida de Cristo, sería bueno. La mayor parte de nosotros nos vamos a sentir incómodos y admitiremos que tal vez nos falta un poco para estar a la altura. Si somos realmente honestos, confesaremos que dentro de nosotros hay lo que se requiere para ser la Bestia, la hermanastra malvada, Scrooge. La mayor parte de las religiones del mundo están de acuerdo en esto. Se debe hacer algo.

Pero los remedios usuales suponen alguna clase de cambio de nuestra parte, algún tipo de cirugía plástica en la cual arreglamos lo que está defectuoso y comenzamos a comportarnos como deberíamos hacerlo. Los judíos tratan de guardar la ley. Los budistas siguen el sendero de los ocho puntos. Los musulmanes viven conforme a los cinco pilares. Muchos cristianos insisten en la asistencia a la iglesia y en vivir de acuerdo a normas morales. Usted creería que con todo el esfuerzo, a estas alturas, la humanidad habría superado todos los conflictos. Por supuesto que la razón por la cual todos esos tratamientos finalmente fracasan es que hemos diagnosticado mal la enfermedad. El problema no es nuestro comportamiento; el problema *está dentro de nosotro*s. Jesús dijo: «Porque *del corazón* salen los malos pensamientos, los homicidios, los adulterios, las fornicaciones, los hurtos, los falsos testimonios, las blasfemias» (Mateo 15.19, cursivas añadidas). No necesitamos un mejoramiento. Necesitamos una transformación. Necesitamos un milagro.

El postrer adán y el segundo hombre

A Jesús de Nazaret se le dan muchos nombres en las Escrituras. Se le llama el León de la tribu de Judá. La Estrella resplandeciente de la mañana. El admirable Consejero. El Príncipe de paz, el Cordero de Dios. Hay muchos, muchos más, cada uno de ellos una ventana a lo que él es en realidad, a todo lo que ha hecho y a todo lo que hará. Pero un nombre parece haber escapado de nuestra atención, y eso tal vez ayude a nuestra interpretación equivocada del evangelio. Pablo se refiere a Jesús como el postrer Adán y el segundo hombre (1 Corintios 15.45-47). ¿Por qué es importante esto? Debido a lo que sucedió por medio del *primer* Adán.

Nuestro primer padre, Adán, y nuestra primera madre, Eva, fueron destinados a ser la raíz y el tronco de la humanidad. Lo que ellos fueron destinados a ser, lo somos nosotros: los reyes y las reinas de la tierra, los gobernantes de toda la creación, los gloriosos portadores de la imagen de un Dios glorioso. Eran estatuas de Dios caminando en un huerto, un hombre y una mujer radiantes, como debíamos ser nosotros. Nuestras naturalezas y nuestros destinos estaban atados a los de ellos. Sus elecciones le darían forma a nuestra vida para siempre, para bien o para mal. Es un profundo misterio, pero vemos algo así como una vislumbre, una especie de aire familiar en la manera como los hijos a menudo siguen los pasos de sus padres. ¿No ha escuchado decir alguna vez: «Él tiene el carácter de su padre», o «Ella tiene la inteligencia de su madre»? Como dice el antiguo refrán: «De tal palo, tal astilla». De hecho, nosotros los llamamos árboles genealógicos familiares, y Adán y Eva fueron los primeros nombres en esa lista.

Nuestros primeros padres hicieron una elección, y fue hacia el lado del mal. Ellos rompieron un mandamiento, el único mandamiento que Dios les dio, y lo que siguió usted lo puede ver cualquier noche en las noticias de la televisión. El largo lamento de la historia de la humanidad. Algo resultó mal en sus corazones, algo *cambió*, y ese cambio nos ha sido transmitido a cada uno de nosotros. Los padres se preguntan muchas veces dónde aprendieron a mentir sus niños que apenas caminan, o cómo llegaron a este mundo siendo tan egoístas. No es preciso que se les enseñe, es algo heredado en la naturaleza humana. En el libro de los Romanos, Pablo lo dice con mucha claridad: «El pecado entró en el mundo por un hombre… así como por la desobediencia de un hombre los muchos fueron constituidos pecadores» (5.12, 19). Por supuesto, yo simplemente estoy mencionando otra vez la doctrina del pecado original, un principio esencial fundamental de la Escritura.

Pero ese no es el final de la Historia, gracias a Dios. El primer Adán fue solamente «figura del que había de venir» (Romanos

5.14). Él sería la prefigura de otro hombre, la cabeza de una nueva raza, el primogénito de una nueva creación, cuya vida significaría transformación a aquellos que se unieran a él: «Porque así como por la desobediencia de un hombre [Adán] los muchos fueron constituidos pecadores, así también por la obediencia de uno [Cristo, el postrer Adán], los muchos serán constituidos justos» (Romanos 5.19).

Un hombre viene del cielo, llega a nuestro mundo sin que lo noten, como Neo en *La Matriz*, como Máximo lo hace en *Los gladiadores*, como Wallace en *corazón valiente*. Sin embargo, él no es un hombre común y corriente y su misión no es común y corriente. Él viene como un sustituto, un representante, como el destructor del sistema y como la semilla de algo nuevo. Su muerte y resurrección rompen el poder de la Matriz, ponen en libertad a los prisioneros, dan libertad a los cautivos. Es un hecho histórico. Sucedió en realidad. Y es más que historia. Es tan mítico como lo mítico puede ser. Lewis dijo: «Por ser un hecho, no deja de ser mito; ese es el milagro».

En el quinto capítulo de la famosa carta a los Romanos, Pablo pregunta: «¿Fue efectivo Adán? ¿Tuvo su vida consecuencias que llegaron muy lejos? Todos sabemos que sí. Fue devastador. Pablo continúa diciendo, las consecuencias de Cristo, el último Adán, son aun mayores: «Pues si por la trasgresión de uno solo reinó la muerte, *mucho más* reinarán en vida por uno solo, Jesucristo, los que reciben la abundancia de la gracia y del don de la justicia» (Romanos 5.17, cursivas añadidas).

QUITARÉ SUS CORAZONES DE PIEDRA

Jesús de Nazaret fue sentenciado a muerte por un títere vulgar del gobierno romano actuando como gobernador del distrito de Jerusalén. Jesús fue clavado en la cruz por un puñado de soldados romanos que estaban de turno, y fue abandonado allí para morir. Murió alrededor de las tres de la tarde un día viernes. Para ser exactos, murió porque tenía roto el corazón. A ese día lo llamamos viernes santo, y creo que es por lo que efectuó. Un hombre inocente, el Hijo de Dios, desangrándose por los pecados de la humanidad. En nuestro lugar, al igual que Jack da su vida por Rose en El *Titanic*, como Sydney Carton se coloca para morir por Charles Darnay en *A tale of two cities*, o como Aslan muere en una mesa de piedra para rescatar al traidor Edmundo. Nos rebelamos contra Dios y la paga de nuestra rebelión fue la muerte. Perdernos fue demasiado dolor para que Dios lo soportara, así que él decidió rescatarnos. El hijo de Dios vino «para dar su vida en rescate por muchos» (Mateo 20.28).

Usted ha sido rescatado por Cristo. Su traición ha sido perdonada. Está completamente perdonado por cada pecado, deseo y hecho malo. Esto es lo que la mayoría de los cristianos entienden como la obra central de Cristo por nosotros. Y no se equivoque, es una verdad profunda y sorprendente, una noticia que lo liberará y le traerá gozo. Por un tiempo.

Pero el gozo que tenemos la mayoría de nosotros ha probado ser efímero porque encontramos que necesitamos ser perdonados una y otra vez. Cristo murió por nosotros, pero nosotros permanecemos (eso es lo que creemos), profundamente marcados. En realidad el hombre termina produciendo una gran cantidad de culpa. «Después de todo lo que Cristo ha hecho por usted… ¿ahora usted está aquí otra vez pidiendo *perdón?*» Ser destinados a vivir una vida repitiendo las mismas cosas que mandaron a nuestro Salvador a la cruz apenas puede ser llamada *salvación*.

Piense en esto: usted es una sombra de la persona que fue destinada a ser. No tiene nada parecido a la vida que Dios quería para usted. Y no tiene una posibilidad verdadera de llegar a ser esa persona o encontrar esa vida. Sin embargo, usted está perdonado. Para el resto de sus días, fracasará en sus intentos de llegar a ser lo que Dios quiere que sea. Usted debería buscar el perdón y tratar otra vez. Finalmente, la vergüenza y la desilusión van a empañar su comprensión de sí mismo y de su Dios. Cuando este infierno continuo en la tierra termine, usted morirá, y será llevado delante de su Dios para un recuento completo de cómo no estuvo a la altura de los acontecimientos. Pero será perdonado. Después de todo, se le pedirá que tome su lugar en el coro celestial. Esto es lo que queremos decir por *salvación.*

La buena nueva es… que eso no es cristianismo. Hay más. Mucho más. Y ese más es lo que la mayoría de nosotros hemos estado anhelando la mayor parte de nuestras vidas.

Bajo el antiguo pacto, un muchacho judío debía ser circuncidado cuando tenía ocho días de nacido. La piel exterior o el prepucio de su pene era removido con un cuchillo. Tenía el propósito de ser algo simbólico, una señal del pacto dada a Abraham. Para siempre después, todo el mundo, incluyendo ese muchacho, sabría que él había sido separado para Dios. Pero en ese símbolo se encontraba un significado más profundo, velado por los siglos, tal como el mito es a menudo velado, tal y como el cordero del sacrificio que era requerido por los judíos en la antigüedad fue una prefigura de la muerte de Cristo. Tuvo que ser un judío convertido a Cristo el que explicara el verdadero significado de la circuncisión:

> Pues no es judío el que lo es exteriormente, ni es la circuncisión la que se hace exteriormente en la carne; sino que es judío el que lo es en su interior, y la circuncisión *es la del corazón,* en espíritu, no en letra; la alabanza la cual no viene de los hombres, sino de Dios (Romanos 2.28, 29, cursivas añadidas).

> En él también fuisteis circuncidados con la circuncisión no hecha a mano, al echar de vosotros el cuerpo pecaminoso carnal, en la circuncisión de Cristo (Colosenses 2.11).

No se trata de que la cruz haya hecho algo *por* nosotros. Algo muy profundo nos sucedió *a* nosotros en la muerte de Cristo. Recuerde, el corazón es el problema. Dios entiende esto mejor que nadie, y él llega hasta la raíz. En el nuevo pacto Dios prometió quitar «el corazón de piedra». ¿Cómo? Al unirnos a la muerte de Cristo. Nuestra naturaleza fue clavada en la cruz con Cristo; morimos allí, con él, en él. Sí, es un misterio profundo —«magia profunda», como lo llama C. S. Lewis—, pero eso no lo hace que no sea cierto. «Porque en cuanto murió, al pecado murió una vez por todas… Así también vosotros consideraos muertos al pecado» (Romanos 6.10, 11). Jesús fue el postrer Adán, el final de esta terrible historia.

Usted ha sido más que perdonado. Dios le ha quitado el corazón de piedra. Ha sido librado de lo que le impedía ser aquello para lo cual fue creado. Usted ha sido rescatado de esa parte de usted que traiciona y estropea aun sus mejores intenciones. Su corazón ha sido circuncidado a Dios. Su corazón ha sido puesto en libertad.

Y hay todavía más.

Y LES DARÉ UN CORAZÓN NUEVO

La mayor parte de la gente supone que la cruz *es* la obra total de Cristo. Los dos van mano a mano en nuestra mente: Jesucristo y la cruz; la cruz y Jesucristo. La resurrección es algo que impresiona mucho, pero como una clase… de pensamiento tardío. Su muerte fue la obra *real* hecha para nosotros. La resurrección es como un epílogo a la historia real; el punto extra después que se hizo el *touchdown* en el fútbol americano; la medalla después del evento olímpico. Usted puede ver el que pensamos que es más importante. ¿Qué imagen ponemos en nuestras iglesias, en nuestras Biblias y en nuestras joyas? La cruz es el símbolo del cristianismo en todo el mundo. Sin embargo…

Nunca se tuvo la intención de que la cruz fuera el único ni aun el símbolo central del cristianismo.

El hecho de que usted esté asombrado por lo que acabo de decir prueba lo mucho que nos hemos apartado de la fe del Nuevo Testamento. La cruz no es el único punto focal del cristianismo. Pablo también lo dice: «Y si Cristo no resucitó, vana es entonces nuestra predicación, vana es también nuestra fe… y si Cristo no resucitó, vuestra fe es vana; aún estáis en vuestros pecados.

> Nos hemos acostumbrado tanto al hecho de que la crucifixión es el símbolo supremo del cristianismo; que nos asombramos al darnos cuenta de cuán tarde en la historia del arte cristiano se reconoció su poder. En el primer arte del cristianismo casi no aparece. Y su ejemplo más temprano, en las puertas de Santa Sabina en Roma [alrededor del año 430 d. de J. C.], está puesto en un rincón, casi no se ve… el arte cristiano muestra milagros, sanidades, los aspectos de la fe que muestran esperanza como la ascensión y la resurrección.

El historiador de arte Kenneth Clark nos está diciendo algo tan extraño a nuestra forma de pensar que nos lleva a una segunda lectura. ¿Qué? ¿Los cristianos no comienzan a usar una cruz como símbolo hasta *cuatrocientos años después de Cristo,* y entonces solamente en un lugar no preponderante? *Cuatrocientos años de cristianismo,* ¿significa esto que la iglesia primitiva avanzó sin considerar la cruz como un punto preponderante? Aquellos que caminaron con Jesús, y aquellos que caminaron con los que caminaron con Jesús, ¿no hicieron de la cruz un punto central? ¿Por qué? Como lo dicen los registros, lo que los apóstoles predicaron fue la *resurrección:*

> En aquellos días Pedro se levantó en medio de los hermanos (y los reunidos eran como ciento veinte en número), y dijo: Varones hermanos, era necesario que se cumpliese la Escritura en que el

Espíritu Santo habló antes por boca de David acerca de Judas, que fue guía de los que prendieron a Jesús… Es necesario, pues, que de estos hombres que han estado juntos con nosotros todo el tiempo que el Señor Jesús entraba y salía entre nosotros… uno sea hecho testigo con nosotros, de su resurrección (Hechos 1.15, 16, 21, 22).

Hablando ellos al pueblo, vinieron sobre ellos los sacerdotes con el jefe de la guardia del templo y los saduceos, resentidos de que enseñasen al pueblo, y anunciasen en Jesús la resurrección de entre los muertos (Hechos 4.1, 2).

Y con gran poder los apóstoles daban testimonio de la resurrección del Señor Jesús, y abundante gracia era sobre todos ellos (Hechos 4.33).

Porque [Pablo] les predicaba el evangelio de Jesús, y de la resurrección (Hechos 17.18).

La iglesia primitiva cristiana usaba los símbolos de la resurrección, las sanidades y los milagros porque creía que esas cosas eran centrales. La razón por la cual los amigos íntimos de Jesús se enfocaban en los milagros, las sanidades y los aspectos de la fe que hablan de esperanza tales como la ascensión y la resurrección, fue que eso es precisamente aquello en que Dios quiere que nos enfoquemos nosotros. *Esos son los puntos.* Eso es lo que hace que el cristianismo sea tan buena noticia. Un hombre muerto no es algo que nos ayude mucho, y un Dios muerto mucho peor. En cambio la vida, la vida verdadera, el poder de Dios para restaurarlo a usted… eso es un asunto totalmente distinto.

Nosotros decimos que Cristo murió por nosotros y es absolutamente cierto, pero Cristo también fue *resucitado* por nosotros. Su resurrección fue tanto por nosotros como lo fue su muerte.

Pues si por la transgresión de uno solo reinó la muerte, mucho más *reinarán en vida* por uno solo, Jesucristo, los que reciben la abundancia de la gracia y del don de la justicia (Romanos 5.17, cursivas añadidas).

Porque somos sepultados juntamente con él para muerte por el bautismo, a fin de que como Cristo resucitó de los muertos por la gloria del padre, así también nosotros andemos en vida nueva... Así también vosotros consideraos muertos al pecado, pero vivos para Dios en Cristo Jesús, Señor nuestro (Romanos 6.4, 11).

Pero Dios... con su gran amor con que nos amó... nos dio vida juntamente con Cristo (Efesios 2.4, 5).

Recuerde que Adán fue un modelo del que habría de venir. Adán fue la raíz y el tronco de nuestro árbol genealógico. Nuestros corazones cayeron cuando él cayó. Recibimos nuestra *nueva* naturaleza y nuestro *nuevo* corazón de Cristo, nuestro segundo Hombre. Hemos sido vivificados con la vida de Cristo. De la misma forma que recibimos nuestra naturaleza pecaminosa de Adán, así ahora recibimos una naturaleza santa y buena de Cristo. El plan de Dios para usted siempre ha sido perdonarlo, pero también restaurarlo: «Haced el árbol bueno, y su fruto bueno» (Mateo 12.33). O como lo dijera Milton:

Su naturaleza también a tu naturaleza unida...
Y viva en ti transplantada, y de ti
Reciba nueva vida.

Permítanme decir esto de nuevo. El nuevo pacto tiene dos partes: «Les daré un nuevo corazón y pondré en ustedes un nuevo espíritu; voy a quitarles el corazón de piedra y le daré un corazón de

carne» (Ezequiel 36.26). Dios le quitó su corazón viejo cuando circuncidó su corazón, y le da un corazón nuevo cuando le une a la
vida de Cristo. Es por eso que el apóstol Pablo dijo: «Así que también vosotros consideraos muertos al pecado» *y* «vivos para Dios en
Cristo Jesús, Señor nuestro» (Romanos 6.11).

> La historia de la encarnación es la historia de un descenso y una
> resurrección... Es la imagen de alguien que se zambulle, quitán-
> dose cada pieza de ropa, desnudándose y arrojándose al aire por
> un momento, y luego cayendo dentro del agua cristalina y baña-
> da por la luz del sol, para hundirse luego en la negra, fría y conge-
> lante agua, en el barro y el fango, tras lo cual se levanta de nuevo,
> con los pulmones que casi le explotan, otra vez de vuelta al agua
> cristalina y tibia bañada por la luz del sol, y luego por fin emerge a
> la luz del sol, sosteniendo en su mano aquello que fue a buscar.
> Aquello que estaba sumergido en el fondo es la naturaleza huma-
> na. (C. S. Lewis, «*The Great Miracle*»).

La resurrección afirma la promesa que hizo Cristo, porque fue
vida lo que ordenó que nos fuera dado: «Yo he venido para que tengan vida, y para que la tengan en abundancia» (Juan 10.10). Somos
salvados por su vida cuando descubrimos que *sí podemos vivir* de la
forma que siempre hemos sabido que deberíamos vivir. Somos libres para ser aquello para lo cual él nos creó. Usted tiene una nueva
vida, la vida de Cristo. Y también tiene un corazón nuevo. ¿Sabe
usted lo que esto significa? Que su corazón es bueno.

EL LUGAR DONDE MORA DIOS

La fecha es 1450 a. de J.C. En algún lugar del desierto de Sinaí, una
banda de esclavos fugados han asentado su campamento. En medio del campamento, han colocado una tienda hecha de pelo y piel

de cabra, un diseño que Dios mismo les dio cuando habló cara a cara con Moisés en esa montaña. El tabernáculo tenía dos partes, el lugar santo y el lugar santísimo. Fue en medio del lugar santísimo que llegaría la presencia de Dios: «Moisés hizo conforme a todo lo que Jehová le mandó… y la gloria de Jehová llenó el tabernáculo» (Éxodo 40.16, 34).

De la misma forma que Adán fue una prefigura del que había de venir, así como los corderos que ofrecían los judíos en sacrificio eran una prefigura de un Sacrificio mucho mayor que iba a llegar, así también el tabernáculo mismo fue una figura de algo mucho más maravilloso. Es una clase de símbolo mítico que sirve para ayudarnos a entender una realidad eterna más profunda. Ahora toda la gente sabe que su *cuerpo* es el templo de Dios. «¿No sabéis que sois templos de Dios, y que el Espíritu Santo mora en vosotros?» (1 Corintios 3.16). Bueno, cada uno de nosotros es el templo de Dios. Entonces, ¿dónde es el lugar santísimo?

Su corazón.

Es cierto, su corazón. Pablo nos enseña en Efesios que Cristo por la fe habita en nuestros corazones (Efesios 3.17). Dios desciende para morar en nosotros, *en nuestros corazones*. Nosotros sabemos esto: Dios no puede morar donde existe el mal. «Porque tú no eres un Dios que se complace en la maldad; lo malo no habitará junto a ti» (Salmo 5.4). Algo muy dramático debe de haber ocurrido en nuestros corazones para hacerlos un lugar apropiado para la habitación de un Dios santo.

Por supuesto que nada de esto puede ocurrir hasta que no le demos de vuelta nuestras vidas a Dios. No podemos conocer el gozo o la vida de libertad de corazón que he descrito hasta que no hayamos rendido nuestras vidas a Jesús y nos hayamos entregado completamente. Debemos renunciar a todas las formas en que nos hemos apartado de Dios en nuestro corazón, abandonar los ídolos que hemos adorado y a los cuales les hemos entregado nuestro corazón. Nos damos vuelta, y entregamos nuestro cuerpo, nuestra alma y nuestro espíritu de nuevo a Dios, pidiéndole que limpie nuestro corazón y lo haga nuevo. Y él lo hace. Él nos da un corazón nuevo. Y él viene a habitar allí, en nuestro corazón.

LA PROMESA CUMPLIDA

«Si usted creyera que... podemos hacer *cualquier* cosa. ¿Lo seguiría a *cualquier* lugar?»

La semana pasada estaba con algunas personas hablando del evangelio, lo que en realidad promete y todo lo que significa para nuestras vidas. Yo estaba tratando de probar el punto de que el nuevo pacto no quiere decir otra cosa que esto: que el corazón es bueno. Me sorprendí al escuchar las palabras de protesta de la mayor parte de mis amigos, que son seguidores muy fieles de Jesús, y que han caminado con él durante muchos años. «¿Qué? Eso no puede ser. Nunca he escuchado eso... nunca». Lo sé. Tampoco yo. Pero es algo innegable: el nuevo pacto, llevado a cabo a través de la obra de Cristo quiere decir que tenemos un corazón nuevo. Escuche las palabras de Jesús:

> Porque cada árbol se conoce por su fruto; pues no se cosechan higos de los espinos, ni de las zarzas se vendimian uvas. *El hombre bueno, del buen tesoro de su corazón saca lo bueno;* y el hombre malo, del mal tesoro de su corazón saca lo malo» (Lucas 6.44, 45, cursivas añadidas).

Más tarde, explicando la parábola del sembrador y las semillas, Jesús dijo:

> La [semilla] que cayó en buena tierra, éstos son los que *con corazón bueno y recto* retienen la palabra oída, y dan fruto con perseverancia (Lucas 8.15, cursivas añadidas).

Jesús mismo enseña que para algunas personas, por lo menos, el corazón puede ser noble y recto. Entre esas personas está usted, si usted es de él. Dios guardó su promesa. Nuestros corazones han sido circuncidados y apartados para Dios. Tenemos corazones nuevos. ¿Sabe usted lo que eso significa? Su corazón es bueno. Deje que eso le penetre en la mente por unos momentos. Su corazón es *bueno*.

¿Qué sucedería si usted lo creyera, si llegara al lugar donde *supiera* que es verdad? Su vida nunca volvería a ser igual. Mi amiga Lyn entendió esto, y es por eso que dijo: «Si creyéramos eso… podríamos hacer *cualquier cosa*. Exactamente. Cambiaría nuestra vida. Cambiaría la manera de ver el cristianismo. Este es el mensaje perdido del evangelio, perdido por lo menos para muchas personas. No es de sorprenderse. Esto es lo último que el enemigo quiere que el mundo sepa, porque cambiaría todo. Aquellos de ustedes que han recibido su corazón de vuelta saben exactamente lo que quiero decir. Es libertad. Es vida.

CAPÍTULO CINCO

LA GLORIA OCULTA EN SU CORAZÓN

Y los salvará en aquel día Jehová su Dios
   como rebaño de su pueblo;
porque como piedras de diadema
   serán enaltecidos en su tierra.
Porque ¡cuánta es su bondad,
   y cuánta su hermosura!

—ZACARÍAS (9.16, 17)

Los que miraron en él fueron alumbrados;
   y sus rostros no fueron avergonzados.

—REY DAVID (SALMO 34.5)

«¿No tiene usted otras hijas?» «No», dijo el hombre. «Hay una pequeña sirvienta en la cocina que mi difunta esposa dejó, pero ella no puede ser la novia». El hijo del rey le dijo que se la debía enviar; pero la madrastra respondió: «Oh, no, ella está muy sucia; no se puede presentar». Pero él insistió, y la Cenicienta tuvo que ser llamada. Primero ella se lavó la cara y las manos, luego fue y se inclinó delante del hijo del rey, quien le dio su zapato dorado.

Entonces ella se sentó en un banco, se sacó el pesado sueco de madera, y se puso el zapato, que le talló perfectamente bien. Y cuando ella se levantó y el hijo del rey la miró, la reconoció como la hermosa doncella que había bailado con él y exclamó: «¡Esta es la verdadera novia!» La madrastra y las dos hermanas estaban horrorizadas y se quedaron pálidas de ira; pero él tomó a la Cenicienta y la puso en su montura, y se fue cabalgando con ella.

Me encanta esta parte de la historia, cuando queda expuesta la heroína en toda su gloria. Que ella, *finalmente*, pueda mostrarse en todo su esplendor. Fue objeto de burlas, odio, mofa y desprecio, pero la Cenicienta es la única que puede calzar el zapato. Ella es la que el príncipe ama, *ella es* la novia verdadera. Al igual que lo somos nosotros. Sí, nosotros, la iglesia rescatada y comprada por el Cordero. Somos la novia del hijo del rey, ¿no es verdad? «Ven acá, y yo te mostraré la desposada, la esposa del Cordero» (Apocalipsis 21.9). Él nos ha elegido. Somos el objeto de su amor. «Has apresado mi corazón con uno de tus ojos« (Cantar de los Cantares 4.9). Este cuento de hadas es *cierto*. Me encanta la parte en el pasaje original de «La Cenicienta» donde el hijo del rey insistió en que ella saliera de su escondite. Aunque la familia la hubiera mantenido escondida en el sótano, él no lo permitió. «Sal de allí. Ahora eres mía. Que tu luz resplandezca delante de los hombres».

No obstante, voy a ser honesto, la historia me gusta mucho… desde cierta distancia. La idea de que me llamen a *mí* para que salga de mi escondite me pone nervioso. No creo que quiera ser visto. Hace muchos años, durante mi vida en el teatro, una vez recibí una ovación del público que se puso de pie después de una representación. Los espectadores aplaudían y vitoreaban, ¿qué actor no desea un aplauso con el público de pie? ¿Saben lo que hice? *Corrí.* Literalmente. Tan pronto como cayó el telón, corrí a la puerta para no tener que hablar con nadie. No quería que me vieran. Lo sé, es algo extraño, pero le apuesto que usted se siente igual en cuanto a ser puesto a la luz.

Probablemente usted no se pueda imaginar que haya gloria en su vida, mucho menos una a la que el enemigo le tenga miedo. Pero recuerde, las cosas no son lo que parecen. *Nosotros* no somos lo que parecemos. Tal vez usted también creyó que su corazón era malo. Es mi oración que esa niebla de gas venenoso que viene del infierno sea disipada por el viento de la verdad de Dios. Y hay más todavía. Cristo no solamente dice que su corazón es bueno, sino que él lo invita a que salga de las sombras y descubra su gloria. Usted tiene un papel que jamás soñó que tendría.

Hay una escena muy bella al final de la vida de José, cuando él también es expuesto a la luz. Los mismos hermanos que lo vendieron para ser esclavo cuando era un niño están ahora de pie, con temblor en las rodillas, frente a quien creían ser un jefe egipcio iracundo, igual en poder al mismo Faraón. La copa de plata de este jefe se halló escondida en el equipaje de ellos mientras se alejaban de la ciudad, colocada allí mismo por orden estratégica de José. Ahora José los interroga hasta que sientan miedo, haciendo que la trama fuera más complicada al usar un intérprete para hablar con ellos, como si no entendiera hebreo, ejerciendo la máxima presión posible. Finalmente, incapaz de contener sus lágrimas, José *revela* quién es: «Yo soy José; ¿todavía vive mi padre? … Así que vayan y cuéntenle a mi padre sobre toda mi gloria en Egipto… Apresúrense y me lo traen» (Génesis 45.3, 13). Este es quien en realidad soy. Cuéntenle a mi padre sobre mi gloria. ¡Asombroso!

Para sorpresa de todos, Pedro se revela en Pentecostés con un sermón que agrega tres mil convertidos a la iglesia. Esto del hombre que negó a Cristo tres veces, en su hora de necesidad. Los compañeros de Pedro tendrían que haber estado pensado: *Oh, ¿de dónde salió eso?* Y por supuesto, que Jesús mismo, el hijo del carpintero, es revelado en el monte de la Transfiguración por quien es él, el Rey de gloria. En un bello paralelo mítico, Aragorn, el hijo de Arathorn y verdadero heredero al trono de Gondor, es finalmente revelado en el tercer libro de la trilogía de Tolkien apropiadamente llamado *El retorno del rey*. Durante muchos años había sido conocido como Strider, un hombre que ha vivido en los bosques haciendo quién sabe qué (cp. «¿Puede algo bueno salir de Nazaret?»). El jefe de los Dunedain, el último gran rey de la raza de los hombres, Aragorn se presenta para tomar el lugar que le corresponde.

> Aquí están Aragorn hijo de Arathorn, y Elessar heredero de Isildur, saliendo del Paso de la Muerte. Le cayó un viento del mar al Reino de Gondor; y la alegría de los Rohirrim estalló en un torrente de risas y en un relampagueo de espadas, y el júbilo y el asombro de la Ciudad se volcaron en fanfarrias y trompetas y en campanas al viento. Pero los ejércitos de Mordor estaban estupefactos, pues les parecían cosas de brujería que sus propias naves llegasen a puerto cargadas de enemigos; y un pánico negro se apoderó de ellos, viendo que la marea del destino había cambiado, y que la hora de la ruina estaba próxima… Pero delante de todos iba Aragorn blandiendo la Llama del Oeste, Anduril, que chisporreteaba como un fuego recién encendido. Narsil forjada de nuevo, y tan mortífera como antaño; y Aragorn llevaba en la frente la Estrella de Elendil.

El día ha llegado y la Estrella de la mañana ha aparecido, para nunca volverse a poner. Esta revelación, este llegar a su gloria, es algo inevitable para el corazón rescatado. Si recuerda, Moisés tuvo que ponerse un velo sobre el rostro. Eso también fue una figura de una realidad más profunda. Todos hacemos lo mismo. Todos hemos velado nuestra gloria, o algo la ha velado por nosotros. Por lo general, es una combinación de ambos factores, pero ha llegado el momento de quitar el velo:

Y si el ministerio de muerte grabado con letras en piedras fue con gloria, tanto que los hijos de Israel no pudieron fijar la vista en el rostro de Moisés a causa de la gloria de su rostro, la cual había de perecer, ¿cómo no será más bien con gloria el ministerio del espíritu?... Así que, teniendo tal esperanza, usamos de mucha franqueza; y no como Moisés, que ponía un velo sobre su rostro, para que los hijos de Israel no fijaran la vista en el fin de aquello que había de ser abolido... Por tanto, nosotros todos, mirando a cara descubierta como en un espejo la gloria del Señor, somos transformados de gloria en gloria en la misma imagen, como por el Espíritu del Señor (2 Corintios 3.7, 8, 12, 13, 18).

Estamos en el proceso de que el velo nos sea quitado. Fuimos creados para reflejar la gloria de Dios, nacimos para llevar su imagen, y él nos rescató para reflejar esa gloria prístina de nuevo. A cada corazón se le dio una gloria mítica, y esa gloria está siendo *restaurada*. Recuerde la misión de Cristo: «Yo he venido para devolverles el corazón y para ponerlos en libertad». Como lo dijera San Ireneo: «La gloria de Dios es que el hombre esté completamente vivo». Realmente, usted no cree que lo opuesto sea verdad. ¿Cómo le traemos gloria a Dios cuando vivimos quejándonos en el sótano, aplastados por la vergüenza y el peso de la incertidumbre, ocultando nuestra luz debajo de un almud? Nuestro destino es llegar a ser completamente vivos, vivir con una gloria que cada vez *es mayor*. Esta es la TERCERA VERDAD ETERNA que cada buen mito ha tratado de que comprendamos: *su corazón lleva gloria, y su gloria es necesaria*... ahora mismo. Esta es nuestra hora de más necesidad.

¿NADA BUENO?

En un intento de explicar la doctrina bíblica del pecado, permitimos que un objeto extraño se infiltrara. Se escucha casi siempre que los cristianos hablan de sí mismos: «Soy un pecador, salvado por gracia». «Necesito vestiduras que Dios me ponga». «No hay nada bueno en mí». Esta manera de pensar es muy común, la noción de que no somos más que desdichados inservibles, propensos a pecar en cualquier instante, incapaces del bien, y por cierto que muy lejos de la gloria.

Esta manera de pensar tampoco es bíblica.

El pasaje al que creen que se refieren estas personas se encuentra en Romanos 7.18, donde Pablo dice: «Y yo sé que en mí, esto es, en mi carne, no mora el bien». Fíjese en la distinción que hace. No dice: «En mí no hay nada bueno. Esto es todo». Lo que dice es: *«En mi carne*, no mora el bien». La carne es la vieja naturaleza, la vieja vida, crucificada con Cristo. La carne es lo que Dios quitó de nuestros corazones cuando los circuncidó por su Espíritu. En Gálatas Pablo continúa explicando: «Pero los que son de Cristo han crucificado la carne con sus pasiones y deseos» (5.24). *No* dice: «Soy incapaz del bien». Lo que dice es: *«En mi carne,* no mora el bien». En realidad, él expone a continuación lo siguiente: «Porque la ley del Espíritu de vida en Cristo Jesús me ha liberado de la ley del pecado y de la muerte» (Romanos 8.2).

Sí, todavía estamos en guerra con el pecado. *Sí,* todavía tenemos que crucificar nuestra carne todos los días. «Porque si vivís conforme a la carne, moriréis; mas si por el Espíritu hacéis morir las obras de la carne, viviréis» (Romanos 8.13). Tenemos que *optar por* vivir conforme al corazón nuevo, y nuestra vieja naturaleza no se irá sin dar la pelea. Voy a hablar sobre esto más adelante porque la pregunta que tenemos ante nosotros es: ¿Enseña la Biblia que los creyentes no son sino pecadores, que no hay nada bueno en nosotros? La respuesta es ¡*no!* Usted tiene un corazón nuevo. Su corazón *es* bueno. Esa naturaleza pecaminosa con la que usted lucha no es su esencia. Dos veces, en el famoso capítulo 7 de Romanos, donde Pablo presenta en primera persona el desasosiego de nuestra batalla con el pecado, dice: «Pero esta no es mi verdadera naturaleza. Este no es mi corazón».

> De manera que *ya no soy yo* quien hace aquello, sino el pecado que mora en mí. Y yo sé que en mí, esto es, en mi carne, no mora el bien; porque el querer el bien está en mí, pero no el hacerlo… Y si hago lo que no quiero, *ya no lo hago yo,* sino el pecado que mora en mí… Porque según el hombre interior, me deleito en la ley de Dios (Romanos 7: 17, 18, 20, 22, cursivas añadidas).

Pablo está haciendo una distinción muy importante: *No soy yo, no es mi verdadero corazón.* Escuche cómo habla sobre sí mismo en otros lugares. Comienza cada una de sus epístolas presentándose como «Pablo, apóstol de Jesucristo». No como un pecador, sino como un apóstol que escribe a «los santos». Despójese de la religiosidad y piense sobre esto desde una perspectiva *mítica.* Pablo, quien ha sido nombrado «el gran hombre en el reino», escribe a otros aliados del reino con gran valentía. No hay humildad falsa, el apóstol no se está rebajando. Dice:

> Si es que habéis oído de la administración de la gracia de Dios que me fue dada para con vosotros; que por revelación me fue declarado el misterio, como antes lo he escrito brevemente, leyendo lo cual podéis entender cuál sea mi conocimiento en el misterio de Cristo, misterio que en otras generaciones no se dio a conocer a los hijos de los hombres, como ahora es revelado a sus santos apóstoles y profetas por el Espíritu (Efesios 3.2-5).

Pablo no siente vergüenza de decir que sabe cosas que ningún hombre supo antes que él. También da por sentado que han oído acerca de él y los misterios que le han sido revelados. Esta es parte de su gloria. Su humildad se puede ver claramente, en que admite con rapidez que ha sido un don, y de hecho, un don dado a él *para otros.*

Preste atención a la forma en que habla sobre nosotros: «[Vosotros] resplandecéis como luminares en el mundo; asidos de la palabra de vida» (Filipenses 2.15, 16). Se *supone* que usted debe resplandecer. «Así alumbre vuestra luz delante de los hombres» (Mateo 5.16). Todo este rebajamiento y modestia que muestran los creyentes con frecuencia es vergüenza que ocultan tras el antifaz de la humildad. La vergüenza dice: «Yo no soy nadie digno de ser visto. No soy capaz de hacer nada bueno». La humildad dice: «Es seguro que tengo una gloria, pero es una gloria *reflejada.* Una gracia que me ha sido dada». Su historia no comienza con pecado, comienza con una gloria que Dios ha puesto en usted. No comienza en el capítulo 3 del Génesis; comienza en Génesis 1. Lo primero es lo primero, como dicen.

Por cierto que usted admitirá que Dios es glorioso. ¿Hay alguien que sea más bueno? ¿Hay alguien que sea más creativo? ¿Hay alguien que sea más valiente? ¿Hay alguien que sea más verdadero? ¿Hay alguien que sea más osado? ¿Hay alguien que sea más hermoso? ¿Hay alguien que sea más sabio? ¿Hay alguien que sea más generoso? Usted es descendiente de él. Su hijo o hija. Su reflejo. Creado a *su* imagen. Recuerde que aunque él hizo los cielos y la tierra en toda su gloria, el desierto y el mar, las praderas y la vía láctea, y dijo que todo eso era bueno, no fue hasta *después* que le hizo a usted que dijo: «bueno *en gran manera*» (Génesis 1.31). Piense en esto: su gloria original fue mayor que cualquier aspecto de la creación que le haya hecho suspirar.

> Para los santos que están en la tierra,
>   y para los íntegros, es toda mi complacencia (Salmo 16.3).

Dios le proveyó a usted una gloria al crearle, una gloria tan profunda y mítica que toda la creación se opaca en comparación a ella. Una gloria que es única para usted, al igual que sus huellas digitales son solamente suyas. En algún lugar, muy dentro de nuestro ser, hemos buscado esa gloria desde aquel entonces. Un hombre quiere saber que en verdad es hombre y que puede ser valiente. Anhela saber que es un guerrero y toda su vida se pregunta: «¿Poseo las cualidades necesarias?» Una mujer quiere saber que en realidad es una mujer, que es hermosa. Anhela saber que es cautivadora, y toda su vida se pregunta: «¿Tengo alguna belleza que ofrecer?» El poeta Yeats escribió:

> Si hago que las pestañas sean más oscuras,
> Y los ojos más brillantes
> Y los labios más rojos,
> O si pregunto si todo está bien
> En un espejo y otro
> Sin demostrar vanidad,
> Lo que estoy buscando
> Es el rostro que tenía
> Antes que el mundo fuera hecho.
> (Traducción de «Before the World was Made»,
> del poema «A Woman Young and Old»).

Sí, eso es. Cuando usted se da una segunda mirada en el espejo, cuando se detiene para mirar otra vez a una fotografía, usted está buscando una gloria que sabe que fue creado para tener, si solo porque sabe que la anhela. Recuerda vagamente que una vez fue algo más de lo que ahora ha llegado a ser. Su historia no comenzó con pecado, y gracias a Dios, no tiene que terminar con pecado. Termina con la gloria restaurada: «A los que justificó, a éstos también glorificó» (Romanos 8.30). Y «entre tanto» usted está siendo transformado. Se le ha dado un nuevo corazón. Ahora Dios está restaurando su gloria. Él lo está convirtiendo en completamente vivo, porque la gloria de Dios es usted, completamente vivo.

Bajo un hechizo

«Bueno, si todo esto es verdad, ¿por qué no lo veo?» Muy buena pregunta. Ahora estamos llegando a mi punto. El hecho de que usted no vea su corazón bueno y su gloria solamente comprueba la efectividad del asalto. No nos vemos a nosotros mismos con claridad. ¿Ya no se acuerda de los cuentos de hadas?

En *La Silla de Plata* (la sexta de la serie en las historias de Narnia), dos escolares, Eustace y Jill, son llamados a Narnia para encontrar al príncipe heredero de la corona de ese reino que anda extraviado. Años antes, el príncipe Rilian había sido secuestrado por una Bruja, puesto bajo un hechizo, y llevado al reino subterráneo. Una vez al día, durante una hora, el príncipe se despertaba de su hechizo mágico y se daba cuenta de *quién* era y lo que había sucedido. Pero durante esas horas permanecía encadenado a una silla de plata, así que no podía escapar. Todas las demás horas del día estaba «libre», porque estaba convencido de que la bruja era buena, y él no era otra cosa que su agradecido esclavo, un desdichado sin valor alguno. Casi al final de la historia, los niños, con la ayuda de Puddleglum el mariscal, sueltan al príncipe de la silla y del poder del hechizo.

> Entonces él se volvió y observó a sus rescatadores; y lo que estaba mal, fuese lo que fuese, desapareció de su rostro. «¿Qué?», le dijo volviéndose a Puddleglum. «¿Veo delante de mí a un auténtico mariscal, un mariscal de Narnia?» «Oh, ¿usted ha oído de Narnia, después de todo?», le preguntó Jill. «¿Me había olvidado cuando estaba bajo el hechizo?», le preguntó el príncipe. «Bueno, ese y todos los demás encantos se han terminado. Puedes creer que conozco Narnia porque soy Rilian, el Príncipe de Narnia, y Caspian, el gran Rey, es mi padre». «Su alteza real», dijo Puddleglum, doblando una rodilla en tierra (y los niños

hicieron lo mismo) «hemos venido a este lugar por la única razón de rescatarlo».

«¿Cuánto tiempo he estado bajo el poder de la bruja?» «Han pasado más de diez años desde que Su Alteza Real se perdió en los bosques al norte de Narnia». «Diez años», dijo el príncipe pasándose la mano por el rostro como queriendo borrar el pasado. «Sí, te creo. Porque ahora que soy yo mismo me puedo acordar de la vida hechizada, pero mientras estuve hechizado, no me pude acordar de mi verdadero yo».

«Mientras estuve hechizado no me pude acordar de mi verdadero yo». Eso es correcto, exacto. Estamos bajo un hechizo. Tenemos un nivel de conciencia y orientación de «grado cero». No tenemos ni idea de quiénes somos. Aparte de la gloria que nos ha sido concedida, y la cantidad de gloria debe ser restaurada en nuestra vida, muchos de nosotros hemos creído todo este tiempo que el cristianismo se trataba de... cualquier otra cosa. Tratar de no caer en pecado, asistir a la iglesia, ser una persona agradable, etc. Jesús dice que se trata de sanar el corazón, ponerlo en libertad y restaurar su gloria. Una niebla religiosa ha estado tratando de ocultar todo eso, de ponernos bajo cierta clase de hechizo o amnesia para impedir que volvamos a la vida. Pascal dijo: «Es algo monstruoso... un encantamiento incomprensible y un adormecimiento sobrenatural». Pablo nos dice que ha llegado la hora de quitar el velo.

> Pero cuando se convierten al Señor, el velo se quitará. Porque el Señor es el Espíritu; y donde está el Espíritu del Señor, allí hay libertad. Por tanto, nosotros, mirando a cara descubierta como en un espejo la gloria del Señor, somos transformados de gloria en gloria en la misma imagen, como por el Espíritu del Señor (2 Corintios 3.16-18).

El velo es quitado, trayendo libertad, transformación y gloria. ¿Lo ve? No lo estoy inventando, aunque he sido acusado de hacer el evangelio mejor de lo que es. Qué acusación más risible. ¿Podría alguien ser más generoso que Dios? ¿Podría alguno de nosotros crear una historia que fuera mejor que la que Dios mismo ha creado? Todas las historias que nosotros contamos derivan su poder de la Gran Historia que él está relatando. La película *El rey león* pasa por alto el asunto del «círculo de la vida», un mito tomado directamente del cristianismo. Una vez hubo un reino bellísimo que fue robado por el malvado. Su gloria ha sido dañada, y en gran medida. Ahora ha llegado la hora de que el verdadero rey regrese y tome el poder, pero Simba, el león heredero del trono, no cree ser quien es en realidad. Su padre fue asesinado cuando él era joven, y el enemigo le echó la culpa a Simba. Simba huyó y después de años de desesperanza, termina viviendo con un jabalí verrugoso y una especie de mono cuya ambición más grande en la vida es el desayuno, el almuerzo y la cena. Entonces, una noche, el padre de Simba se le aparece en una visión:

> MUFASA: Simba.
>
> SIMBA: ¿Padre?
>
> MUFASA: Tú te has olvidado de mí.
>
> SIMBA: ¡No! ¿Cómo podría olvidarme?
>
> MUFASA: Te has olvidado de quién eres, y por eso te has olvidado de mí. Mira dentro de ti, Simba… tú eres más de lo que has llegado a ser.
>
> SIMBA: ¿Cómo puedo regresar?
>
> MUFASA: Recuerda quién eres. Tú eres mi hijo y el único rey verdadero. Recuerda quién eres.

Finalmente Simba se quita el velo de la vergüenza y de los reproches a sí mismo y regresa a tomar el reino que por derecho le pertenece. Como resultado, su gloria y la gloria del medio ambiente son restauradas. Algo similar sucede hacia el final de La *Matriz*. Neo se une a las fuerzas que procuran liberar al mundo. Ha dejado atrás la identidad de Thomas Anderson, el Tomás dudoso e hijo de los hombres, el tipo de las computadoras, nadie realmente especial. Ha tomado muchos riesgos, vivido por fe. Pero el momento real de su gloria llega cuando él finalmente enfrenta a su enemigo. Hasta aquel momento todo el mundo se ha limitado a huir de los «agentes», que son símbolos de lo demoníaco. Juan escribe en su primera epístola: «Hijitos, vosotros sois de Dios, y los habéis vencido; porque mayor es el que está en vosotros, que el que está en el mundo… el mundo entero está bajo el maligno» (1 Juan 4.4; 5.19). Nadie los ha desafiado, nadie ha batallado con ellos. Cuando Neo se da la vuelta para enfrentarse con el malvado encarnado, sus amigos le observan atónitos, incrédulos y llenos de temor.

TRINIDAD: ¿Qué está haciendo?
MORFEO: Está comenzando a creer.

¿Qué está comenzando a creer? *Quién realmente es él.*

SU YO MÁS FIDEDIGNO

Entonces desde lo alto, en algún lugar de la distancia
Hay una voz que llama, «recuerda quién eres;
si te pierdes a ti mismo tu valor va a seguir muy pronto»
Así que sé fuerte esta noche y recuerda quién eres.
(Gavin Greenaway y Trevor Horn, *Sound the Bugle*)

Usted va a necesitar todo su corazón en toda su gloria para esta Historia que debe protagonizar. Va a necesitar cada onza de valor y de fe y de amor a la que pueda echar mano. Ahora bien, ¿qué fue lo que Dios diseñó cuando le diseñó a usted? Por lo menos sabemos esto: sabemos que no somos lo que fuimos diseñados para ser. La mayoría de nosotros gastamos nuestras energías tratando de ocultar ese hecho, por medio de todos los velos que nos ponemos y los falsos yo que creamos. Nuestros primeros padres pensaron que se podían esconder detrás de hojas de higuera y en los arbustos, y nosotros hacemos lo mismo, solo que con más sofisticación. Sería mucho mejor usar esa energía tratando de recobrar la imagen de Dios y quitarle el velo para ver toda su gloria. Algo que nos ayuda a ver en cualquier historia es ver con los ojos del corazón. Lo que nos trae de vuelta al mito. El poeta David Whyte dice: «Los mitos nos revelan las cosas de las que somos capaces». Clyde Kilby nos ofrece esta imagen: «El mito es un camino por el cual andamos para volver a tomar posesión de nuestra alma». ¡Qué fantástico! ¿No le gustaría a usted volver a tomar posesión de su alma? ¿Vivir con una gloria sin ninguna máscara ni velo que refleja la gloria del Señor? Por eso vale la pena pelear.

La Biblia está llena de personajes, y no me refiero a personas que interpretan un papel, sino que uso la palabra como la usó la abuela al hablar del abuelo, pues a la edad de ochenta y siete años acaban de darle su cuarta multa por exceso de velocidad en un mes. «Es todo un personaje». O lo que usted diría de esas personas que usan sombreros o que cantan en voz alta al sonar de una música que nadie más escucha. Abraham es todo un personaje, y lo mismo puede decirse es su esposa Sara. El rey David es un personaje. Los discípulos de Jesús son todos personajes. Fíjese en Jacobo y Juan, «los hijos de Zebedeo». Usted recordará que son los dos que arrinconaron a Jesús para tratar de conseguir los dos mejores asientos a su derecha y a su izquierda en el reino. O la vez que quisieron invocar fuego del cielo para destruir una aldea que no le quiso ofrecer a Jesús un lugar para pasar la noche. Sus compañeros los llamaron tontos; Jesús los llamó los hijos del trueno (Marcos 3.17). Él ve quiénes son *en realidad*. Es su nombre mítico, su verdadera identidad. Parecen pescadores que no tienen trabajo; pero en realidad son *Boanerges*, los hijos del trueno.

Hay historias que a usted le gustan mucho; hay personajes que han resonado muy dentro de usted, y tal vez haya soñado que podría ser como ellos. ¿Sabe por qué? Porque lo profundo llama a lo profundo. Le hablaron a usted y le hablan incluso ahora, porque contienen algún indicio, alguna vislumbre de su verdadero yo. Mi amiga Bethann se detuvo un instante y luego dijo: «¿De verdad? ¿Podría ser que hay algo de grandeza en mí?» El mito es el medio por el cual lo descubrimos. Rolland Hein lo explica: «Ya sea que la gente esté consciente o no del hecho, no pueden vivir sin mitos y tampoco pueden llegar a su estatura plena como personas sin verdaderos mitos».

LO QUE REVELAN NUESTROS MITOS

He colocado en la parte superior de mi computadora, justo encima de la pantalla donde ahora estoy escribiendo esta frase, otra frase que dice: *«Ego numquam pronunciare mendacium, sed ego sum homo indomitus»*. Para aquellos de ustedes, como yo, que no saben latín, es una frase de la película *Corazón Valiente*. La traducción es: «Nunca digo mentiras, pero soy un salvaje». Hay mucha historia detrás de esta frase. Mito personal. Como todas las historias, esta comienza hace mucho cuando era joven. Cuando era un muchacho joven, solía inventar mentiras acerca de mí porque no creía que hubiera nada especial o digno de mención sobre el verdadero yo. Les decía a mis amigos que soy descendiente de indios, o un ladrón nocturno, o un corredor de motos. Yo inventé una gloria ajena porque estaba convencido de que no tenía una propia.

Demos marcha atrás hasta llegar al verano pasado, cuando dirigí a un grupo de amigos a *Wimunche Wilderness*, en una expedición donde todo lo que llevábamos cabía en una mochila. Estábamos en una cierta clase de misión. *Salvaje de Corazón* (un libro que escribí acerca de los hombres que recobran su alma masculina) había sido recién publicado esa primavera, y podríamos decir que lo estábamos viviendo cada día. En la mañana, yo sugería una pregunta con la cual lucharíamos, oraríamos al respecto y sudaríamos mientras avanzábamos por los bosques. Después de la cena, compartiríamos nuestros pensamientos e historias alrededor de la fogata, y así procesamos nuestras vidas a partir de ese libro. O al revés. El cuarto día del viaje, mientras desarmábamos el campamento en el bosque cerca de *Twin Lakes*, sugerí que la pregunta para ese día sería simplemente esta: «Dios, ¿quién soy? ¿Qué piensas tú de mí? ¿Cuál es mi verdadero nombre?»

Esta era *La Pregunta*, la pregunta codiciada, la que les quise hacer desde el primer día, pero sabía que no llegaría a ella hasta que hubiéramos considerado otros asuntos, como la herida del padre y el papel de la mujer en nuestra vida. Tuvimos que aprender a ganarnos el derecho de formular esta pregunta, y después de lo que habíamos pasado el día anterior, nos pareció que ya habíamos pagado el precio: Habíamos perdido la senda, y caminamos como cinco kilómetros a través de densas malezas que nos raspaban las piernas y el rostro, lugar por el cual atravesaban los alces sin ningún problema, cuando me di cuenta de que ellos tienen patas bastante más largas comparadas con nuestras piernas. Además, toda la trayectoria fue bajo el sol de la tarde.

Ahora, el día después, tras colocarnos nuestras mochilas, nos dirigimos a cruzar un paso alto y luego descender a un largo valle hacia otro campamento desconocido. Comenzó a llover unos diez minutos después, y el viento en realidad nos azotaba mientras subíamos más allá de la línea de los árboles. Todo era humedad y brezo, rocas y peñascos… y a mí *me encantaba*. Me recordaba las montañas escocesas de *Corazón Valiente*. Sentía como que estaba escalando una realidad mítica. Entonces me acordé de la misión del día, y comencé a hacerle a Dios una de las preguntas más importantes que cualquiera de nosotros puede formular: *¿Qué piensas de mí, Dios? ¿Quién soy para ti?* Ahora la hilera de hombres se extendía como por un kilómetro, y yo estaba solo llegando al paso.

Tú eres mi Wallace.

Algo en mi corazón se hundió. Sí, se hundió. *Por favor, John, mírate. Esto es patético. Estás inventando la voz de Dios. Llenas los espacios en blanco. Inventando lo que quieres que él te diga.* Ya sea que fuera la voz de Dios o no, solo requerí diez segundos para callarla con una dosis generosa de dolor de corazón, por haber querido escuchar algo así desde que era joven, y también desprecio al pensar que yo me había atrevido a tomar el lugar de Dios al pronunciar el nombre. Me reproché a mí mismo por no estar dispuesto a escalar por unos momentos en silencio y dejar que Dios me hablara por su propia iniciativa. Para aquel entonces, algunos de los hombres habían llegado a donde yo estaba, y nos detuvimos para tomar algunas fotos del paso. Entonces nos dirigimos hacia abajo.

Llegamos al campamento con una hora de sobra antes de las tareas de la cena, así que yo hice una caminata solo en la pradera. No, eso no es completamente cierto. Salí del campamento porque me sentí *llamado.* Yo sabía que Dios me estaba esperando, allí al final del día, al igual que un padre o un amigo, no dispuesto a dejar que el asunto se quedara sin resolver. A medida que comencé a escuchar a mi corazón una vez más, oí que me formulaba una pregunta. (Para que usted no crea que soy esquizofrénico y que oigo voces, permítame recordarle que el corazón ha llegado a ser el nuevo lugar donde mora Dios, y que es en el corazón donde escuché su voz. Voy a hablar más sobre esto en seguida). Me pareció que las preguntas que Dios me hizo no estaban relacionadas con el suceso del paso montañoso.

Dime qué amas.

Oh, bien... me encanta una mañana como la de hoy. El viento y la lluvia y el bosque, todo eso. Las montañas.

Continúa.

Bueno, amo hacer una expedición como esta. Me gusta mucho guiar a un grupo de hombres.

¿Hay algo más? Cada pregunta parecía estar llevándome cada vez más profundamente dentro de mi corazón.

Amo pelear por la libertad de las personas.

Hubo un momento de silencio.

¿Estás convencido?

Dios me llevó a la verdad del nombre mítico a través de la puerta de mi propio corazón y mis propios deseos. Ahora estaba atrapado, no había forma de negar que Dios fuera quien me había hablado esa mañana. Fui forzado a luchar con el hecho de que lo dicho era verdad. Durante todo el año pasado he necesitado ese nombre mítico y toda la fuerza y el valor que me suministra. La batalla ha sido dura y hay muchos corazones que poner en libertad. El Acusador se ríe, se burla y me lanza todos los artefactos destructivos que puede: «Estas inventado esto. Tú eres un hombre pequeño y débil». *Ego numquam pronunciare mendacium, sed ego sum homo indomitus.* «Nunca digo mentiras, pero soy un salvaje».

ABRAZANDO LA GLORIA

Nuestro temor más grande no es que seamos inadecuados. Nuestro temor más grande es que lleguemos a ser poderosos más allá de lo que se puede medir. Es nuestra luz, no nuestra oscuridad lo que más nos atemoriza. Nos preguntamos a nosotros mismos: «¿Quién soy yo para ser brillante, apuesto, talentoso y fabuloso?» En realidad, ¿quién es usted para no serlo? Usted es un hijo de

Dios. Si usted se achica, no le presta servicio al mundo. No hay nada que se vaya a aclarar si usted se achica para que otros a su alrededor no se sientan inseguros. Nacimos para manifestar la gloria de Dios que está dentro de nosotros… Y a medida que dejamos que nuestra propia luz brille, inconscientemente damos permiso a otras personas para que hagan lo mismo. A medida que somos librados de nuestros propios temores, nuestra presencia contribuye automáticamente a liberar a otros. (Nelson Mandela)

Cuando leí esta cita por primera vez, pensé: *No, eso no es verdad*. Nosotros no tememos una gloria que podamos llamar nuestra. Lo que tememos es que no seamos gloriosos en absoluto. Tememos que al llegar al fondo, vamos a ser revelados como… desencantos. Mandela está tratando de hacer un buen discurso, como un sermón motivador para elevarnos la moral por un día o dos. No obstante, a medida que pensaba más en esto, me di cuenta de que *sí* le tenemos miedo a nuestra gloria. Tememos aun encaminarnos en esa dirección porque, por un lado, parece un asunto de orgullo. Bueno, el orgullo es algo malo, por supuesto, pero no es ser orgulloso acoger la verdad de que uno lleva la imagen de Dios. Pablo dice que le trae gloria a Dios. Caminamos en humildad porque sabemos que es una gloria que nos ha sido *concedida* y que refleja algo de la gloria del Señor.

La razón más profunda por la que tememos nuestra propia gloria es que tan pronto permitimos que otros la vean, habrán visto al verdadero yo y eso es por cierto exponerse a desnudez. Podemos arrepentirnos de nuestros pecados. Podemos trabajar en ciertos «asuntos pendientes». Pero no hay nada que «hacer» en cuanto a nuestra propia gloria. Está desnuda. Está simplemente allí, pues es lo que somos realmente. Es algo incómodo brillar cuando nadie a su alrededor brilla, caminar en su gloria con un rostro sin velo cuando todos a su alrededor tienen la gloria cubierta con un velo.

Si una mujer quiere ser verdaderamente hermosa y femenina, levanta sospechas, celos y malentendidos. Una vez una amiga me confesó: «Cuando entras a un lugar, todas las mujeres te miran como preguntándose si eres más linda y representas una amenaza para ellas».

Justamente es por eso que vivir a partir de la gloria propia es el único acto de amor que uno puede hacer. Usted no puede amar a otra persona desde un falso yo. Usted no puede amar a otro mientras viva ocultándose. ¿Cómo puede usted ayudarles a ser libres cuando usted mismo todavía sigue cautivo? Usted no puede amar a una persona a menos que le ofrezca su corazón. Se requiere valor para vivir desde el corazón. Mi amiga Jenny lo expresó así el otro día: «Desesperadamente quiero ser quien soy. Ya no quiero la gloria que me maravilla en otras personas. Quiero ser esa gloria que Dios dispuso para mí».

Finalmente, nuestro temor más profundo es que debamos vivir con base en esa realidad. Admitir que tenemos un nuevo corazón y una nueva gloria de Dios, comenzar a dejar que se descubra y recibir esto como la verdad, eso quiere decir que lo próximo que Dios nos va a pedir que hagamos es vivir conforme a ello. Salga del bote. Tome el trono. Sea lo que él quiso que usted fuera. Y eso se siente peligroso… muy peligroso. Pero también es emocionante. Es llegar a vivir complemente vivos. Mi amigo Morgan dijo: «Es un riesgo que vale la pena tomar».

> Pero puedo llorar—
> Oh, enemigo, que el creador no hizo;
> Un día lo contemplarás, y de esa vista huirás.
> (George MacDonald)

TERCERA PARTE

Las cuatro corrientes

¿Sentiste temblar las tinieblas?
Cuando todos los santos se unieron en una canción
Y todas las corrientes fluyeron como un río
Para llevarse con ellas nuestro quebrantamiento.
—Martin Smith, *«Did You Feel the Mountains Tremble?»*

Y salía de Edén un río para regar el huerto, y de allí se repartía en
Cuatro Corrientes.
—Génesis 2.10 (Moffat)

En el huerto llamado Edén había un río. Sus aguas brotaban de las
profundidades de la tierra y se convirtieron en un poderoso río, el
cual se repartió en cuatro brazos o corrientes. San Buenaventura
vio aquí una figura, un símbolo mítico de «una fuente que siempre
fluye», como él la llamó, «que se convierte en un río grande y vivo
con cuatro canales para regar el jardín de toda la Iglesia». Yo creo
que si usted se fija de nuevo en la manera como Cristo rescata a la
gente, *los medios* por los cuales él hace que un hombre o una mujer
lleguen a estar completamente vivos, encontrará que él nos ofrece

su vida a través de Cuatro Corrientes. Esas corrientes son: discipulado, asesoramiento, sanidad y guerra espiritual.

Los *términos* pueden sonar familiares, pero para muchos de nosotros lo son de la misma manera en que hemos escuchado que el planeta Saturno tiene anillos alrededor, y que la Antártica es un continente helado. Nuestra experiencia real de las Cuatro Corrientes no es lo que debería ser. Si lo fuera, a estas alturas seríamos los gloriosos «santos» e «íntegros» que tanto complacen a Dios (Salmo 16.3). Ayudará pensar en estas cuatro corrientes en términos de: «Caminar con Dios», «Recibir el consejo íntimo de Dios», «La restauración profunda», y «La guerra espiritual».

Hace mucho que estas corrientes han sido separadas. Me imagino que todos hemos tomado algunos sorbos de una o dos de ellas. Ahora ha llegado la hora de que fluyan juntas nuevamente. Así es como nuestra gloria es restaurada, así encontramos la vida que Cristo ofrece, así es como vivimos en su Historia. Para descubrir por sí mismo que la gloria de Dios es el hombre completamente vivo, usted debe beber profundamente de las Cuatro Corrientes que Cristo le envía.

CAPÍTULO SEIS

CAMINAR CON DIOS

Porque estrecha es la puerta, y angosto es el camino que lleva a
la vida, y pocos son los que la hallan.

—JESÚS (MATEO 7.14)

Me mostrarás la senda de la vida.

—REY DAVID (SALMO 16.11)

Después que el Camino había avanzado un trecho, y habiendo
dejado atrás la colina Bree, alta y color café, llegaron a un trecho
angosto que conducía al Norte. «Aquí es donde dejamos el camino abierto y tomamos uno menos prominente», dijo Trancos.

«Espero que no sea un atajo», le dijo Pippin. «Nuestro último
atajo a través del bosque casi terminó en un desastre».

«Ah, pero entonces yo no estaba con ustedes», se rió Trancos.
«Mis atajos terminan bien». Miró hacia arriba y abajo por el Camino. No había nadie a primera vista. Con rapidez él se dirigió
por la ruta hacia el valle lleno de árboles…

Trancos los guió confiadamente entre los muchos pasos
que cruzaban, pero si hubieran tomado la izquierda habría

sido terrible para ellos. Él los llevaba en un curso lleno de vueltas que les obligaba a devolverse a fin de evitar cualquier persecución... Bien fuese debido a la habilidad de Trancos o por alguna otra razón, no vieron ni un indicio ni escucharon ningún sonido de ningún ser viviente durante todo aquel día...

No habían avanzado mucho aquel quinto día cuando dejaron atrás los charcos y las cañas a lo largo de los pantanos. La tierra delante de ellos comenzó a elevarse suavemente otra vez. Lejos, en la distancia hacia el este, vieron una hilera de cerros. El más alto de ellos se encontraba a la derecha de la hilera y estaba un poco separado de los demás. Tenía una cima en forma de cono, apenas aplastada en la parte superior. «Ese es Weathertop», dijo Trancos...

Permanecieron de pie en silencio en la cima de esa colina, cerca de su extremo sur. En ese lugar solitario fue donde Frodo se dio cuenta por primera vez que era un lugar inhóspito y peligroso. Con amargura deseó que su buena fortuna lo hubiera guiado a su tranquilo y amado Shire. Miró hacia abajo al odiado Camino que llevaba hacia el oeste, a su hogar. De pronto se dio cuenta de que dos manchas negras se movían lentamente a lo largo del camino, yendo hacia el oeste. Al fijarse de nuevo vio que otras tres se acercaban lentamente desde el este hacia ellos. Emitió un grito y se agarró con fuerza al brazo de Trancos. «Mira», dijo señalando hacia abajo. En un instante Trancos se tiró al suelo detrás del arruinado círculo, lanzando a Frodo con él. Merry también se tiró al suelo al lado de ellos.

Lentamente, gatearon hasta llegar otra vez al borde del anillo, y miraron a través de una hendidura entre dos piedras filosas. La luz ya no brillaba, porque la clara mañana se había desvanecido... ni Frodo ni Merry podían distinguir las figuras con claridad. Sin embargo, algo les dijo que en el Camino más allá del pie de la colina, había Jinetes Negros aprestándose. «Sí», dijo Troncos, cuya vista más aguzada no le dejó ninguna duda. «¡El enemigo está aquí!» (J. R. R. Tolkien, *La hermandad del anillo*).

GUIADO

Me encontraba en el piso de abajo un martes temprano en el mes septiembre. Era una mañana fría y llena de niebla, así que me arropé con una frazada mientras leía. Estaba tratando de pasar unos momentos con Dios antes que el torbellino del día me envolviera, y vi un pasaje sobre el perdón. Creo que usted sabrá lo que quiero decir cuando digo que pareció «hablarme» más alto y con más claridad que ninguna de las otras cosas que había estado leyendo. No podía dejarlo de lado. Traté de continuar leyendo, pero sentí que el Espíritu Santo me decía: *Regresa a aquel pasaje, y quédate allí.* Traté de continuar leyendo, pero todo lo demás no me decía nada nuevo. Me devolví para leer el pasaje otra vez. Allí estaba de nuevo, aquel toque, aquella inquietud, esa sensación de *a esto quiero que prestes atención*. El pasaje era una advertencia acerca de los peligros de un corazón que no perdona y lo dañino que puede ser.

> *¿Soy una persona que no perdona, Señor? ¿Es eso lo que me tratas de decir?*

> *No, te estoy advirtiendo. Recuerda esto. Vas a necesitar perdonar.*

En menos de una hora recibí una llama telefónica que solamente puede describirse usando la palabra traición. Fue algo devastador. Algunas personas a quienes habíamos pedido que nos ayudaran con un proyecto que era muy importante para nosotros, nos llamaron diciendo que no iban a trabajar con nosotros, cambiando de idea a mitad de camino, yéndose de la batalla cuando recién había comenzado. Me quedé aturdido, sin habla. Era algo tan sorprendente, tan *inusual* en ellos, que no supe qué decir. La herida fue doble por su intento de echarnos la culpa: Fue debido a *nuestras* actitudes que ellos decidieron abandonar el barco.

Me sentí aturdido y como si me habían apuñalado por la espalda, y pensé: *Esto no puede hacer feliz a Dios.* Pregunté si había alguna forma de arreglar las cosas. No. ¿Había algo que pudiéramos hacer para mejorar la situación? No. Cuando insistí con un deseo sincero de buscar la manera de reconstruir la amistad, la historia se volvió increíblemente pobre y contradictoria. Se iban a ir y eso era todo. Además, la culpa era *nuestra.*

Cuando las noticias se asentaron, quise enojarme. Estaba herido. Me sentí atravesado con una espada. Entonces, como un zorro que en la noche olfatea a mi puerta queriendo entrar, sentí que el resentimiento estaba tratando de entrar. Después de todo, parecía una respuesta totalmente justificable. Cuando estaba casi a punto de abrirle la puerta, recordé la advertencia del Señor. *Oh... esto es lo que quisiste decir. Perdonar.* Cerré la puerta firmemente, negándole la entrada al resentimiento. Diez minutos más tarde, mientras nuestra conversación continuaba de la forma en que continúan algunas conferencias de paz, otro asunto llegó tratando de ganar entrada y me sentí tentado a reprocharme a mí mismo. Aunque no pensaba que hubiéramos hecho algo que se mereciera esa traición, yo estaba dispuesto a pensar que sí. *No... esto no es culpa tuya. Simplemente debes perdonarlos.* Después de casi una hora, la conversación no iba a ningún lado. La posición de ellos me estaba haciendo enojar mucho más y quise recurrir al orgullo. Era bien claro que nosotros estábamos en lo cierto. *No, no admitas el orgullo. Simplemente perdónalos.*

Extenuado, colgué el auricular. Después tuve que llamar a varios de nuestros asociados más cercanos y hacer lo mejor posible para darles un informe imparcial y lleno de gracia sobre lo que había sucedido, tratando de honrar las razones que habían expuesto, tratando de reconocer nuestra parte en la ruptura. Cada nueva conversación trajo consigo un nuevo vuelco de emociones: traición, y con ella enojo, dolor, resentimiento, indignación, un sentido falso de culpa. Toda la horrible colección completa, como una jauría de coyotes dando vueltas alrededor del campamento. *Simplemente hay que perdonarlos.* Tranca la puerta. Cualquier otra emoción o reacción se sentía peligrosa, cargada con un mal mayor. Cuando caí en cama aquella noche, me sentí como si hubiera sido guiado por alguien sabio como Aragorn a través de un nubarrón de fuerzas oscuras, con cien vueltas equivocadas por todos lados. Me sentí *rescatado*.

Mis diarios personales están llenos de historias semejantes. Debe haber cientos, tal vez mil a estas alturas. Dios me ha sacado de toda clase de lugares peligrosos, ha salvado mi vida más de una vez, literalmente salvado. También me ha guiado a toda clase de bellas sorpresas y aventuras. Bueno, tal vez yo sea una persona que aprende despacio, y Dios le está dando gracia adicional a un hombre que necesita ayuda. Es verdad que la necesito, pero no creo que él me hable a mí más de lo que habla a otras personas; creo que es que yo he aprendido a esperarlo, a necesitarlo, a mantenerme alerta esperándolo. Es una perspectiva completamente diferente en cuanto a la manera en que enfocamos nuestros días. Nosotros nos despertamos ya sea para llevar a cabo nuestra «lista de cosas que hacer», y las hacemos guiados por nuestros principios morales y cualquiera que sea la claridad que tengamos en ese momento, o nos despertamos en medio de una Historia peligrosa, como aliados íntimos de Dios, siguiéndole hacia lo desconocido.

Si usted no va en pos de una búsqueda peligrosa con su vida, bueno, entonces no necesita un Guía. Si no se encuentra en medio de una guerra feroz, entonces no necesita un Capitán con experiencia. Si usted ha decidido en su mente que este es un mundo bastante neutral y usted simplemente está tratando de vivir lo mejor que puede, entonces es probable que pueda arreglárselas con el cristianismo de sugerencias y técnicas. Tal vez. Le doy cincuenta por ciento de probabilidades de supervivencia. Ahora bien, si usted tiene la intención de vivir en la Historia que Dios le está relatando, y si quiere la vida que él ofrece, entonces va a necesitar más que un puñado de principios, así estos sean muy nobles. Hay demasiados recodos y vueltas en el camino por delante, demasiadas emboscadas esperando que sólo Dios sabe dónde, hay demasiado en juego. Es imposible que usted se prepare para cada situación. Jesús dijo que el camino es angosto. ¿Cómo podemos estar seguros de encontrarlo? Necesitamos a Dios íntimamente, y lo necesitamos desesperadamente.

David dijo: «Me mostrarás la senda de la vida» (Salmo 16.11). Sí, así es, y en todas las entradas y salidas de esta aventura que llamamos existencia, hay un camino angosto que conduce a la vida, y necesitamos ayuda para encontrarlo.

¿QUÉ ES EL DISCIPULADO?

Por otro lado, está lo que hemos llegado a aceptar como discipulado. Hace poco, un amigo me dio un programa de una iglesia grande y exitosa que queda en lo que llamamos el oeste central del país. Es un ejemplo bastante bueno de lo que ha llegado a ser la idea. El plan de ellos para el discipulado involucra, en primer lugar, llegar a ser miembro de esa iglesia en particular. A continuación lo alientan para que tome un curso sobre doctrina. Que sea «fiel» en la asistencia a los cultos del domingo de mañana y a un grupo pequeño de confraternidad. Completar un curso sobre el crecimiento cristiano. Vivir una vida que demuestra una evidencia clara del crecimiento espiritual. Completar una clase de evangelismo. Buscar oportunidades para evangelizar. Completar un curso sobre finanzas, otro sobre el matrimonio, y otro sobre la crianza de los hijos (si usted es casado o tiene hijos). Completar un curso sobre liderazgo, un curso sobre hermenéutica, un curso sobre los dones espirituales, y otro sobre consejería bíblica. Participar en las misiones e involucrarse activamente en el ministerio de la iglesia local.

Tal vez se sorprenda de que yo ponga en tela de juicio este tipo de programa; la mayor parte de las iglesias están tratando de que sus miembros completen algo por el estilo, de una forma u otra. No hay duda de que así se suministra una gran cantidad de información útil. No dudo que usted podría obtener un bachillerato con toda esta información, pero permítame preguntarle: Un programa como ese, ¿le enseña a una persona a aplicar principios de vida o a caminar con Dios? No son la misma cosa. Si se cambia el contenido, cualquier culto o religión falsa puede hacer lo mismo. Lo que quiero decir es que Gandhi fue un gran hombre, como también lo fueron Lao-tzu, Confucio y Thomas Jefferson. Todos ellos tenían principios para una vida mejor, pero solamente el cristianismo le puede enseñar a usted a caminar con Dios.

Renunciamos a nuestra primogenitura cuando llevamos a la gente a través de un programa de discipulado en el cual dominan una cantidad de principios cristianos y no se dan cuenta de la cosa más importante de todas, por la cual fuimos creados: La intimidad con Dios. Después de todo, tenemos esas palabras perturbadoras que dijo Jesús a todos los que estaban haciendo todas las cosas «bien». Se encuentran en Mateo 7.23: «Y entonces les declaré: Nunca os conocí». Conocer a Dios. He aquí de lo que se trata.

Tal vez recuerde el antiguo dicho: «Déle un pescado a un hombre, y lo está alimentando por un día; enséñele a pescar y lo alimentará durante toda la vida». Lo mismo es verdad aquí. Enséñele una regla a un hombre, y lo ayudará a resolver un problema; enséñele a un hombre a caminar con Dios y lo ayudará a resolver el resto de su vida. A decir verdad, usted no podría aprender suficientes principios como para que lo lleven con seguridad a través de esta Historia. Hay demasiadas sorpresas, ambigüedades y excepciones a las reglas. Las cosas se ponen difíciles en el trabajo; ¿es tiempo de buscarse otro trabajo? ¿Qué le *ha* llamado Dios a hacer con su vida? Las cosas están difíciles en el hogar, ¿es simplemente una fase por la que atraviesa su hijo o debería preocuparse más? Usted no parece poder librarse de esa depresión, ¿es un asunto médico o algo oscuro? ¿Qué es lo que le depara el futuro, y cómo debe responder usted?

Solo caminando con Dios podemos esperar encontrar el camino que lleva a la vida. *Eso* es lo que significa ser discípulos. Después de todo, ¿no somos «seguidores de Cristo»? Si así es, *sigámoslo* realmente. No a las ideas sobre él. No a sus principios. *A él.*

Por sabiduría

Un camino personal con Dios nos llega a través de la sabiduría y la revelación. Pronto va a descubrir que necesitamos las dos.

Por un momento, el dolor y el enojo del Rey eran tan grandes, que no pudo hablar. Luego dijo: «Vengan, amigos. Debemos ir río arriba y encontrar a los villanos que hicieron esto, con toda la celeridad que podamos. No voy a dejar ni uno con vida». «Señor, dispongámonos», le dijo Jewel. Pero Roonwit dijo: «Señor, por favor, cuídese de su ira justa. Hay cosas extrañas caminando por estos lados. Si hubiera rebeldes armados más adelante en el valle, nosotros tres somos muy pocos para enfrentarlos. Si a usted le placiera esperar un poco…». «No voy a esperar ni la décima parte de un segundo», le dijo el Rey. «Pero mientras Jewel y yo continuamos hacia delante, tú cabalga lo más rápidamente que puedas a Cari Paravel… nosotros debemos seguir adelante y enfrentar la aventura que nos espera». «Es lo único que nos queda por hacer, Señor», le dijo el Unicornio. En ese momento él no vio la necedad de que los dos fueran solos, y tampoco la vio el Rey. Estaban demasiado enojados como para pensar claramente, pero mucho mal vino por su apuro al final. (C. S. Lewis, *The Last Battle* [La última batalla])

El rey Tirian de Narnia tenía buen corazón, pero también tenía un corazón que no era sabio, un corazón sin entrenamiento. Yo creo que eso es cierto para la mayoría de nosotros. Nuestros corazones han sido hechos buenos por la obra de Cristo, pero no hemos aprendido a vivir de corazón. Permanece joven e ingenuo. Es como si nos hubieran dado un arpa de oro o una espada brillante. Hasta el músico más dotado tiene que tomar lecciones y el mejor guerrero necesita ser entrenado. No estamos familiarizados ni tenemos práctica con los asuntos del corazón. Esta es en realidad una parte muy peligrosa de nuestro viaje. Viajar con un corazón que no ha sido adiestrado puede traer mucho dolor y ruina, y después vamos a volver avergonzados al evangelio «que ayuda a manejar los pecados», habiendo concluido que nuestro corazón es malo. No es malo, simplemente es joven e ingenuo. El poeta George Herbert advirtió:

No respondas a cada búsqueda o llamado
de una esperanza o pasión descontrolada.

Cuando los apóstoles tuvieron que ayudar a los buenos hombres que pastoreaban la creciente iglesia primitiva, escogieron a hombres «llenos del Espíritu y de sabiduría» (Hechos 6.3). Ambos requisitos van de la mano y los necesitamos por igual. Debemos caminar por la inspiración del Espíritu, y también necesitamos sabiduría. Sabiduría y revelación. Temprano en nuestro caminar, creo que deberíamos apoyarnos más en la sabiduría. Lleva tiempo aprender a caminar con Dios de una manera profundamente íntima, y enfrentaremos muchos desafíos antes de que nos acostumbremos al camino del corazón. Debemos practicar nuestras escalas musicales y debemos hacer nuestros ejercicios militares.

Porque el desvío de los ignorantes los matará,

y la prosperidad de los necios los echará a perder.

Mas el que me oyere, habitará confiadamente,

y vivirá tranquilo, sin temor del mal...

Y entonces entenderás justicia, juicio y equidad,

y todo buen camino.

Cuando la sabiduría entrare en tu corazón,

Y la ciencia fuera grata a tu alma,

la discreción te guardará;

te preservará la inteligencia (Proverbios 1.32, 33; 2.9-11).

Una amiga mía quería enseñar inglés en un país asiático como forma de llegar a ser misionera secreta. Un sueño bello, y estoy seguro que lo habría desempeñado con excelencia. Pero se apresuró en llegar al campo misionero sin la preparación adecuada en muchos aspectos. No estoy hablando de las finanzas ni de aprender otro idioma; estoy hablando de las formas del corazón. Dando vueltas en su corazón había algunos asuntos profundos y no resueltos que la iban a predisponer para una caída. Entre ellos, vergüenza y culpa provenientes de un pasado en el cual había sido abusada. El equipo al que ella se unió no estaba familiarizado para nada con el corazón nuevo, y dudaban que fuera bueno. Es algo que sucede en demasiados ministerios cristianos, la vergüenza y la culpa se usaron muchas veces como motivadores. Su vieja teología del pacto entró en juego con los asuntos sin resolver de Susana, y cerraron su joven corazón. Finalmente, como ella no tenía práctica en la guerra espiritual, estaba mal preparada para lo que el infierno iba a arrojar contra su vida. El diablo es un maestro en cuanto a la vergüenza y a la culpa. Ella fue arrasada y regresó derrotada. Sus amigos se preguntan si va a tratarlo de nuevo.

Ese desastre pudo haberse evitado. La sabiduría estaba gritando: no te apresures en ir al campo misionero (Lucas 14.31);

adiéstrate para discernir el bien del mal (Hebreos 5.14); vive como si tu vida corriera peligro, y como si el enemigo tratara de ser más astuto que tú (Mateo 10.16). Dios nos ha dado toda clase de consejo y dirección en su Palabra escrita. Gracias a Dios la tenemos escrita en blanco y negro. Haríamos bien en familiarizarnos con ella, estudiarla con la intensidad con que el hombre estudió los mapas de la costa de Normandía antes del ataque del Día-D. Cuanto más entra la sabiduría a nuestro corazón, tanto más podremos confiar en nuestros corazones en las situaciones difíciles. Fíjese que la sabiduría no es llenar nuestra cabeza con principios. Es desarrollar un *corazón* que discierne. Lo que hizo de Salomón un hombre tan sabio fue su corazón que tenía sabiduría y discernimiento (1 Reyes 3.9).

No buscamos la sabiduría porque sea una buena idea. Buscamos la sabiduría porque estamos muertos si no lo hacemos. Buscamos la sabiduría porque el camino es angosto y difícil de encontrar. Es cruel decirle a alguien que siga sus sueños sin advertirle que el infierno va a arremeter contra ella. Los discursos de graduación de las secundarias y las universidades están llenos de esa clase de retórica ingenua: «Extiéndete para alcanzar las estrellas, sigue tus sueños, encuéntrate a ti mismo». No es que sean malos consejos, pero lo cierto es que son terriblemente inadecuados. Es como cuando una muchacha de trece años se enamora. Sus motivos pueden ser muy buenos, pero le espera una caída dolorosa. ¿Va a amar de nuevo con tal abandono?

ADEMÁS, REVELACIÓN

La sabiduría es crucial, pero no es suficiente. Muchos evangélicos que tienen buenas intenciones se apoyan ella de forma exclusiva. Es por eso que sus vidas permanecen donde están, siempre faltas de todo lo que Cristo prometió. Bueno, por lo menos muy cortas. La sabiduría es esencial… y es insuficiente.

Saulo de Tarso iba camino a Damasco «respirando aún amenazas y muerte contra los discípulos», con documentos oficiales que le concedían permiso para arrestar a los cristianos en la ciudad y mandarlos a la prisión (Hechos 9.1-2). Ahora, todo lo que usted y yo sabemos es que Jesús cambió radicalmente la agenda de Saulo antes que llegara a la ciudad. La luz cegadora, la voz del cielo, el total reajuste de su visión del mundo. Pero los creyentes en Damasco no saben nada de esto. Mientras esperan temerosos la llegada de Saulo, Dios le habla a uno de ellos, un hombre llamado Ananías, y le dice que vaya a la casa donde Saulo se está hospedando, que le imponga las manos y que ore por él. Es comprensible que Ananías sugiriera que esta no parece una buena idea. «Señor, he oído de muchos acerca de este hombre, cuántos males ha hecho a tus santos en Jerusalén; y aun aquí tiene autoridad de los principales sacerdotes para prender a todos los que invocan tu nombre» (Hechos 9.13, 14). Dios le dice que está bien, que ahora Saulo es de él. Contrario a lo que parece sabio, Ananías, obedece y así es como el más grande de los apóstoles comienza su ministerio.

La Biblia está llena de esa dirección de Dios que va contra la intuición natural. ¿Aconsejaría usted a un padre que sacrificara a su único hijo como única esperanza para la nación prometida? Por cierto fue la sabiduría lo que hizo que un fugitivo regresara al país donde era buscado por asesinato, una tierra donde sus compatriotas eran esclavos, marchar al palacio de Faraón y demandar la libertad del pueblo. ¿Fue algo razonable tomar una cuidad fortificada marchando alrededor de ella mientras se tocaban trompetas? ¿Cuál es el sentido de cortar el número de su ejército de 32.000 a 300, justo antes de la batalla? Por cierto que fue un consejo peligroso enviar a la joven doncella delante del rey cuando este no la había llamado, y aun peor enviar a un muchacho a enfrentarse con un mercenario muy adiestrado. Por encima de todo, pareció una locura total que Jesús se entregara a las autoridades y dejara que lo mataran.

Creo que en algún lugar de nuestros corazones a todos nosotros nos gustaría tener un papel como ese, y ser usados por Dios en forma tan dramática. Para encontrarlo, la sabiduría no es suficiente y hasta puede *impedirnos* hacer la voluntad de Dios. La necedad particular de la iglesia en el siglo pasado fue la Razón sobre todo lo demás. El resultado ha sido una fe a la que se le ha quitado lo sobrenatural, el cristianismo de las sugerencias y las técnicas. La vida guiada por el sentido común, sobre la cual nos advirtió Oswald Chambers, puede ser la peor enemiga de la vida sobrenatural. Muchos de los ministerios e iglesias que conozco han tomado sus decisiones con base en los principios del momento y la utilidad coyuntural. Tenemos nuestros principios morales y tenemos nuestros preceptos, ¿pero dónde está el Dios viviente? ¿Cómo lo vamos a escuchar llamándonos a que salgamos de Ur, guiándonos a nuestra propia tierra prometida, llevándonos a través de nuestro propio Calvario? El poner toda nuestra confianza en el razonamiento humano fue ingenuo, y nos dejó en una posición muy peligrosa. El único camino para salir de este enredo es volvernos a nuestro Guía, nuestro Capitán, y aprender a caminar con Dios.

Revelación: escuchar su voz

Comenzamos con la suposición de que Dios todavía habla.

Un hermoso himno antiguo que celebra las maravillosas Escrituras tiene una línea que dice: «¿Qué más puede decirte, de lo que ya te ha dicho?» Queriendo decir que Dios ya nos ha dicho todo lo que quiso decirnos en la Biblia. Punto. Suena ortodoxo. Excepto que eso no es lo que dice la Biblia: «Aún tengo muchas cosas que deciros, pero ahora no las podéis sobrellevar. Pero cuando venga el Espíritu de verdad, él os guiará a toda la verdad» (Juan 16.12, 13). Hay más, mucho más que Jesús quiere decirle a usted, y ahora que Su Espíritu reside en su corazón, la conversación puede continuar.

Mucha gente buena nunca ha escuchado a Dios hablarles personalmente por la simple razón de que nunca les han dicho que Dios *lo hace*. Además, Dios nos habla de manera personal, generosa e íntima. «El que es de Dios, las palabras de Dios oye» (Juan 8.47).

> Mas el que entra por la puerta, el pastor de las ovejas es. A éste abre el portero, y las ovejas oyen su voz; y a sus ovejas llama por nombre, y las saca. Y cuando ha sacado fuera a todas las propias, va delante de ellas; y las ovejas le siguen, porque conocen su voz… Yo soy el buen pastor; el buen pastor su vida da por las ovejas (Juan 10.2-4, 11).

Usted no deja que las ovejas se las arreglen para encontrar su camino en el mundo. Son famosas por su propensión a perderse, ser atacadas por animales salvajes, caerse a pozos, etc., y es por eso que necesitan mantenerse cerca del pastor y seguir su voz. Ningún pastor puede ser llamado bueno a menos que personalmente haya guiado a su rebaño a través del peligro, y eso es precisamente lo que ha prometido hacer. Él *quiere* hablarle y quiere guiarle a buenos pastos, pero eso no sucede en un instante. Caminar con Dios es una forma de vida. Es algo que debe aprenderse. Nuestra habilidad para escuchar la voz de Dios y discernir su palabra aumenta con el tiempo. Como lo dijera el hermano Lawrence, nosotros «practicamos la presencia de Dios». Así llegamos a tener un ojo especial para su palabra específica, y aprendemos a medida que caminamos. Al principio Frodo no estaba seguro de poder confiar en Trancos. Algunas de sus decisiones le parecieron poco sabias, como dijo Frodo: «Al principio le tenía miedo… pero he llegado a apreciarlo mucho».

Hace dos años pasamos unas vacaciones familiares maravillosas en un rancho en el estado de Colorado, que es donde vivimos. Disfrutamos los paseos a caballo, las fogatas, las hamacas en corredores y las comidas caseras. Por eso cuando llegó el momento de hacer los planes para este verano, parecía como algo ya resuelto. Asumimos que regresaríamos y disfrutaríamos de todo eso una vez más. Pensamos que sería *mejor* la segunda vez, porque ya estábamos familiarizados con el lugar. ¿Y no sería lindo hacer de eso una tradición familiar? Pero cuando consultamos con Dios al respecto, Stasi y yo sentimos que nos decía: *Este año no.* Fue un consejo difícil de aceptar ya que todos queríamos ir allí. Tres veces le preguntamos a Dios, y las tres veces Dios nos dijo *No.* Cuando el terrible incendio llamado *Hayman Fire* quemó 137.000 acres de Colorado en el mes de junio, nos miramos y nos dimos cuenta de que ésa era la semana que habríamos estado en el rancho. El lugar fue casi totalmente consumido por las llamas. Él nos mostró el camino de la vida.

En realidad, caminar con Dios fue lo que me llevó a las Cuatro Corrientes. Un sábado de mañana, estaba sentado en el piso de arriba de mi casa, disfrutando de un tiempo con Dios, cuando me habló dos palabras: *Jack Hayford.* Me detuve, esperando escuchar lo que Dios quería decirme, pero eso fue todo: Jack Hayford. Dije: «Sí, Señor… ¿hay algo más?» Silencio. Como que lo pasé por alto y lo atribuí a que soy medio extraño. Un pensamiento fortuito. Una hora más tarde, sonó el teléfono. Mi amiga Joni me estaba llamando desde el vestíbulo de un lugar de conferencias aquí en mi ciudad.

«John, sé que te estoy avisando muy tarde y que es sábado y todo lo demás… pero creo que tú debes asistir a esta conferencia… así que te compré una entrada».

No dije nada. La verdad es que me sentí molesto. Ese era mi día libre.

«Jack Hayford es el orador encargado», agregó ella.

«Estaré allí de inmediato».

Fue una charla poderosa y muy balanceada la que dio Jack aquel día, en la forma en que nosotros traemos la vida de Cristo a la

gente. Casi como un comentario al margen, dijo: «Todas las corrientes se están juntando ahora en la iglesia: Sanidad, Consejería,
Liberación y Discipulado». Mi corazón dio un vuelco. *Sí. ¡Eso es!*
Eso es lo que necesitamos para ver que la gente venga a la vida, para
verla libre por completo.

Permítanme compartir un ejemplo más perturbador. En el año
2001, yo tenía planes de llevar el evangelio a Edimburgo, Escocia, y
Dublín, Irlanda. Yo sentí un llamado muy poderoso para cumplir
esa misión. Stasi y los muchachos también irían conmigo. Nuestro
plan de vuelo era que partiríamos el 11 de septiembre. Varias semanas antes, sentimos que debíamos partir antes. Mientras orábamos,
sentimos que Dios nos decía: *Salgan el diez.* Contra todos los pro-
cedimientos normales, nuestro agente pudo cambiar nuestro vuelo
de partida. Como bien sabe, si lo hubiéramos dejado para el 11 no
habríamos ido a ningún lugar. Los ataques terroristas de aquel día
hicieron que se cancelaran todos los vuelos internacionales.

Sé que esta historia genera algunas preguntas inquietantes. ¿Por
qué Dios no les advirtió algo a las personas que estaban en los aviones que cayeron el 11 de septiembre de 2001? Tal vez lo hizo. Dios
le dijo a David que no contara el ejército de Israel; David lo hizo, y
70.000 hombres murieron (1 Crónicas 21). No hay manera de in-
dagar el misterio de un hecho como ese. Jacobo murió como mártir
mientras Pedro fue sacado de la cárcel (Hechos 12). No podemos
resolver las profundidades de la obra de Dios en este mundo. Todo
lo que podemos hacer es permanecer muy cerca de su lado, escuchar su voz y obedecer su consejo. Más depende de eso de lo que sabemos. Esas reuniones en Escocia e Irlanda fueron maravillosas, y
dicho sea de paso, muchas, muchas almas fueron liberadas.

PRÉSTELE ATENCIÓN A SU CORAZÓN

Segundo, préstele atención a su corazón.

Cuando disponemos nuestros corazones para escuchar la voz de Dios, no escuchamos como si fuera a venir desde un lugar sobre nosotros o en el cuarto a nuestro alrededor. Viene desde *dentro* de nosotros, en el corazón, el lugar donde mora Dios. La mayoría no hemos sido entrenados en esta esfera, y va a tomar un poco de práctica «sintonizar» todo lo que sucede allí. De paso, le digo que hay muchas cosas que suceden en esa área. Muchas cosas están tratando de hacer música en el hermoso instrumento del corazón. Los anunciadores están constantemente tratando de hacer vibrar las cuerdas de su corazón. También está tratando su jefe. El diablo es un maestro para manipular el corazón. Y lo mismo son muchas personas, aunque jamás admitirían que lo están haciendo. ¿Cómo sabrá usted lo que es apremiante? «¿Quién puede delinear el curso de todas las fuerzas que operan en un alma?» preguntó San Agustín, quien fue el primero en escribir la historia de escuchar al corazón. «El hombre es un ser muy profundo, Oh Dios… pero es mucho más fácil contarle los cabellos de su cabeza… que los movimientos de su corazón».

A veces esto puede ser perturbador. Toda clase de cosas terribles parecen surgir de su corazón: enojo, lujuria, temor, celos despreciables. Si usted cree que es usted, que es un reflejo de lo que en realidad está sucediendo en su corazón, lo incapacitará. Podría hacerlo parar su trayectoria por completo. Lo que usted ha encontrado es o la voz de su carne o un intento del enemigo para provocar su caída al arrojarle toda clase de pensamientos y culpándole por cada uno de ellos. Usted debe proceder sobre esta suposición: su corazón es bueno. Parece como que algo malo está trabajando allí así que dígase a sí mismo, *Bueno, entonces, no es mi corazón. Mi corazón es bueno. Rechazo esto.* ¿Recuerda a Pablo en Romanos 7? No soy yo. *No soy yo.* Y continúe con su viaje. Con el pasar del tiempo, usted se familiarizará con los movimientos de su corazón, y quién está tratando de ejercer influencia allí.

Haga lo mismo con cada consejo o palabra que se presenta como que viene de Dios, pero que contradice lo que él nos ha dicho en su Palabra escrita. Nosotros andamos conforme a sabiduría y revelación. Cuando escucho algo que parece realmente no ser sabio, lo pruebo una y otra vez antes de adoptarlo. La carne va a tratar de usar su «libertad» para lograr que usted haga cosas que no debe hacer. Y ahora que el enemigo sabe que usted está tratando de caminar con Dios y de sintonizar su corazón, él va a adoptar el papel de ventrílocuo y tratar de engañarlo a usted en eso mismo. Cualquier «palabra» o sugerencia que traiga desánimo, condenación o acusación, no es de Dios. Tampoco es de Dios la confusión, o cualquier consejo que lo llevara a desobedecer lo que usted conoce. Rechace todo eso, y continúe con su trayectoria. Por supuesto que Dios debe convencernos de pecado, advertirnos en cuanto a movimientos erróneos del alma, y disciplinarnos para nuestro propio bien, pero la voz de Dios nunca es condenatoria (Romanos 8.1), nunca es dura ni acusadora. Su convicción nos trae un deseo de arrepentimiento; las acusaciones de Satanás nos matan el corazón (cp. 2 Corintios 7.10).

A menudo, antes de salir en alguna clase de misión, le pido al Señor sus «palabras anticipadas» para mí. Esto ha probado ser una parte vital de permanecer cerca de él y de evitar el desastre. El otoño pasado estaba terminando una gira muy extenuante de veintiocho viajes diferentes. Mientras me dirigía al último compromiso, con un poco de vacilación, debo agregar (le pedí a Dios que cancelara el vuelo, trajera una tormenta de nieve, cualquier cosa para no tener que ir); Dios me dijo: *No le des entrada al cinismo*. Lo escribí en mi diario, porque me olvido de cosas así cuando la situación no es tan difícil, y las otras voces comienzas a hablar y cantar. Pero para ser honesto, no estaba seguro de por qué él lo había dicho.

El viaje fue algo muy difícil. Mi vuelo se retrasó y perdí el siguiente vuelo; perdí mi viaje al hotel. Cuando finalmente llegué allí, alrededor de la medianoche, no había comido en todo el día. No había ningún restaurante abierto; no podía ir a ningún lugar de los que venden comidas rápidas, y la máquina que dispensa algún tipo de comida en el hotel se tragó mis dos últimas monedas. La llave que me dieron me guió al último cuarto del hotel, con vista al basurero. Olía a treinta años de cigarrillos y de cerveza barata. («Lo siento, señor, pero ya no nos quedan cuartos de no fumadores; para eso debió haber llegado antes»). Un bombillo pelado colgaba del techo, y el agua caliente no funcionaba. Toda clase de pensamientos y de impulsos comenzaron a ocupar mi mente: *Qué día terrible. Claro, es fantástico estar sirviendo a Dios. ¡Qué cuarto tan horrible! ¿Es así como este ministerio atiende a los huéspedes? No es de sorprenderse que nadie quiera venir aquí. Ojalá que no hubiera venido. ¡Qué pérdida de tiempo!* Mi actitud iba cada vez más abajo, en un palo enjabonado. Entonces me acordé de las palabras de Dios: *No le des entrada al cinismo.* Oh, esto es lo que quiso decir.

Luché con el cinismo durante las horas de la noche, luchando por mi corazón. El nuevo día trajo una serie de hermosas sesiones. Rescatado de nuevo.

Manténgase cerca de los amigos de Dios

Tercero, nos ponemos al lado de aquellos que caminan con Dios.

Voy a hablar mucho más acerca de una comunidad que practica las Cuatro Corrientes más adelante en este libro. Pero simplemente, así es como se supone que sea la iglesia. Así debería ser. Espero que usted encuentre unos cuantos amigos que caminan con Dios para que también caminen a su lado a través de las etapas de su vida. Pero la honestidad, y las Escrituras, me obligan a admitir que existen muy pocos, y que pocos son los que los encuentran. Esa es otra razón para que usted se convierta en una persona que camina con Dios y le enseña a otros cómo hacerlo.

Fíjese en las personas que han caminado con Dios a través de los siglos. Por cierto que es por eso que la Biblia nos ha sido dada. Si Dios hubiera querido que fuese un texto de doctrina, entonces la habría escrito como uno. Por supuesto que aprendemos cosas muy importantes acerca de la doctrina y del carácter cristiano en las Escrituras, sumado a una gran cantidad de sabiduría. Pero si usted la hojea de tapa a tapa, verá que predominantemente es un libro de historias, historias de hombres y mujeres que caminaron con Dios. Acérquese a las Escrituras no tanto como un manual de principios cristianos sino como el testimonio de los amigos de Dios y de lo que significa caminar con él a través de mil episodios diferentes. Usted está en guerra, cuando está enamorado, cuando ha pecado, cuando le han dado un gran don; así es como camina con Dios. ¿Se da cuenta de lo diferente que es esta forma de pensar? Es en realidad muy conmovedora.

Por cierto, hay muchas personas que han caminado con Dios desde que se cerró el canon de las Escrituras. Está Anastasio, Buenaventura, Julián de Norwich, el hermano Lawrence, A. W. Tozer. Así es como ellos caminaron con Dios. Cuando se trata de tiempo y lugar, temperamento y situación, esos hombres no podrían haber sido más diferentes entre sí. Julián vivió en un claustro; Tozer vivió en Chicago. Anastasio huyó al desierto; Lawrence trabajó en una cocina. Pero hay un sabor, un color, una autenticidad en sus escritos que subraya lo que sea que ellos quieren decir en el momento. He aquí alguien que realmente conoció a Dios, que realmente lo conoció. Esto es lo que significa caminar con Dios, y así es como también debe ser.

DE OTRA FORMA...

«Muchos de nosotros le tememos a nuestra guía, a nuestra intuición, a nuestros 'presentimientos'», advierte Agnes Sandord. «Tratamos de cerrar nuestra mente a ellos, aumentando por ende nuestra inquietud y perdiendo el beneficio de la advertencia celestial que nos diría cuando y como orar». Mi amigo Bart es un piloto privado. Hace dos semanas él viajó a Colorado para llevarnos en una misión crucial para rescatar a algunos de los grandes guerreros del reino. Este es el correo electrónico que recibí de él después:

Tuve un vuelo muy bueno a California; un tiempo glorioso volando sobre algunas de las bellezas más grandes del mundo, desde las cumbres del San Juan hasta las profundidades del Gran Cañón. Pero también es un trayecto muy peligroso de sobrevolar. Una pérdida de control en el vuelo dejaría muy pocas opciones.

Al día siguiente, llamé al departamento de mantenimiento y les pedí que arreglaran los pequeños detalles que identificamos antes de ir a Colorado. (El personal de mantenimiento aprobó la seguridad del avión para este último viaje y me aseguró que todo estaba bien). Mientras les entregaba el avión para que revisaran esos detalles de nuevo, les pregunté algo que no puedo explicar, algo en lo que muy raramente he pensado, y algo que nunca he hecho en los ocho años que tengo el 17GP. Les pedí que hicieran balancear la hélice. Richard, el gerente, me dijo que tendrían que mandar a buscar un especialista para hacerlo, pero yo le dije: «¡Hagámoslo!»

Ayer Richard me llamó. Sus primeras palabras fueron: «Hizo bien en hacer balancear la hélice. Bart, encontramos que el cono tenía una fisura». (El cono es una parte en forma de bala frente a la hélice). Es muy raro que esto ocurra y la hélice había sido reemplazada solo hacía 350 horas de vuelo, lo que hubiera mostrado este problema entonces. Richard continuó diciendo que los puntos en que se aseguraba tenían fisuras a través de casi todo el metal, creando una situación muy peligrosa. Si la hélice se hubiera soltado, hubiera sido un desastre, porque habría entrado por la ventanilla del avión. El punto de todo esto es que algo o Alguien «me impulsó» a pedir que le hicieran algo al avión en lo cual yo nunca había siquiera pensado. John, mis oraciones van a ser *deliberadas* y *frecuentes* a medida que me doy cuenta de cuán real es esta batalla que se libra alrededor de nosotros. Gracias por «despertarme» a esta realidad.

Bart

CAPÍTULO SIETE

Reciba el consejo íntimo de Dios

Y curan la herida de mi pueblo con liviandad.

—Dios (Jeremías 6.14)

Estemos conscientes de no tratar de remendar nuestra vida
interior.

—A. W. Tozer

Y estando muy cansado de no tener nada dentro de sí, sintió tanta
lástima por sí mismo que las lágrimas comenzaron a rodarle por
las mejillas. Lo que puso fin a todo esto fue un susto repentino.
Shasta se dio cuenta de que algo o alguien caminaba a su lado. La
oscuridad era completa y él no podía ver nada. Y la Cosa (o Persona) andaba tan quietamente que apenas podía escuchar pisadas.
Lo que sí alcanzó a escuchar fue la respiración. Su acompañante
invisible parecía respirar muy fuerte…

Si el caballo hubiera sido un buen caballo, o si él hubiera sabido cómo sacar lo mejor del animal, hubiera arriesgado todo esca-
pándose en un desenfrenado galope. Pero él sabía que no podía
hacer galopar a ese caballo. Así que fue al paso y el acompañante

invisible caminaba y respiraba a su lado. Por último, no lo pudo soportar más. «¿Quién eres?», dijo en algo apenas más que un susurro.

«Alguien que ha esperado mucho tiempo para que tú hables», le dijo la Cosa, cuya voz no era fuerte, pero era muy grave y profunda…

«Oh, por favor, por favor vete. ¿Qué mal te he hecho? Oh, soy la persona más desafortunada del mundo». Una vez más sintió el cálido aliento de la Cosa en su mano y rostro. «Aquí tienes», dijo la Cosa, «ese no es el aliento de un fantasma. Cuéntame tus dolores». Shasta se sintió un poco mejor por el aliento, así que le contó que nunca había conocido a su padre o madre, y que había sido criado por los pescadores. Y luego le contó la historia de su huida y de cómo habían sido perseguidos por leones y tuvieron que nadar para salvar la vida; y de todos sus peligros en Tashbaan, y acerca de la noche que pasó entre las tumbas, y de cómo las bestias le aullaban en el desierto. Y le contó acerca de la sed y el calor del viaje por el desierto y de cómo casi había llegado a su meta cuando otro león los persiguió e hirió a Aravis. Y también sobre el mucho tiempo que llevaba sin comer.

«Yo no diría que tú eres desafortunado», dijo la Gran Voz. «¿No crees que fue mala suerte encontrarse con tantos leones?» respondió Shasta. «Había solo un león», le dijo la Voz. «¿Cómo así? Te acabo de decir que la primera noche hubo por lo menos dos, y…». «Hubo solo uno; pero era muy rápido sobre sus patas». «¿Cómo lo sabes?»

«Yo era el león».

Y mientras Shasta se quedaba boquiabierto y no decía nada, la Voz continuó: «Yo fui el león que te forzó a unirte a Aravis. Yo fui el animal que te confortó entre las casas de los muertos. Yo soy el león que alejó a los chacales de ti mientras dormías. Yo soy el león que les dio la nueva fuerza del temor a los caballos para cubrir la última milla y tú pudieras llegar al Rey Lune a tiempo. Y yo soy el león del cual tú no te acuerdas, que empujó el bote en el cual estabas acostado, un niño cerca de la muerte, para que llegara a la ribera donde había un hombre sentado, despierto a medianoche, para recibirte».

«Entonces, ¿fuiste tú el que hirió a Aravis?»

«Fui yo».

«¿Pero por qué?»

«Hijo», dijo la Voz, «te estoy contando tu historia, no la de ella».

(C. S. LEWIS, *El caballo y el muchacho*)

NUESTRA HISTORIA

Nuestra vida es una historia. Una historia más bien larga y complicada que se ha desarrollado a través del tiempo. Hay muchas escenas, grandes y pequeñas, y muchos «primeros». Su primer paso; su primera palabra; su primer día de escuela. También su primer mejor amigo; su primer recital; su primera cita; su primer amor; su primer beso; su primera desilusión. Si se detiene y piensa en esto, su corazón ya ha vivido a través de bastante historia hasta ahora. Y en el curso de esa historia, su corazón ha aprendido muchas cosas. Algo de lo que ha aprendido es verdad, pero mucho no lo es. No cuando se trata de las preguntas fundamentales acerca de su corazón y del corazón de Dios. ¿Es bueno su corazón? ¿Tiene importancia realmente su corazón? ¿Qué le ha enseñado la vida en cuanto a eso? Imagínese por un momento que Dios camina suavemente a su lado. Usted siente su presencia, siente su aliento cálido. Él le dice: «Cuéntame tus dolores». ¿Cuál sería su respuesta?

«Y yo rogaré al Padre, y os dará otro Consolador, para que esté con vosotros para siempre; el Espíritu de verdad» (Juan 14.16, 17). ¿Qué me dice? ¿Cómo se sentiría usted si su cónyuge o un amigo le dijera: «Creo que necesitas asesoramiento, así que he hecho arreglos para eso. Comienzas mañana, y es probable que te lleve muchos años»? Le apuesto que se va a poner a la defensiva. La combinación de nuestro orgullo *(no necesito terapia, muchas gracias),* y el hecho de que se ha convertido en una *profesión* (Freud, Prozac y todo lo demás), nos ha impedido a muchos de nosotros darnos cuenta que, en realidad, necesitamos ser asesorados y aconsejados. Todos nosotros. El hecho de que Jesús envíe su Espíritu como consejero y consolador (o «aconsejador» en algunas versiones de la Biblia), debería dejarlo claro. De hecho, al parecer necesitamos bastante asesoramiento. Por eso el Espíritu ha venido para quedarse, no para darnos un pequeño ajuste, o un chequeo anual.

Recuerde que el propósito de esta cosa llamada vida cristiana es que nuestros corazones puedan ser restaurados y ser libres. Ese es el arreglo. Eso es lo que Jesús vino a hacer, dicho por él mismo. Jesús quiere Vida para nosotros, Vida con V mayúscula, y la Vida nos llega a través de nuestros corazones. Pero restaurar y darle libertad al corazón no es un proceso fácil. Dios no usa un interruptor de corriente, y listo. Más bien, él envía a su Espíritu para que camine junto a nosotros. Eso nos dice que va a ser un *proceso.* A través de los años se le ha hecho toda clase de daños a nuestro corazón, toda clase de cosas terribles han entrado, por el pecado y por personas que debían haber sabido mejor, por nuestro enemigo quien busca hurtar, matar y destruir a los que llevan la imagen de Dios. En el mejor de los casos «la esperanza que se demora es tormento del corazón» (Proverbios 13.12). Por cierto que ha habido algo de eso en nuestra vida. «Aun en la risa tendrá dolor el corazón» (Proverbios 14.13), que equivale a decir que muchas cosas pueden parecer buenas exteriormente, pero dentro es otra historia.

La Biblia nos dice: «Fíate de Jehová de todo tu corazón» (Proverbios 3.5), pero francamente lo encontramos difícil de hacer. ¿Le resulta fácil a usted confiar? A mí *me encantaría* confiar en Dios de todo corazón. ¿Por qué es casi como segunda naturaleza preocuparse por las cosas? La enseñanza es que nos amemos los unos a los otros profundamente, «de corazón» (1 Pedro 1.22), pero eso es aún más raro. ¿Por qué es tan fácil que nos enojemos o que nos resintamos, o simplemente que nos volvamos indiferentes a las personas que una vez amamos? La respuesta se encuentra en el corazón. En Romanos 10.10, Pablo dice: «Porque con el corazón se cree». Y en Proverbios leemos: «Como aguas profundas es el consejo en el corazón del hombre; mas el hombre entendido lo alcanzará» (20.5). Nuestras convicciones más profundas, las que le dan forma a nuestra vida, están allí adentro, en las profundidades de nuestro corazón.

Como ve, nosotros no desarrollamos nuestras convicciones principales sino que ellas se desarrollan dentro de nosotros, cuando somos jóvenes. Muy adentro, se forman en las partes más profundas, allá en la profundidad del agua, como los movimientos de las mesetas continentales. Por cierto que rechazaríamos las creencias que más daño nos hagan, si lo pudiéramos hacer; pero estas se forman cuando somos vulnerables, sin que nosotros en realidad nos demos cuenta, como la huella de una mano en el cemento, y con el tiempo el cemento se endurece y allí queda. Piense en esto así: ¿Ha sabido siempre en lo profundo de su ser, hasta la punta de los dedos de los pies, que *su* corazón es bueno y que *su* corazón es importante para Dios? Yo tampoco. No, lo que hemos llegado a creer sobre esos asuntos tan importantes nos ha sido entregado temprano en la vida, en la mayor parte de los casos por nuestros familiares.

Asaltados desde que éramos jóvenes

Y soñó José un sueño, y lo contó a sus hermanos; y ellos llegaron a aborrecerle más todavía. Y él les dijo: Oíd ahora este sueño que he soñado: He aquí que atábamos manojos en medio del campo, y he aquí que mi manojo se levantaba y estaba derecho, y que vuestros manojos estaban alrededor y se inclinaban al mío. Le respondieron sus hermanos: ¿Reinarás tú sobre nosotros, o señorearás sobre nosotros? Y le aborrecieron aun más a causa de sus sueños y sus palabras... Después fueron sus hermanos a apacentar las ovejas de su padre en Siquem. Y dijo Israel a José: Tus hermanos apacientan las ovejas en Siquem: ven, y te enviaré a ellos... Ve ahora, mira cómo están tus hermanos, y cómo están las ovejas, y tráeme la respuesta...

Entonces José fue tras de sus hermanos, y los halló en Dotán. Cuando ellos lo vieron de lejos, antes que llegara cerca de ellos, conspiraron contra él para matarle. Y dijeron el uno al otro: He aquí viene el soñador. Ahora pues, venid, y matémosle y echémosle en una cisterna, y diremos: Alguna mala bestia lo devoró; y veremos qué será de sus sueños» (Génesis 37.5-8, 12-14, 17-20).

José se destaca, de la forma en que cada uno de nosotros queremos destacarnos, a nuestra propia manera. En lugar de celebrar su gloria, sus hermanos la quisieron destrozar. Lamento decir que esta es una historia común. Los golpes más duros por lo general vienen de la familia. Allí es donde comenzamos nuestra trayectoria del corazón, y allí es donde somos más vulnerables. Lo que aprendemos de nuestros padres y de nuestros hermanos acerca del corazón nos define para el resto de nuestros días; se convierte en el libreto que vivimos, para bien o para mal. El padre de la Cenicienta la llama: «una pequeña sirvienta en la cocina que mi difunta esposa dejó»; y su madrastra dice que «está demasiado sucia como para presentarse». ¿Qué cree usted que ella aprendió en cuanto a su corazón creciendo en *ese* hogar?

La razón por la cual la historia de la Cenicienta ha permanecido con nosotros por tantos años es porque es la historia de muchas niñitas. Escuche a mi amiga Abby:

El asalto comenzó cuando era una niña pequeña. Había algo en cuanto a mí que parecía molestar a mi padre; algo muy mío. Algo que parecía contrariarlo y hacer que me rechazara. A medida que crecía, parecía que cada vez le producía más frustraciones. Cuando le preguntaba cómo estaba, observaba una mirada de molestia en sus ojos, y comencé a sospechar que había algo terriblemente malo en mí, algo que me hacía imposible que fuera amada, deseada, algo que era «demasiado» y «demasiado poco» al mismo tiempo. Lloré incesantemente para arreglar mi personalidad, tratando de descifrar la forma «correcta» de ser, la forma «correcta» de hablar en cada contexto, en cada relación. Y viví mayormente con el temor de que «iba a echar a perder» las cosas, y que en cualquier momento la persona que amaba se iba a volver en contra de mí, llena de desprecio y de desdén.

Una niñita anhela saber que su papá se deleita en ella, que ella es «la niñita de su papá». ¿Qué les enseñan escenas como éstas al corazón de una niña? Abby concluyó que había algo que andaba muy mal en ella. La mayoría de nosotros creemos eso, muy en lo profundo de nuestro ser. Abby aprendió que su corazón debía ser malo, por cierto no algo por lo que valiera la pena luchar. ¿Y Dios? Pues bien, su corazón probablemente no le importaba a él tampoco. Después de todo, él fue quien permitió que eso sucediera. No intervino.

Aun después de haber recibido a Jesús en mi corazón, esta sospecha de algo «oscuro y malo» me atormentaba. Comencé a sentirme con mucha ansiedad cuando estaba cerca de animales o de niños, con la certeza de que en su penetrante intuición iban a sentir esta oscuridad en mí y mis vanos intentos de enmascararla. Y yo sería expuesta. Una vez, mientras andaba a caballo, el caballo me hizo golpear contra la rama de un árbol. La rama cortó mi montura y caí en tierra. Los ojos se me llenaron de lágrimas calientes, y el corazón de olas de desprecio. La vocecita dentro de mí me dijo: ¿Ves? En realidad hay algo oscuro dentro de ti. El caballo lo presintió y quiso deshacerse de ti, por todos los medios.

Y allí vemos a David, cuyo corazón de gloria se eleva como el sol, lleno de fe y valor cuando ve que nadie responde al desafío de Goliat. Aunque es solo un joven, no adiestrado para la guerra, está furioso de que un «filisteo incircunciso» se haya atrevido a burlarse de los ejércitos del Dios viviente. David anuncia: «No desmaye el corazón de ninguno a causa de él; tu siervo irá y peleará contra este filisteo» (1 Samuel 17.32). El hermano mayor de David se encontraba entre los soldados de Israel que *debería* haber tenido el corazón para enfrentar a Goliat, pero en cambio presentó excusas. Su cobardía se expone ante el valor de David cuando lanza estas palabras: «¿Para qué has descendido acá? ¿Y a quien has dejado aquellas pocas ovejas en el desierto? Yo conozco tu soberbia y la malicia de tu corazón, que para ver la batalla has venido» (1 Samuel 17.28). ¡Ah, la familia!

Los peores golpes nos llegan de aquellos que nos conocen mejor y que deberían habernos amado. En el mito alemán, Siegfried era un gran guerrero; mató a un terrible dragón; y no tenía temor en la batalla. Siegfried era invencible; excepto por un pequeño lugar en su espalda, entre los hombros. Allí él podía ser herido. Un tío descubrió el «punto débil» de Siegfried, y lo asesinó. Una puñalada por la espalda. A manos de un miembro de su familia. No nos debe sorprender que esta historia haya perdurado a través del tiempo.

Los malentendidos

Aun Jesús soportó esta clase de asalto, no por medio de acusaciones abiertas de que tuviera un corazón perverso, sino de una manera más sutil, con aquellas flechas que parecen «inocentes» y nos llegan a raíz de un «malentendido».

> Después de estas cosas, andaba Jesús en Galilea; pues no quería andar en Judea, porque los judíos procuraban matarle. Estaba cerca la fiesta de los judíos, la de los tabernáculos; y le dijeron sus hermanos: Sal de aquí, y vete a Judea, para que también tus discípulos vean las obras que haces. Porque ninguno que procura darse a conocer hace algo en secreto. Si estas cosas haces, manifiéstate al mundo. Porque ni aun sus hermanos creían en él (Juan 7.1-5).

Creo que todos nos podemos identificar con eso. ¿Creía en usted su familia? Algunos sí, pero muchos más creían en la persona que *ellos* querían que usted fuese. ¿Notaron su corazón en absoluto? ¿Se han sentido felices con sus decisiones, o su desilusión le ha dejado claro a usted que usted no es lo que se supone que sea? A otra altura en su ministerio, la familia de Jesús se presenta para recogerlo. «Tu madre y tus hermanos están afuera y quieren verte» (Lucas 8.20). Creen que está perdido, y lo quieren traer de vuelta a casa, al pobre hombre. Los malentendidos son dañinos, más insidiosos porque no los identificamos como ataques al corazón. Llegan en forma sutil, mostrando duda y desaliento donde debería haber habido validación y apoyo. Algo debe andar muy mal en nosotros.

Yo no soy bueno con los juegos de computadoras, pero mi hijo mayor, Sam, es un absoluto experto. Es un punto de tensión en nuestra relación. Yo no creo que él debería pasar tanto tiempo con esos juegos, y él cree que no le damos suficiente tiempo. Aunque yo trato de ocultar mi disgusto porque sé cuánto le gusta jugarlos, se hace obvio cuando juego con él. Ayer él me dijo: «A ti y a Mamá no les gustan los juegos de computadora, así que yo siento que yo no les gusto». Ay. Yo perdí una parte de su gloria, avergoncé una parte de su corazón. ¿Cuántos artistas han sido anulados en una familia que prefiere un enfoque «racional» en la vida? ¿Cuántos ingenieros han sido anulados en una familia de músicos? ¿Cuántos de nosotros estamos perdidos en la vida porque nadie en nuestro mundo temprano vio nuestra gloria y la afirmó?

«Hijos de los hombres, ¿hasta cuándo volveréis mi honra [gloria] en infamia?» (Salmo 4.2). Esos golpes no son al azar o incidentales. Le pegan directamente a alguna parte del corazón, dan vuelta a la misma cosa que Dios creó para ser una fuente de celebración y la convierten en fuente de vergüenza. Fíjese en lo que ha sido asaltado, usado, abusado. Como dijera Bernard de Clarivaux: «A través de las heridas del corazón, veo su secreto».

Permítame ponerlo de esta manera: ¿Qué le ha enseñado la vida en cuanto a su gloria dada por Dios? ¿Qué ha creído usted sobre su corazón a través de los años? Una mujer dijo: «Que no vale el tiempo de nadie». Sus padres estaban demasiado ocupados como para querer llegar a conocerla en realidad. «Que es débil», me confió un amigo. Él sufrió varios golpes a su virilidad cuando era niño, y su padre simplemente lo avergonzó por eso. «Que no debo confiar en nadie». «Que es egoísta y egocéntrico». «Que es malo». Y usted… ¿qué ha creído usted?

Esas acusaciones que ha escuchado mientras crecía, esas convicciones centrales que se formaron en cuanto a su corazón, van a permanecer allí hasta que alguien vengan a dislocarlas, a hacerlas huir de ese lugar.

EL CONSEJERO MARAVILLOSO

Nada de esto es culpa suya.

Yo estaba visitando a mis padres, hace un año el verano pasado, y como usted bien sabe, eso tiene una forma de revolver la olla, trayendo toda clase de cosas a la superficie. Para muchas personas la familia es como la *kriptonita*. Usted recuerda, esa sustancia que le sacaba todas las fuerzas a Superman. Parece que no importara todo lo que hayamos crecido, cuánto tiempo hemos estado lejos de la familia, ni cuánto hemos viajado por nuestros propios caminos, cuando regresamos a la familia de pronto volvemos a ser niños otra vez. Y las viejas dinámicas, los patrones, los mensajes; todos regresan tratando de tirarnos hacia abajo. Así que usted entenderá porqué presenté la excusa de que necesitaba ir a la tienda a comprar algunas cosas. Lo que necesitaba era simplemente salir de la casa, conducir mi automóvil por algún tiempo. Tomar aire.

Conduje hasta el vecindario de una vieja amiga, mi primera noviecita, quien hace muchos, muchos años rompió mi corazón. La primera herida es la más profunda, como dice el dicho. No era simplemente lo que sucedió con ella lo que yo quería recordar; nuestra ruptura sucedió en una época en que todo en mi vida se estaba desmoronando rápidamente. El alcoholismo de mi padre. El colapso de mi familia. Cuando llueve, truena. Yo creía haber encontrado un refugio a todo eso en mi amor. Y fue así... por un tiempo. Entonces ella me dejó... sin razón alguna que yo pudiera ver. Todas las flechas cayeron en el mismo lugar en mi corazón; tú no eres importante; no vale la pena luchar por ti; hay algo malo contigo.

Por años viví con el temor de que en algún momento en mi vida, todos se iban a ir, y yo me quedaría solo. Por ninguna razón que pueda expresar, de ninguna manera que pueda prevenir, me voy a quedar solo. No lo puedo explicar, pero sé que es culpa mía. Permanece allí, debajo de la superficie, como un dolor de espalda crónico o una fiebre baja. Pero le pone color a todo lo que digo y hago; le da forma a cada relación. Siempre me conduzco cuidadoso, distante. Siento que debería hacer más, ser más. Así que llega a ser una profecía que yo mismo cumplo. Y estoy harto de eso.

Estacioné el automóvil y simplemente dejé que las lágrimas corrieran, y les permití a los recuerdos llevarme a ese lugar en mi corazón que fue atravesado por la pérdida de aquellos que tanto amaba, «los que amaba pero no entendía en mi juventud», como dijo Norman MacLean. De alguna forma, el estar en el viejo vecindario otra vez, oliendo los olores familiares, escuchando las voces del pasado, salió a la superficie aquel lugar que no estaba sano. Y Jesús caminó suavemente a mi lado.

Nada de esto fue culpa tuya.

Usted debe entender que yo no sabía que durante todos esos años yo había creído que *era* culpa mía. Yo no pensé mucho en eso en realidad. Pero debajo, muy profundo en las aguas de mi alma esa convicción se había afirmado y desarrollado, al igual que los desechos que se pegan a un barco hundido en el mar; mentiras adheridas a mi corazón. *Todo esto sucedió porque mi corazón es malo; es culpa mía.* Y el Espíritu entró en lo profundo para hablar las palabras que rompieron esas mentiras. *Nada de eso fue culpa tuya.* De este modo, algo en mi corazón se liberó aquella noche.

Estoy de pie frente a mi vieja secundaria.
Hace diez años que no paso por estas puertas.
Pero para sanar el antiguo dolor debemos enfrentarlo de nuevo
así que voy a caminar por el viejo pasillo una vez más.
He venido a esta reunión, diez años después de mi graduación
porque mi corazón todavía es prisionero de guerra.
Por eso es que he regresado a este lugar.
(David Wilcox, «*Last Chance Waltz*»)

Pregúntele a dios

Pedro fue uno de los amigos más íntimos de Jesús, uno de los únicos tres que habían sido invitados al círculo íntimo del Señor. Cristo lo llevó al monte de la Transfiguración para que viera Su gloria revelada. Solamente otros dos pudieron ver esto (Jacobo y Juan); el resto del grupo esperó en la base. También esperaron fuera de la puerta cuando Cristo fue a resucitar de los muertos a la hija de Jairo. Pero Pedro entró con él. En Getsemaní, en su hora de mayor necesidad, Jesús otra vez tomó a Pedro aparte, compartió su corazón con él; acudió a Pedro por fuerzas. Durante tres años, quién sabe cuántas otras historias hay. Pedro debió saber que *tenía un lugar especial en el corazón de Jesús*. Así que, ¿cómo cree usted que debió haberse sentido Pedro después de negar a Jesús, no una vez, sino tres? Debió haber sido devastador.

Después de la resurrección, Jesús está en la playa con Pedro y los otros. Es una reunión conmovedora. Siguiendo a una noche de muy mala pesca, Jesús les grita a los muchachos que tiren la red para una buena pesca; tal como hizo la mañana que los llamó. De nuevo, sus redes están que se rompen por quedar tan pesadas. Al igual que en los buenos días de antaño, Pedro salta del bote y nada hacia Cristo. Toman desayuno juntos. Reunidos, departiendo y riendo en cuanto a la pesca, tranquilos, calentados por el fuego, satisfechos con la comida deliciosa, Jesús se vuelve a Pedro.

Cuando hubieron comido, Jesús dijo a Simón Pedro: Simón, hijo de Jonás, ¿me amas más que éstos? Le respondió: Sí, Señor; tú sabes que te amo. Él les dijo: Apacienta mis corderos. Volvió a decirle la segunda vez: Simón, hijo de Jonás, ¿me amas? Pedro le respondió: Sí, Señor, tú sabes que te amo. Le dijo: Pastorea mis ovejas. Le dijo la tercera vez: Simón, hijo de Jonás, ¿me amas? Pedro se entristeció de que le dijere la tercera vez: ¿Me amas? Y le

respondió: Señor, tú lo sabes todo; tú sabes que te amo. Jesús le
dijo: Apacienta mis ovejas (Juan 21.15-17).

¡Qué historia tan hermosa! Fíjese primero que Cristo no le deja
dar una respuesta vaga a Pedro. Si este asunto no es tratado, va a
atormentar al viejo pescador por el resto de su vida. Ese sentimiento de *¿A quién estás tratando de engañar?* va a estar allí cada vez que
Pedro trate de hablarles a otros acerca de Jesús. Ahora se debe hablar de esto. La mayoría de nosotros simplemente «dejamos las cosas atrás», seguimos adelante, nos olvidamos del dolor tan pronto
como podemos. La negación es en realidad un método favorito que
tenemos para lidiar con el dolor. Pero no con Jesús. Él quiere la verdad en el ser interior más profundo, y para llegar allí, nos *tiene que
llevar a* nuestro ser interior más profundo. Una forma en que lo
hará es trayéndonos un viejo recuerdo. Usted estará conduciendo
en su automóvil y de pronto recuerda algo de su niñez. O tal vez
sueñe con una persona de la que hace tiempo ni se acuerda, con un
evento o un lugar. De la forma que él se lo traiga, vaya allí con él. Él
tiene algo importante que decirle.

Fíjese que Jesús le hace a Pedro la profunda pregunta tres veces,
una por cada traición. Pedro se siente herido por esto, y ese es el
punto. Las lecciones que han sido obtenidas por dolor, solamente
pueden ser borradas con dolor. Cristo debe abrir la herida, no sólo
ponerle una venda encima. Algunas veces él nos llevará a ese lugar
haciendo que un acontecimiento se repita cinco años después, pero
con nuevos personajes y en una situación actual. Nos vemos pasa-
dos por alto para algún trabajo, de la misma forma que nos descar-
taban nuestros padres. O experimentamos temor de nuevo, de la
misma forma que lo experimentábamos esas noches solitarias en
nuestro dormitorio. Estas son todas *invitaciones* para ir con él a las
profundas aguas del corazón, descubrir las verdades que han sido
enterradas allí, y traer la verdad que nos dará libertad. No se

apresure a enterrarlo, pregúntele a Dios qué es lo que le quiere decir.

Tal vez sobre todas las demás cosas, hay dos que debemos saber. Debemos saber que nuestro corazón es bueno, y que nuestro corazón le importa a Dios. Yo he encontrado que para la mayoría de las personas, esto es lo que ha sufrido el mayor asalto; esto es lo que dudamos más. No podemos convencernos a nosotros mismos de esto; Jesús nos lo debe mostrar. Él nos debe llevar allí, como lo hizo con Pedro. Así que pídaselo. Pídale a Dios que le muestre que su corazón es bueno y que usted es importante para él. Hace poco recibí el siguiente correo electrónico de una joven que siguió mi consejo:

El lunes fui al parque para pasar algún tiempo rodeada de belleza. El sol se estaba poniendo lentamente, y mientras miraba, me dolía el corazón al recibir lo que Dios me estaba susurrando: «Karen, sí, tu corazón es bueno, desde que me dejaste entrar y morar allí… pero». Y allí me detuve. Se estaba oscureciendo y yo tenía cosas que hacer. Así que caminé hacia mi automóvil… lentamente. Después de unos pocos pasos, escuché que Dios me decía que no me dejaría ir sin escuchar el resto. Pero continué caminando hasta que no pude ir más lejos. Pero yo sabía que él quería estar conmigo en un lugar que no me resultaba cómodo, no era «seguro», no en mi automóvil donde nadie me podría ver. Oh no… tenía que ser allí en un desierto público. Porque esa era parte de la libertad que necesitaba mi corazón; libertad de tratar de «aparentar» y libertad de que me importe tanto lo que la gente piensa de mí (las mentiras que me mataron el corazón cuando fui líder en mi iglesia).

Las lágrimas de dolor cayeron libremente por mi rostro. Él comenzó a mostrarme a medida que yo se lo permitía. Me recordó todos los asaltos ocurridos, y con cada flecha él me habló de Su armadura: «Karen, ¿ves esa mentira? Ese fue el asalto para no

permitirte conectarte. ¿Aquella mentira? Esa fue la que te hizo temerosa y ansiosa. ¿Esa terrible flecha? Esa fue para impedirte que
ME glorificaras. Ah… pero Karen, en los lugares donde esas flechas hicieron blanco… tu corazón era bueno. Es bueno». Mientras Dios me hablaba, yo lloraba. Yo necesitaba tanto sentir dolor
en los lugares donde mi corazón se había perdido. ¡Necesitaba
encontrarlo! Me enojé por las mentiras y las estrategias que Satanás ha usado conmigo. ¡Qué fantástico! Yo no sabía que una
enorme parte de la libertad que Dios ha estado queriendo que yo
experimente me vendría al pedirle a nuestro Abba que «me muestre que mi corazón es bueno».

Tengo un buen número de historias como esta; todas son hermosas y yo las atesoro. Tal vez sea una de las cosas más difíciles e
importantes que usted jamás haga. Pídale a Dios que le revele que
el nuevo pacto es verdad. Su corazón es bueno. Y su corazón es importante. Muy importante.

La ayuda de otros

Ahora por cierto me encontraba en un terrible aprieto. Literalmente no había nada en la torre sino mi sombra y yo. Las paredes
se elevaban muy altas hasta el techo, como lo había visto desde
afuera, y había una pequeña abertura cuadrada. Esta, ahora me di
cuenta, era la única ventana que la torre poseía. Me senté en el
piso sintiéndome terriblemente desdichado.

Más que nunca antes, deseé libertad; más terrible que nunca,
llegó el siguiente día. Lo medí por los rayos del sol, atrapados en
la pequeña ventana de mi torre, como pasaban, esperando los
sueños de la noche.

Cerca del mediodía, pareció que algo completamente extraño
a mis sentidos y a todas mis experiencias me invadió de pronto;

sin embargo, era solamente la voz de una mujer que cantaba. Mi cuerpo entero se estremeció de gozo, sorpresa, y la sensación de lo inesperado. Como un alma viviente, como una encarnación de la Naturaleza, la canción entró a la casa de mi prisión. Cada tono dobló sus alas, y se depositó, como un ave que me acariciara, en mi corazón. Me bañó como un mar; me rodeó como un vapor aromático; entró a mi alma como una clara corriente de agua de un manantial; brilló en mí como la luz del sol que es vital; me calmó como la voz y mano de una madre.

Casi sin saber lo que hacía, abrí la puerta. ¿Por qué no lo había hecho antes? No lo sé. Al principio, no pude ver a nadie; pero luego me forcé a caminar más allá de los árboles que crecían a través de la entrada, y vi, sentada en el suelo y recostada contra el árbol, a una hermosa mujer. Me miró y me dijo: «¡Ah! ¿Eras tú el prisionero allí? Estoy muy contenta de que te impulsé para salir».

(George MacDonald, *Phantastes*)

Quiero tener cuidado de no haber pintado un cuadro equivocado aquí. Esta corriente de Asesoramiento no nos fluye directamente de Cristo *solamente*. También nos fluye a través de los que le pertenecen a él. Necesitamos a otras personas, y las necesitamos mucho. Sí, el Espíritu fue enviado para ser nuestro Consolador, nuestro Asesor. Y Jesús nos habla personalmente. Pero a menudo él obra a través de otro ser humano. El hecho es que por lo general estamos demasiado cerca de nuestras vidas para ver lo que sucede en ellas. Debido a que es *nuestra* historia la que estamos tratando de entender, algunas veces no sabemos lo que es cierto o lo que es falso, lo que es real y lo que es imaginado. No podemos distinguir el bosque porque hay muchos árboles. A menudo es necesario el ojo de alguien a quien podamos contar nuestra historia, desnudar nuestras almas. Cuanto más desesperados sean nuestros predicamentos, tanto más difícil puede ser escuchar directamente de Dios.

En cada gran historia, el héroe o la heroína deben acudir a alguien más viejo o más sabio para encontrar la respuesta al acertijo. Dorothy busca al mago; Frodo se vuelve a Gandalf; Neo a Morfeo; y Curdie recibe la ayuda de la Señora de la Luna de Plata. Hace muchos años hubo una mujer que me ayudó a querer salir de mi prisión, una prisión de mi propia hechura. Me encontraba en el último año de mis estudios de postgrado para obtener un título en consejería. Por cierto que yo pensaba que a esta altura ya lo tenía todo bastante bien resuelto. Bueno, estaba a punto de convertirme en un consejero profesional. Signo de peligro número uno. El orgullo es cegador. Se llamaba Joy, y ella me ayudó… pero primero tuvo que cortar a través de mi fachada.

Como parte de nuestros requerimientos del curso, todas las semanas nos teníamos que reunir con una asistente de dicho curso. Puesto que este era un programa cristiano, yo pensé que ella se iba a preocupar por mi pecado. En lugar de esto, ella se preocupó por mi gloria. Nadie lo había hecho antes.

«¿Por qué retiene algunas cosas?», me preguntó.

Yo vacilé y traté de ganar tiempo. «No estoy seguro de lo que me está diciendo».

«Sí, sabe. Usted está reteniendo algo. Juega sobre lo 'seguro'».

Yo me estaba estremeciendo. ¿Fue esto lo que sintió Adán cuando escuchó la voz de Dios que cada vez se acercaba más a su escondite en los arbustos? *¿Dónde estás?*

«Usted tiene los dones suficientes como para aparentarlo, como para hacer que *parezca* que lo está dando todo en este curso. Pero usted está marchando solo en seis cilindros y yo sé que tiene ocho. Salga al frente y guíenos».

Fue algo más que un poco inquietante. Me habían visto; me habían descubierto; pero no como una desilusión, no como un corazón malo expuesto. Más bien, fue mi gloria lo que había sido vista, y se me pedía que la mostrara. ¿Qué hace usted con *eso?*

Durante el curso de los siguientes meses mi sistema completo de perfeccionismo «para no ser descubierto» se desplomó. *Tal vez… el pensamiento comenzó a atisbarse… tal vez el mundo ha estado equivocado en cuanto a mí.* «El mundo ha estado equivocado en cuanto a ti. Han odiado tu gloria, tal como el Maligno odia la gloria de Dios. Pero nosotros necesitamos tu don. Sal y muéstralo». Comencé a creer la verdad, y me liberó. Yo como que sabía la doctrina. Pero que una doctrina le pase a uno frente a la mente no es lo que define la Biblia como conocer la verdad. Es solo cuando llega bien a lo profundo del corazón que la verdad comienza a ponernos en libertad, al igual que una llave debe penetrar en una cerradura para abrirla, o como la lluvia debe saturar la tierra hasta las raíces para que su jardín crezca.

Escuche el resto de la historia de Abby:

Dios me había dado un nombre nuevo, un nombre que es tan perfecto y tan maravillosamente opuesto a la mentira que había controlado tanto de mi vida. Y él está sanando mi corazón. Hace un año, una sabia mujer a quien respeto mucho estaba orando por mí. Ella escuchó que Dios me llamaba «Mi rayo de sol y mi deleite». *¿De verdad… de verdad?* Mi corazón respondió: *¿Rayo de sol? ¿No oscuridad? ¿No el objeto de mi desprecio?* Esto fue tan precioso para mí, tanto más allá de mi más vehemente deseo de quién yo era para mi Dios, que lo guardé para mí misma. En el transcurso de los próximos meses, dos amigas me escribieron en forma independiente, y en sus cartas ambas describieron que yo era «un rayo de sol» en sus vidas. Todavía yo guardé esto en mi corazón. Entonces mi jefa y querida amiga, comenzó a llamarme usando esas palabras. ¡Casi no lo podía creer! Y finalmente, una querida amiga vio una pintura de una joven muchacha e instantáneamente «reconoció» mi rostro en ella. La joven tenía una mirada de confianza y picardía referente a quién era y a quién pertenecía. El nombre de la pintura era «Jessica del Rancho de la luz del sol».

Dios me estaba llamando; Dios me estaba en realidad llamando a que creyera que en verdad yo soy «Su rayo de sol y su deleite». Llamarme a creer eso fue algo hermoso y valiente que él ha colocado profundamente dentro de mí y que mi esposo, mis amigos y el mundo lo necesita. Me llamó a creer que el efecto de mi vida es «bondad y luz y *vida*»; no oscuridad y desprecio e irritación. Así que he comenzado a ofrecer mi corazón. He comenzado a decir no a la voz de mi enemigo que me llama a que con temor me apague un poco, a que edite, a que controle mis palabras y mis acciones para no «ofender» o traer rechazo y vergüenza. He estado usando mi don. He empezado a compartir lo que veo en Dios con mis amigos. He optado por ofrecer mi presencia, mi corazón y mi amor, en lugar de siempre estar descifrando lo que debería ofrecer. He escogido creer que soy amada y que estoy segura con mi Dios.

«He aquí, tú amas la verdad en lo íntimo» (Salmo 51.6). Hacerla llegar allí es el trabajo de la corriente que llamaremos Asesoramiento: cuando recibimos el consejo íntimo de Dios.

CAPÍTULO OCHO

RESTAURACIÓN PROFUNDA

Él sana a los quebrantados de corazón,
    y venda sus heridas.

—SALMO 147.3

Mírame; estoy destrozado.

—THE ROLLING STONES

Porque en ese momento, la extraña y pequeña procesión se estaba aproximando: once Ratones, seis de los cuales llevaban entre ellos algo parecido a una camilla hecha de ramas, pero la camilla no era más grande que un gran atlas. Nadie nunca había visto ratones más abatidos que esos. Estaban cubiertos de lodo, y algunos de sangre también, sus orejas estaban caídas y sus bigotes también, las colas les arrastraban por el césped, y su líder tocaba una melodía melancólica en su flauta. En la camilla yacía lo que parecía un montón de piel húmeda; todo lo que quedaba de Reepicheep. Todavía respiraba, pero estaba más muerto que vivo, herido con múltiples heridas, una de sus patas destrozada, y en el lugar donde había estado la cola, ahora había un fragmento vendado.

«Ahora, Lucy», le dijo Aslan.

Lucy sacó su botella diamante en un segundo. Aunque solo se necesitaba una gota en cada una de las heridas de Reepicheep, las heridas eran tantas que hubo un largo y ansioso silencio antes que ella terminara, y el Ratón Maestro saltara de la camilla. Su mano fue inmediatamente a la funda de su espada, con la otra se alisó los bigotes. Hizo una reverencia.

«¡Salve, Aslan!» (C. S. Lewis, *Prince Caspian*)

UNA CASA DIVIDIDA

Sí, todos hemos sido heridos en esta batalla. Y seremos heridos otra vez. Pero algo más profundo que las heridas nos ha sucedido.

Creo que todos nosotros una u otra vez hemos dicho: «Bueno, una parte de mí quiere, y la otra no quiere». Usted conoce el sentimiento; una parte de usted tiraba en una dirección, y la otra en dirección opuesta. A una parte de mí le encanta escribir, y me emociona la idea de pasar un día en mi escritorio. Pero no todo yo. Algunas veces también siento miedo. Una parte de mí teme que voy a fracasar. Que simplemente voy a decir lo que es obvio, o que voy a decir algo que es vital pero incoherente. Me siento atraído a escribir, pero también me siento ambivalente. Cuando lo pienso, me siento así en cuanto a muchas cosas. Una parte de mí quiere hacer amistades, correr el riesgo. Estoy cansado de vivir solo. Otra parte dice: *Permanece lejos; te van a herir. A nadie le importa.* Parte de mí dice: *¡Qué fantástico! Tal vez Dios va a hacer eso por mí.* Otra voz me dice: *Estás por tu cuenta.*

¿No se siente usted algunas veces como una casa dividida?

Fíjese en sus pequeñas fobias. ¿Por qué le teme a las alturas o a la intimidad o a hablar en público? Toda la disciplina del mundo no le capacitaría para hacer paracaidismo, o para compartir algo realmente personal en un grupo pequeño, o para subirse al púlpito el domingo próximo. ¿Por qué detesta que la gente lo toque o lo critique? ¿Y qué me dice de esas pequeñas «idiosincrasias» que usted no podría dejar de lado aunque su vida dependiera de ello? ¿Por qué se come las uñas? ¿Por qué trabaja tantas horas? ¿Por qué se irrita con estas preguntas? Usted no sale a menos que su maquillaje sea perfecto. ¿Por qué es eso? A otras mujeres no les importa que las vean en su ropa de casa. Algo dentro de usted se congela cuando su padre llama por teléfono, ¿qué es todo esto? Usted limpia y organiza; demanda perfección; ¿se ha preguntado alguna vez *por qué?*

Creo que simplemente hemos supuesto que todas esas cosas son nuestra batalla con «la carne». Y sí, hay una guerra civil entre el nuevo corazón y la vieja naturaleza. Romanos, capítulos 7 y 8 la describen bastante bien. Parte de mí no quiere amar a mi vecino, mucho menos cuando su hijo le dio marcha atrás al automóvil y me abolló el jeep. Quiero llevar a ese pequeño malcriado a la corte. Una parte de mí sabe que la oración es esencial; otra parte de mí preferiría encender el televisor y ver qué hay. Y todo ese asunto de ser sufridos; nada de eso. Parte de mí quiere emborracharse. Claro, esa es la parte que debo crucificar todos los días, no darle entrada, no hacer ninguna alianza con ella. No es el verdadero yo (Romanos 7.22). Es mi batalla con la carne, y todos conocemos muy bien esa batalla. Pero no es eso lo que quiero explorar aquí.

No, hay algo más que estamos describiendo cuando decimos: «Bueno, parte de mí quiere y parte de mí no quiere». Es más que una forma de expresarnos. Tal vez no lo sepamos, pero esas palabras revelan algo muy significativo. Existen lugares de los cuales no parece que podamos salir, ir más allá de ellos. Todo parece estar marchando bien, y de pronto; catapún. Algo de pronto le lleva a las lágrimas o le enfurece, le deprime, le da ansiedad, y no puede decir qué es. Le voy a decir por qué.

No somos sinceros.

EL CORAZÓN QUEBRANTADO

Hace algunos años una mujer me habló en privado para decirme que su matrimonio tenía problemas. Su esposo, un hombre amable y paciente, había simplemente llegado a su límite con el comportamiento compulsivo y obsesivo de ella. Su hogar estaba siendo inundado de perritos, no los de carne y hueso, sino los de peluche. Los coleccionaba de forma feroz, cientos de ellos, grandes y chicos. De hecho, ella compraba cualquier cosa que tuviera un perrito, bien fueran platos, fotos, almohadones o carteles. Durante varios años los pudo contener en su dormitorio, pero finalmente habían invadido toda la casa. Bueno, yo creo que uno o dos perritos de peluche son algo bueno para tener, pero tener más de cien perros por cierto que es algo que causaría preocupación. Cada vez que nos encontramos haciendo algo que quisiéramos poder dejar de hacer pero *no podemos*, también debería causar preocupación.

Ella me dijo que cuando era una niñita de cuatro o cinco años, tenía un perrito de juguete que era su compañero de juego. Usted sabe lo que es eso, ir a todos lados juntos. Los dos tenían fiestas de tomar té. Él iba al jardín infantil con ella en su mochila. Iba con ella en todos los viajes que hacía la familia. El pequeño perrito, que se llamaba *Scruffy*, tenía el lugar de honor en el dormitorio de ella, sobre su almohada todas las noches. Él era su amigo especial . Eso es, hasta que un día su padre, en un ataque de ira, le arrancó la cabeza a *Scruffy* delante de ella, mientras ella llorando le pedía a su padre que no hiriera al perrito. Era la clase de golpe que destroza el corazón de una niñita. Por supuesto que no se trata solamente de un animal de peluche. El asalto trajo terror a la relación con su padre, puso una sobra sobre todo su mundo joven, deshizo toda la seguridad. Unos cincuenta años más tarde, ella no puede dejar de coleccionar perritos, y no le puede decir por qué.

Cuando Isaías prometió que el Mesías vendría a sanar a los quebrantados de corazón, no estaba hablando en forma política. La Biblia usa metáforas, como cuando Jesús dice «Yo soy la puerta» (Juan 10.9). Por supuesto que él no es *en realidad* una puerta, como la que usted cerró de un portazo ayer; no tiene bisagras en su cuerpo, ni manilla para dar vuelta. Él está usando una metáfora. Pero cuando Isaías habla de los quebrantados de corazón, Dios no está usando una metáfora. En el hebreo es *leb shabar* (*leb* por «corazón», y *shabar* por «quebrantado»). Isaías usa la palabra *shabar* para describir a un arbusto que cuando sus ramas «se sequen, serán quebradas» (27.11), para describir a los ídolos de Babilonia que terminarán quebrantados en tierra (21.9), al igual que una estatua se quiebra en mil pedazos cuando usted la voltea de la mesa; o también para describir un hueso roto (38.13). Aquí Dios está hablando en forma literal. Él dice: «Tu corazón está ahora en muchos pedazos. Yo quiero sanarlo».

El corazón puede ser roto, literalmente. Al igual que una rama o una estatua o un hueso. ¿Puede usted nombrar alguna cosa preciosa que *no pueda* ser rota? Por cierto, hemos visto que la mente puede ser rota; ¿o para qué son todas esas instituciones mentales? La mayor parte de las personas que no tienen hogar, y que deambulan por las calles empujando un carrito de compras, tiene una mente rota. La voluntad también puede ser rota. ¿Ha visto usted fotos de prisioneros en campos de concentración? Tienen la mirada caída; algo en ellos ha sido derrotado. Van a hacer cualquier cosa que les digan que hagan. Pero de alguna manera hemos pasado por alto el hecho de que este tesoro llamado corazón también puede ser roto, *ha* sido roto, y ahora yace en pedazos debajo de la superficie. Cuando se trata de «hábitos» que no podemos dejar o de patrones que no podemos tampoco dejar, cuando el enojo surge sin saber de dónde viene, temores que no podemos vencer o debilidades que no queremos admitir… mucho de lo que nos turba viene de los pedazos rotos en nuestro corazón que claman por alivio y solaz.

En el caso de la mujer obsesionada con los perritos, parte de su corazón fue roto cuando ella tenía cinco años, y esa parte de ella *permanece* joven, temerosa y desesperada por alguien que venga y la proteja, y que le restaure su perrito. Esas no son las acciones de una mujer de más de cincuenta años; son los clamores de un corazón de cinco años. Seguramente usted hace cosas de las cuales no puede dar una explicación razonable. Aquellos de ustedes que no pueden resistir cuando ven un dulce relleno de jalea, por cierto que es un hambre por algo más que una cosa dulce. ¿Tal vez amor? ¿Consuelo? El impulso que lo mantiene trabajando tarde de noche en la oficina. ¿Qué es lo que usted anhela? ¿Aprobación? ¿Que alguien finalmente le diga: «Estamos muy orgullosos de usted»? Sé que perder un perrito de juguete parece algo sin importancia, si pensamos en las cosas horribles que se les hacen a algunos niños en el mundo. Y algunos de ustedes están pensado: *Ojalá que todo lo que estuviera haciendo yo fuera coleccionar perritos,* en vista de las cosas oscuras y peligrosas que alguna gente hace. La madre que pierde el conocimiento delante de sus hijos por el amor que le tiene al alcohol. El hombre joven que se muere de SIDA por el amor que ha estado buscando en otros hombres. Pero hay algo común en todas esas historias. Algo dentro de ellos los está impulsando a hacer cosas que no quieren hacer. Lo que eso usualmente indica es un corazón roto. Esas acciones son intentos de alimentar o reparar una rasgadura en el alma.

Un muchacho excelente a quien conozco se pone extremadamente ansioso cuando comienza a amar a otra persona. Este no es un joven a quien le dan accesos de llanto. Es lo que podríamos decir un excelente joven cristiano, pero cuando se acerca al amor, este rudo obrero de la construcción comienza a temblar y a llorar en forma descontrolada por razones que no puede explicar. Cuando era niño, su padre los abandonó a él y a su madre. Fue algo devastador. Más tarde, una novia le hizo lo mismo. Han orado mucho por él en cuanto a este asunto, y él ha recibido asesoramiento; ha aprendido de memoria muchos versículos bíblicos sobre la fidelidad de Dios y todo eso. Pero las cosas no han cambiado. Se hace pedazos ante la posibilidad de un abandono. Es como un terremoto en el alma. Allí hay alguna rasgadura o falla.

Otro indicador de una casa dividida es la personalidad que va del no al sí continuamente. Un día usted es amable; al día siguiente usted es callado y está enojado. Un día usted está inspirado por Cristo, capturado por sus propósitos; al siguiente, usted está siendo completamente manejado por el mundo. Por supuesto que todos tenemos nuestros días malos, no se puede negar. Las molestias que sufren algunas mujeres todos los meses y los embotellamientos del tránsito pueden traer cambios dramáticos. Pero de lo que estoy hablando es de un patrón que se repite vez tras vez.

Conozco un hombre que es así; es muy difícil de leer, usted nunca sabe lo que va a encontrar. Un momento él va a estar totalmente comprometido a seguir a Cristo, y al siguiente está totalmente absorbido en sus negocios y revisando sus inversiones en la bolsa de comercio. No es malo mantenerse al tanto de las cosas; pero estar completamente absorbido al punto de que todo y todos sufren, no es bueno. Es como si alguien le hubiera puesto un interruptor dentro. No es un hombre de dos personalidades, sino un hombre que depende completamente de la parte de su corazón de la que está viviendo. No es sincero.

A propósito, no se requiere un asalto mayor como el abuso sexual para crear un corazón roto. Es muy importante entender esto, porque mucha gente supone que no tiene un corazón roto porque no ha soportado los horrores de los cuales lee en el periódico o mira en la televisión. Dependiendo de la edad y las circunstancias, puede haber sido una circunstancia que causó vergüenza como tartamudear enfrente de la clase, o escuchar una palabra dura de labios de su madre. Lo que debemos recordar es que Jesús nos habla a todos nosotros como si tuviéramos el corazón quebrantado. Haríamos bien en confiar en su punto de vista en este asunto.

LA CORRIENTE DE LA SANIDAD O DE LA RESTAURACIÓN PROFUNDA

Porque el corazón de este pueblo se ha engrosado,
   y con los oídos oyen pesadamente,
   y han cerrado sus ojos;
para que no vean con los ojos,
   y oigan con los oídos,
   y con el corazón entiendan,
y se conviertan, y yo los sane (Mateo 13.15).

«Y yo los sane». Esa es una oferta diferente a la que dice «Y yo los perdone». Es una oferta diferente a «Les voy a dar un lugar en el cielo». No, Jesús nos está ofreciendo sanidad. Fíjese en lo que hace con las personas quebrantadas. ¿Cómo las maneja? Los ciegos pueden ver como un águila. Los sordos pueden escuchar cuando cae un alfiler. Los cojos corren carreras de obstáculos. La piel enferma de un leproso es limpiada y hecha nueva. La mujer que tenía flujo de sangre es sanada y ya no tiene más pérdida de sangre. El siervo paralítico salta de la cama. Todos ellos, cada uno de ellos, es sanado. Ahora considere esto: todo lo que Jesús *hizo* fue para ilustrar lo que estaba tratando de *decir*. Mira, fíjate, esto es lo que te ofrezco. No solo para tu cuerpo, sino lo que es más importante, para tu alma. Puedo sanarte el corazón. Puedo restaurar tu alma.

Jehová es mi pastor; nada me faltará.
En lugares de delicados pastos me hará descansar;

junto a aguas de reposo me pastoreará.
Confortará mi alma (Salmo 23.1-3).

Él sana a los quebrantados de corazón,
y venda sus heridas (Salmo 147.3).

Sáname, oh Jehová, y seré sano;
sálvame, y seré salvo;
porque tú eres mi alabanza (Jeremías 17.14).

Mas a vosotros los que teméis mi nombre, nacerá el Sol de justicia, y en sus alas traerá salvación (Malaquías 4.2).

Y él les recibió y les hablaba del reino de Dios, y sanaba a los que necesitaban ser curados (Lucas 9.11).

Por alguna razón, esto se ha perdido en muchas de las recientes ofertas del cristianismo. Tal vez haya sido nuestro orgullo lo que nos ha impedido admitir que estamos quebrantados. Dios sabe que yo he hecho eso por años, tal vez hasta lo estoy haciendo ahora. Tal vez es nuestro temor de tener muchas esperanzas; parece demasiado bueno para ser cierto. Tal vez ha sido que nos hemos enfocado totalmente en el pecado y en la cruz. Pero la Escritura es amplia y clara: Cristo vino no solo para perdonarnos, sino también para sanarnos. Él quiere que la gloria sea restaurada. Así que deje de leer el libro por un momento, y deje que esto le penetre: Jesús puede, y quiere, sanar su corazón. ¿Qué despierta eso en usted? ¿Es esperanza? ¿Es cinismo? ¿Será acaso: «Ya lo he intentado y no funciona»?

Fue hace solo unos momentos que desperté en medio de la noche y sentí temor… otra vez. ¿Cuántas veces me he lanzado a mi día con toda la rapidez que pude, me bañé, me afeité, me apresuré a ir al trabajo, atado por un temor que no tiene nombre, tratando de enterrarlo con un montón de cosas por hacer? Pensé que si corría con suficiente velocidad, no me alcanzaría. El perfeccionismo había sido mi refugio, pero esta mañana, gracias a Dios, fue diferente. Estoy cansado de correr, supongo que al igual que el hijo pródigo quien tarde o temprano tiene que darse vuelta y enfrentar las cosas. Me quedé acostado en la cama y dejé que el temor se levantara, lo dejé rodearme por todos lados. Y mientras venía, comencé a formular una pregunta, a mí mismo y a Dios: *¿A qué le tengo miedo?* El sentimiento que tuve fue… *Lo voy a arruinar todo, y en grande. Estoy a punto de crear un buen enredo.* Debo aclarar que no había nada en mi vida en ese momento que estuviera al borde de desmoronarse. Las cosas iban bien. Sin embargo, para enfrentarlo, invité a Cristo a que entrara en el temor y me hablara allí. Jesús, *¿de qué se trata todo esto?*

¿Cuándo te has sentido de esta forma antes?

Me llegaron dos recuerdos. El sentimiento de… *Lo voy a arruinar todo, y en grande* me llevó allí. El primero fue el día que me arrestaron por entrar a robar a una casa. Tenía quince años en aquel tiempo, estaba completamente fuera de control, y mi familia se estaba desmoronando. Fue una experiencia terriblemente vergonzosa, y nadie me habló al respecto. Nadie me mostró un camino de salida. El segundo recuerdo llegó pisándole los talones al primero, como si tuviera que llegar entonces o yo jamás lo dejaría entrar: El día que mi novia se hizo un aborto. Tal vez ese haya sido el día más horrible de mi vida. Yo no creo que supiéramos lo que estábamos haciendo, pero muy en lo profundo de mi alma yo sabía que fuera lo que fuera que estaba pasando, era algo muy, muy malo. Esa fue una cosa tan oscura, que la enterré muy profundamente, y nunca hablé de ella.

Y mientras el evento volvía a mi memoria, lo único que podía hacer era invitar a Jesús a que entrara. *Sí, Señor, gracias por traerme estas cosas de vuelta. Entra y encuéntrame aquí; háblame.* Le pedí perdón por mi parte en el robo y el aborto. Le pedí que entrara y que sanara esas heridas y que trajera lo que fuera verdad acerca de mi corazón *a* mi corazón. Y él lo hizo; me confortó profundamente. Pero ese no fue el final de este asunto. Varias semanas después, el temor regresó. Después de un mes volvió de nuevo. Había algo quebrantado en mí, algo que permitía que el temor continuara volviendo, sin importar cuántas cosas confortantes me dijera Jesús. Necesitaba una corriente diferente.

Una sanidad personal

Una sanidad extraordinaria y no buscada me llegó el mismo día que casi me maté en Colorado, en el *Collegiate Peaks Wilderness*. El verano recién había comenzado, cuando la nieve derretida comenzaba a devolvernos el terreno alto, y yo había ido a ese lugar para un viaje de cuatro días con lo que llevaba en la mochila y nada más. Fui solo, es decir sin ninguna otra compañía humana. Scout, mi perro perdiguero de color oro me acompañó, para gran alegría suya. Había sido una primavera muy intensa y llena de emociones, y yo necesitaba desesperadamente volver a encontrar mi corazón y a Dios. Por supuesto, los dos van de la mano. Sin su corazón usted no puede tener esperanzas de encontrar a Dios, porque el corazón es donde él mora. Si usted pasa por alto su corazón, es como buscarlo en cualquier lugar menos en el hogar.

El tercer día traté de cruzar una saliente entre dos valles. No había ninguna senda por allí, pero por el mapa pensé que se podía hacer, y aun había hablado con un guardabosques al comienzo del camino mi primer día, quien me dijo que había escuchado de personas que habían cruzado ese paso. Comencé a tratar de bajar por el lado más lejano de la saliente en lo que parecía ser una antigua senda de venados, pero después de unos treinta metros el suelo debajo de mis pies desapareció. Vi un precipicio que se extendía más de doscientos metros y me vi forzado a regresar, subiendo a la parte superior del paso con una mochila que pesaba treinta kilos y un perro que no estaba muy entusiasmado. Se hizo tan peligroso, que tuve que dejar a Scout en una saliente, subir hasta la cumbre, dejar mi mochila y hacer un segundo viaje de descenso en busca del perro. Horas más tarde llegamos al mismo campamento que habíamos dejado esa misma mañana, caminando pesadamente, extenuados, asustados y confusos.

El aire se puso muy frío a medida que el sol se ponía, así que fui y me senté en una roca para calentarme bajo los últimos rayos del sol. Me comenzaron a correr las lágrimas, aunque no hubiera podido decirle por qué. Sentí la presencia de Jesús conmigo, sintiendo que él hablaba a un joven y asustado lugar en mi corazón. Al principio los movimientos de Dios en mí fueron inarticulados, más profundos que las palabras. Luego, lentamente, comencé a sintonizar lo que parecía una conversión entre Jesús y aquel rincón joven en mi alma. Era como si yo estuviera escuchando furtivamente. Jesús había formulado una pregunta, y mi corazón que se sentía como el corazón de un muchacho muy joven, respondió. Él siempre me hace lo mismo. ¡Epa! Yo sabía que «él» en la respuesta era yo, y que «eso» era lo que había sucedido en la saliente. Me sentí como un hermano mayor que es pillado retando a su hermano menor a que salte del techo.

¿Me vas a dejar que te sane?

Yo no estaba seguro de si la pregunta era para el «joven» yo, o para el «viejo» yo, así que esperé y escuché en humilde silencio.

Jesús le estaba hablando al lugar joven y asustado en mi corazón. (¿Cuántos años he vivido en temor? Demasiados). Esto es lo que casi siempre hace Jesús cuando viene a reparar esas grietas en nuestros corazones. Él trae su consuelo y misericordia a esos tiempos y lugares en los cuales sufrimos el golpe que nos destrozó, y el corazón es ese lugar que a menudo siente la misma edad que tenía cuando sucedió el evento, aun cuando pudo haber ocurrido décadas atrás. Más lágrimas.

Tal vez pueda causar sorpresa que Cristo nos pida permiso para entrar y sanar, pero tal vez recuerde el famoso pasaje del libro de Apocalipsis: «He aquí, yo estoy a la puerta y llamo» (3.20). Él no fuerza su entrada, y el principio todavía se aplica después que hayamos dado a Cristo el acceso inicial a nuestros corazones, lo que comúnmente llamamos salvación. Hay cuartos que hemos mantenido cerrados con llave, lugares a los cuales él no ha tenido acceso por nuestra propia voluntad, y para experimentar su sanidad también le debemos dar permiso para que entre allí. *¿Me vas a dejar que te sane?* Algo en mí vaciló… *Solo si él deja de hacerme eso a mí.*

Entonces fue como si la mirada de Cristo se hubiera vuelto hacia mí, el «hermano mayor», y lo que él dijo fue: *Es verdad, John, tú sabes que eres muy duro con tu corazón. Tú no tienes misericordia con esos lugares rotos dentro de ti.* Por supuesto que él tiene razón y no yo. Son una incomodidad. No me gusta sentir como que hay un jovencito dentro de mí, y yo manejo eso empujando los temores bien adentro y poniéndome encima sin miramientos. Creo que esa es la forma en que la mayoría manejamos los lugares jóvenes y rotos que hay dentro de nosotros. Simplemente tratamos de seguir adelante, los empujamos bien adentro, los ocultamos lo más posible y seguimos con nuestra vida. Gracias a Dios, Jesús es mucho más compasivo. Sentí que tenía que arrepentirme de mi impulsividad, y después de orar al respecto, sentí que el «hermano menor» en mí daba permiso a Cristo para entrar.

La obra de Cristo al sanar un alma es un profundo misterio, más asombroso que la cirugía a corazón abierto. Un amigo describió su experiencia como si Cristo estuviera «sosteniendo las partes rotas en sus manos y uniéndolas entre sí sosteniéndolas con ternura hasta que su vida experimentó una sanidad como la unidad definitiva de lo que fueron antes muchos pedazos esparcidos». Sí, eso es. La idea de «unir» nuestro quebrantamiento involucra juntar todos los pedazos rotos en un solo corazón sano. Reintegrar esos lugares que han sido rotos por la tragedia o el asalto. Fue como si Jesús tomó esa parte rota de mí y me amó a mí allí, trayéndome a la seguridad de su presencia, llevando esa parte «de vuelta al hogar».

Se puso el sol. Todo era quietud. Yo me sentí… más liviano. Más contento. El temor se fue. En su lugar me llegó una gran sorpresa: el gozo. Algo había sido sanado, restaurado, arreglado. Fui por los bosques recogiendo leña para hacer un fuego, cantando una canción que iba inventando a medida que la cantaba, como haría un muchacho que es feliz. Ese fue un acontecimiento en una trayectoria que comenzó hace varios años cuando oré esta simple pero sincera oración: *Jesús, quiero tener todo mi corazón de nuevo.*

Hacia la restauración

Simplemente invocamos Su presencia y luego lo invitamos a que entre a nuestro corazón. Él nos muestra nuestro corazón. Cuando oramos por la sanidad de los recuerdos, simplemente le pedimos a nuestro Señor que se haga presente en ese lugar en el cual fuimos tan heridos (o tal vez herimos a otro). Entonces sucede que perdonamos a otros y también recibimos perdón. Al orar por la sanidad de los temores del corazón, la amargura, etc., vemos temores fundamentales tanto así como temores pequeños, que son tratados inmediatamente. Aquellos temores que quien los sufre a menudo no ha estado consciente de ellos, nunca los ha podido nombrar. Solamente sabe que su vida ha sido seriamente restringida y moldeada por ellos. (Leanne Payne, *The Healing Presence* [La presencia sanadora])

Caminar con Dios conduce a recibir su asesoramiento íntimo, y eso lleva a una profunda restauración. A medida que aprendemos a caminar con Dios y a escuchar su voz, él puede traer a nuestro corazón asuntos de los cuales debemos hablar. Algunas de esas heridas fueron suficientes para destrozar nuestro corazón, crear una grieta en el alma, y también necesitamos su sanidad. Esto es algo a lo que Jesús nos conduce, algo que se realiza a través de la ayuda de otra persona que puede escuchar y orar con nosotros, otras veces con Dios solo. Como dice David en el Salmo 23, nos guía lejos, a un lugar callado, para restaurar nuestra alma. Nuestra primera elección es ir con él allí, disminuir la velocidad, desenchufarnos, aceptar la invitación de ir junto a él. Usted no va a encontrar sanidad en medio de *La Matriz*. Necesitamos tiempo en la presencia de Dios. Esto viene a menudo en los talones de que Dios levante algún asunto en nuestro corazón o después que hayamos revivido un acontecimiento que nos lleva directo a los lugares rotos, o despertando, como me pasó a mí, a una cruda emoción.

Enséñame, oh Jehová, tu camino;
    caminaré yo en tu verdad;
afirma mi corazón para que tema tu nombre.
Te alabaré, oh Jehová Dios mío,
    con todo mi corazón;
    y glorificaré tu nombre para siempre (Salmo 86.11, 12).

Cuando estamos en la presencia de Dios, lejos de las distracciones, podemos escucharlo con más claridad, y un ambiente seguro se ha establecido para que puedan surgir los lugares jóvenes y quebrantados en nuestros corazones. Le pedimos a Dios que nos rodee con su presencia. Nos entregamos de nuevo a él, nos ponemos bajo su autoridad, porque como nos advierte Pablo, es posible perder la conexión con nuestra Cabeza, quien es Cristo (Colosenses 2.19). Declaramos la autoridad de Cristo sobre nuestros corazones, porque él los hizo (Salmo 33.15), y él ha redimido nuestros corazones (Romanos 2.29).

Jesús, ahora vengo a tu presencia, y te pido que me rodees. Me pongo bajo tu autoridad y reconozco tu llamado en mi vida. Me entrego a ti, cuerpo, alma y espíritu. Te doy mi corazón, con todo lo que tiene, incluyendo los lugares quebrantados. Declaro tu autoridad sobre mi corazón, porque tú has hecho mi corazón y lo has redimido.

Entonces invitamos a Cristo a que entre. Le pedimos a Cristo que entre en la emoción, el recuerdo, este lugar despedazado dentro de nosotros. Le damos permiso; le damos acceso. Abrimos la puerta a este lugar en particular en nuestros corazones. «Si alguno oye mi voz y abre la puerta; entraré a él» (Apocalipsis 3.20). A decir verdad, probablemente hay muchos lugares rotos dentro de nosotros. Ábralos uno por uno, empiece por el que está relacionado con el evento o la emoción o el hábito del que no parece poder escaparse. Pídale a Jesús que traiga luz a ese lugar. «Porque Dios, que mandó que de las tinieblas resplandeciese la luz, es el que resplandeció en nuestros corazones» (2 Corintios 4.6). Pídale que le aclare esto. *Jesús, ¿qué es lo que está pasando aquí? Haz que tu luz resplandezca en mi corazón.*

Jesús, te invito a que entres a este lugar roto dentro de mí (esta herida, este recuerdo). Te doy acceso total a mi corazón. Ven, Señor Jesús, haz que tu luz resplandezca aquí. Revélame todo lo que está sucediendo aquí. ¿De qué se trata esto, Jesús? Ven y muéstrame, encuéntrame aquí, en este lugar.

Algunas veces él nos va a llevar a un recuerdo del pasado, un tiempo y lugar donde nos dieron un golpe devastador. Otras veces él nos hará conscientes de un lugar joven en nuestro corazón. El otro día, Stasi y yo estábamos juntos en la sala, leyendo. Ella me dijo que había estado triste por varios días, pero que no sabía por qué. No había nada triste sucediendo en su vida, todo lo contrario. Pero cuando oró por eso, se sintonizó con su corazón y fue consciente de un lugar en su corazón que parecía estar llorando. Cada vez que alguien me dice: «Me siento como si esta parte de mí…», las luces de mi radar se encienden. Le preguntamos a Jesús en cuanto a esto, y ciertamente, había una parte del corazón de Stasi a sus diecisiete años que estaba sufriendo. Le pedimos a Jesús que viniera y nos guiara en oración en cuanto a este quebrantamiento.

Le preguntamos a Jesús qué quería comunicar a esta parte de nosotros, escuchando, como lo dice Payne: «Por la palabra de sanidad que Dios siempre envía a la herida». A menudo él nos traerá palabras de amor y bondad, o consuelo, especialmente a ese lugar delicado en nuestro corazón. «Tú tienes palabras de vida eterna» (Juan 6.68). Algunas veces, él nos formulará una pregunta: *¿Por qué tienes miedo?* O: *¿Me vas a dejar que te sane?* Él está sacando este lugar de nuestro corazón que se encuentra entre las sombras, de donde se esconde; él está trayendo nuestro quebrantamiento a un lugar de seguridad.

> *Jesús, ven y guíame en la sanidad de este quebrantamiento en mi corazón. Háblame aquí, Señor. ¿Qué me estás diciendo? Dame oídos para oír y ojos para ver lo que me estás revelando. No dejes que ninguna voz hable sino la tuya, mi Señor Jesús, y solamente la tuya.*

Creo que es seguro decir que todos nosotros hemos manejado mal estos lugares en nuestros corazones. Los empujamos bien adentro, como hice yo. O nos volvemos a algo o a alguien esperando que nos traiga consuelo, como la comida o las relaciones sexuales. Si hemos hecho eso, a menudo Jesús nos lo hará claro cuando oramos. Y cuando él lo hace, confesamos nuestros pecados, renunciamos a ellos (a menudo un acto mayor de la voluntad), y le pedimos que limpie nuestros corazones (1 Juan 1.9).

> *Jesús, perdóname por las formas en que he manejado mal mi quebrantamiento. Tú solo me haces morar en seguridad. Perdóname por toda mi autoprotección y por querer redimirme a mí mismo, y por todos mis falsos consuelos. [Aquí usted querrá renunciar a pecados específicos de los cuales está consciente]. Por tu sangre derramada, limpia mi corazón de todo pecado.*

A menudo, estos lugares jóvenes y quebrantados se han convertido en lugares donde el enemigo toma control espiritual. (Esto le va a hacer mucho más sentido después que lea el capítulo siguiente). Todas las corrientes fluyen juntas para nuestra sanidad, y también debemos usar la corriente de la guerra espiritual. Nuestros pecados le ceden al enemigo ciertos derechos sobre nuestra vida (Romanos 6.16). Cuando renunciamos a nuestros pecados, también renunciamos al derecho que le hemos dado a Satanás sobre nuestra vida. Esto a menudo viene en la forma de «acuerdos»: Satanás nos ha sugerido algo a nosotros, y le hemos dicho «Sí». Tal vez le haya dicho: *Nunca confíes en nadie,* o *Tu corazón es malo; nunca se lo muestres a nadie,* o *Tú eres sucio... lleno de lujuria... un adicto, y nunca vas a estar libre.* Le pedimos a Dios que nos limpie por la sangre de Cristo; le mandamos a nuestro enemigo que huya (Santiago 4.7).

> *Ahora rompo todos los acuerdos que he hecho con Satanás y sus mentiras. [Sea muy específico aquí. ¿Qué ha creído, qué mentiras*

creyó?] Renuncio a todo derecho que le he dado a mi enemigo, y en el
nombre de Jesús le mando que huya.

Y luego le pedimos a Jesús que haga aquella cosa que él dijo que había venido a hacer por nosotros: le pedimos que sane nuestro quebrantamiento, que vende nuestros corazones. Algunas veces él nos pedirá que tomemos su mano en ese lugar destrozado y le sigamos hasta su corazón y su presencia dentro de nosotros. Esos lugares algunas veces están aislados de la vida y el amor de Dios en nosotros, pero él los lleva de vuelta a su presencia y los sana por medio de la unión con él, *en* nuestros corazones. Nuestra parte es escuchar y seguirle a donde él está guiando, y dar la bienvenida al hogar a esa parte de nuestro corazón. Esto es muy importante porque muchos de nosotros hemos *enviado* esa parte muy lejos de nuestro ser. Debemos recibir y acoger la parte despreciada y abandonada, cuando Jesús nos abraza.

Jesús, ven ahora y haz lo que has prometido hacer: Sanar mi corazón quebrantado y liberarme. [Escuche aquí lo que Jesús está diciendo]. Trae este lugar a tu amor y sanidad, trae este lugar de vuelta al hogar. Recibo tu sanidad, y recibo esta parte de mi corazón de nuevo en mí. Ven, véndame y restáurame completamente.

Continúe la trayectoria

«La oración de sanidad», dice Payne, «no es 'la cura instantánea', ni tampoco desviar el crecimiento lento y firme. Es lo que despeja el camino y hace que tal progreso sea posible». Las rupturas del corazón impiden a mucha gente caminar por la senda que Dios tiene para ellos. «Haced sendas derechas para vuestros pies, para que lo cojo no se salga del camino, sino que sea sanado» (Hebreos 12.13). Mientras tengamos esos lugares no sanados dentro de nosotros, esas grietas en nuestras almas, vamos a encontrar que es prácticamente imposible vivir en libertad y victoria. No importa cuánto demandemos de nosotros mismos, no va a funcionar. Nunca ha funcionado. Esos lugares continúan socavándonos en momentos cruciales, cortándonos por el medio. Nuestro enemigo los conoce bien y los usa contra nosotros con efectos debilitantes. Voy a hablar más sobre esto a continuación. Necesitamos con desesperación la corriente de la Sanidad, para que podamos salir avante en nuestra trayectoria con Cristo.

Gandalf dijo entonces: «No nos demoremos junto a la puerta, el tiempo apremia. ¡Entremos ya! Los enfermos que yacen postrados en la Casa no tienen otra esperanza que la venida de Aragorn. Así habló Ioreth, vidente de Gondor: *Las manos del rey son manos que sanan, y el legítimo rey será así reconocido...*».

Arrodillándose junto a la cabecera de Faramir, Aragorn le puso una mano sobre la frente. Todos los que miraban sintieron que allí se estaba librando una lucha, pues el rostro de Aragorn se iba volviendo gris de cansancio y de tanto en tanto llamaba a Faramir por su nombre, pero con una voz cada vez más débil, como si él mismo estuviese alejándose, y caminara en un valle remoto y sombrío, llamando a un amigo extraviado.

Por fin llegó Bergil a la carrera. Traía consigo seis hojuelas envueltas en un trozo de lienzo. «Hojas de reyes, señor», dijo, «pero no son frescas, me temo. Las habrán recogido hace unas dos semanas. Ojalá puedan servir, señor», y luego mirando a Faramir, se echó a llorar.

Aragorn le sonrió. «Servirán», le dijo. «Ya ha pasado lo peor. ¡Serénate y descansa!» Enseguida tomó dos hojuelas, las puso en el hueco de las manos, y luego de calentarlas con el aliento, las trituró; y una frescura vivificante llenó la estancia, como si el aire mismo despertase, zumbando y chisporroteando de alegría...

De pronto Faramir se movió, abrió los ojos, y miró largamente a Aragorn, que estaba inclinado sobre él; y una luz de reconocimiento y de amor se le encendió en la mirada, y habló en voz baja. «Me has llamado, mi Señor. He venido. ¿Qué ordena mi rey?»

«No sigas caminando en las sombras, ¡despierta!», dijo Aragorn. «Lo haré, mi rey», dijo Faramir. «¿Quién se quedaría acostado y ocioso cuando ha retornado el rey?» (J. R. R. Tolkien, *El Retorno del Rey*).

CAPÍTULO NUEVE

GUERRA ESPIRITUAL:
LA LUCHA POR SU CORAZÓN

Es la imagen de Dios reflejada en usted lo que produce tanta
ira al Infierno. A ella dirigen los demonios sus más
poderosas armas.

—WILLIAM GURNALL

Despierta, despierta,
   vístete de poder, oh, Sión…
Sacúdete del polvo;
   levántate y siéntate, Jerusalén,
suelta las ataduras de tu cuello,
   cautiva hija de Sión.

—DIOS (ISAÍAS 52.1, 2)

Wolfgang Amadeus Mozart fue un hombre glorioso. Un portador
de la imagen. ¿Recuerda usted en su niñez la canción *Twinkle,
Twinkle, Little Star* o la canción del alfabeto en inglés? Mozart escribió esa melodía cuando tenía tres años. Compuso su primera
sinfonía a la edad de doce años. Y la música de Mozart ha *perdurado*, encantando al mundo por siglos. Creo que su música se toca

con más frecuencia que la de ningún otro compositor. Sin embargo, este brillante hombre murió siendo joven, y en realidad no sabemos cómo. Empobrecido, solo, su cuerpo fue enterrado en una fosa común. La película *Amadeus* es el intento de Peter Shaffer de contar esa historia.

Es una historia de genio y de celos, la que lleva al asesinato. Shaffer crea un villano digno del mismo diablo en el personaje que es el compositor de la corte llamado Salieri. Un compositor de menos calidad, Salieri es atormentado por su envidia ante la grandeza de Mozart. Al igual que los hermanos de José, él personifica lo que debieron haber sido los celos que Lucifer le tenía a la gloria de Dios, aquella envidia que llevó al gran ángel a la ruina. Hay una escena tremenda en la película que muestra el día en que la esposa de Mozart le trae la música del genio a Salieri, con la esperanza de que su esposo consiga un trabajo. Ella todavía no sabe que Salieri es un zorro vestido de oveja. Mirando las páginas del portafolio de Mozart, Salieri queda cautivado por el trabajo de la mano de su rival.

SALIERI: ¿Estos… son originales?

FRAU MOZART: Sí, señor, él no hace copias.

[Mientas el asombrado compositor comienza a leer las páginas musicales que tiene frente a sus ojos, empieza a narrar la historia]

SALIERI: Sorprendente. Fue realmente… algo increíble. Estas eran las primeras páginas, y *solamente* borradores de música. Pero no mostraban correcciones de ninguna clase. Ni una. Él simplemente había escrito la música que ya estaba terminada… *en su cabeza*. Página y página de música, como si estuviera tomando un dictado. Y música… terminada como ninguna música es jamás terminada. Si se corre una nota, algo le faltaría. Si se corre una frase la estructura caería. Fue claro para mí… que aquel sonido que escuché en el palacio del Arzobispo no fue un accidente. Aquí de nuevo estaba la misma voz de Dios. Yo tenía en mis manos la jaula de esos trazos meticulosos de tinta, que contenían una belleza absoluta.

[Salieri se siente obnubilado, y las hojas caen al suelo de sus inertes manos]

FRAU MOZART: ¿No es buena?

SALIERI: [Claramente herido]: Es… milagrosa.

FRAU MOZART: Sí… él está muy orgulloso de su trabajo. ¿No ayudará usted?

[Con mala cara, determinado, Salieri sale del cuarto en silencio. La escena pasa a sus recámaras privadas. Salieri descuelga un crucifijo de la pared y lo echa al fuego]

SALIERI: Desde este momento, somos enemigos. Tú y yo. Porque tú escoges para instrumento tuyo a un muchacho jactancioso, lascivo, sucio, infantil… y a mí me das solo la habilidad de reconocer la Encarnación. Porque tú eres *injusto… severo… cruel.* Te voy a bloquear de mi vida. Lo juro. Voy a perjudicar a tu criatura aquí en la tierra todo lo más que pueda. [Sacude el puño en el aire] Voy a arruinar tu encarnación.

NUESTRA SITUACIÓN

Este es el corazón de nuestro enemigo. Él está determinado a perjudicarnos, hacernos daño y arruinar a los portadores de la imagen de Dios. Robar, matar y destruir. Así que permítame decir esto otra vez: la historia de su vida es la historia del asalto largo y brutal, lanzado contra su corazón por aquel que sabe lo que usted podría ser y tiembla. Espero que ahora usted comience a ver esto con más claridad, de lo contrario gran parte de su *vida* no tendrá sentido para usted.

Yo iré delante de ti,
    y enderezaré los lugares torcidos;

> quebrantaré las puertas de bronce,
>> y cerrojos de hierro haré pedazos;
> y te daré los tesoros escondidos,
>> y los secretos muy guardados,
> para que sepas que yo soy Jehová,
>> el Dios de Israel que te pongo nombre (Isaías 45.2, 3).

¿No suena el lenguaje de la Biblia algunas veces… como un poco exagerado? Bueno, Dios, ¿enderezar los lugares torcidos para nosotros? Nos sentiremos contentos si nos ayuda a pasar la semana sin mayor novedad. ¿Qué es eso de quebrar puertas de bronce y hacer pedazos cerrojos de hierro? Es decir, suena heroico, ¿pero quién necesita eso? No estamos en la antigua Samaria. Nosotros nos conformamos con un lugar para estacionar en el centro comercial. A mí me gusta la parte de los tesoros escondidos y los secretos muy guardados. Me hace recordar *La isla del tesoro* y *Long John Silver* y todo eso. ¿A qué niño no le gustaría encontrar un tesoro escondido? En realidad, esas asociaciones hacen que el pasaje se vea también como una fantasía, buena poesía que tiene la intención de inspirar. Pero no mucho más.

¿Qué pasaría si miráramos ese pasaje con los ojos del corazón? Ese lenguaje hace perfecto sentido si vivimos una realidad en el nivel mítico de *Amadeus* o *El Señor de los Anillos*. En esas historias, hay puertas que deben ser rotas, hay tesoros escondidos en la oscuridad, y amigos queridos que deben ser puestos en libertad. Si *estamos* en una batalla épica, entonces el lenguaje de la Biblia encaja perfectamente. Las cosas no son lo que parecen. Estamos en guerra. Esa guerra es contra su corazón, contra su gloria. Una vez más, fíjese en Isaías 61.1:

> Me ha enviado… a vendar a los quebrantados de corazón,
>> a publicar libertad a los cautivos,
>> y a los presos, apertura de la cárcel.

Esta es la misión personal de Dios para su pueblo, la oferta que nos hace a todos nosotros. En consecuencia, todos debemos estar prisioneros en alguna forma de oscuridad. Nosotros ni siquiera lo sabíamos y esa es prueba suficiente. No podemos ver en la oscuridad. ¿Y cuál es este tesoro escondido? Nuestros *corazones*; están *ocultos* por las tinieblas, inmovilizados, retenidos en lugares secretos como un rehén que se retiene contra su voluntad para pedir un rescate. Prisioneros de guerra. No hay duda alguna, eso se supone. La pregunta no es: ¿*Estamos* oprimidos espiritualmente? Más bien: ¿*Dónde* y *cuándo*?

Piense acerca de esto. ¿Por qué todas las historias tienen un villano?

Caperucita roja es atacada por un lobo. Dorothy debe enfrentar y vencer a la Malvada Bruja del Oeste. Qui-Gon Jimm y Obi-Wan Kenobi van mano a mano contra Darth Maul. Para libertar a los cautivos de La Matriz, Neo lucha contra los poderosos «agentes». Frodo es perseguido por los Jinetes Negros. (La espada Morgul con la que hirieron a Frodo en la batalla de Weathertop, iba dirigida a su corazón). Beowulful mata al monstruo Grendel, y luego tiene que luchar con la madre de Grendel. San Jorge mata al dragón. Los niños que llegan a Narnia son llamados por Aslan a pelear con la Bruja Blanca y sus ejércitos para que Narnia pueda ser libertada.

Todas las historias tienen un villano, porque *su* historia tiene un villano. Usted nació en un mundo en guerra. Cuando Satanás perdió la batalla contra Miguel y sus ángeles, «fue arrojado a la tierra, y sus ángeles fueron arrojados con él» (Apocalipsis 12.9). Esto quiere decir que ahora mismo, en esta tierra, hay cientos de miles, tal vez millones, de ángeles caídos, espíritus malos, cuyo propósito es nuestra destrucción. ¿Y cuál es el estado de ánimo de Satanás? «El diablo… [tiene] gran ira, sabiendo que tiene poco tiempo» (v. 12). ¿Cómo cree que pasa cada día y cada noche de su completa existencia en la que no duerme? «Entonces el dragón se llenó de ira contra la mujer; y se fue a hacer guerra… contra los que guardan los mandamientos de Dios, y tienen el testimonio de Jesucristo» (v. 17). Él lo tiene a usted en la mirilla telescópica y no está sonriendo.

Usted tiene un enemigo que está tratando de robar su libertad, matar su corazón y destruir su vida. Como Satanás dijera a través de Salieri: «Voy a perjudicar a tu criatura acá en la tierra todo lo más que pueda. Voy a arruinar tu encarnación». Muy poca gente vive así. Suena la alarma, y ellos aprietan el botón que la apaga, dormitan un poquito más, se atragantan con una taza de café camino al trabajo, se preguntan por qué hay tantos problemas, almuerzan, trabajan un poco más, y regresan al hogar bajo una clase de nube, revisan el correo, cenan, miran un poco de televisión, le dan de comer al gato, caen en la cama, sin preguntarse ni una sola vez cómo los podría estar atacando el enemigo. Todo lo que saben es que no están disfrutando la vida abundante de la que Cristo habló.

Para encontrar libertad y la vida que ofrece Cristo, debemos vivir en las Cuatro Corrientes. Para ser restaurados como un hombre o una mujer completamente vivos, debemos vivir en las Cuatro Corrientes. Esta, la cuarta, tal vez sea la que más se descuida de todas. Y francamente, tal vez sea la más crítica. Vivir sin reconocer la guerra espiritual es la cosa más ingenua y peligrosa que una persona puede hacer. Es como caminar saltando por la peor parte de la ciudad, de noche, agitando su billetera con el brazo levantado por encima de la cabeza. Es como entrar a un campamento de adiestramiento de terroristas de Al-Qaida, usando una camiseta con la inscripción: «Amo a los Estados Unidos». Es como nadar con los enormes tiburones blancos, vestido como un león marino herido, y rociado de sangre. Y déjeme decirle algo: usted no se escapa de la guerra espiritual porque elija no creer en ella o porque se rehúse a pelearla.

El resultado final es que usted va a tener que pelear por su corazón. Recuerde Juan 10.10, el ladrón está tratando de robar la vida que Dios le ha dado.

Un ataque sutil: en busca de acuerdos y concesiones

> El diablo tiene más tentaciones que trajes tiene un actor para su presentación de teatro. Y uno de sus disfraces favoritos es el de un espíritu mentiroso, para abusar de su tierno corazón con las peores noticias que le pueda dar: Que usted en realidad no ama a Jesucristo y que solo está simulando, y que en últimas se está engañando a sí mismo. (William Gurnall)

En las Escrituras, a Satanás se le llama padre de mentira (Juan 8.44). Su primer ataque contra la raza humana fue mentir a Eva y a Adán sobre Dios, en cuanto a dónde se encontraba la vida, y afirmar que las consecuencias de ciertas acciones no iban a ocurrir. Él es un experto en este asunto. Nos sugiere, como le sugirió a Adán y Eva, alguna clase de idea, inclinación o impresión, y lo que está buscando es algún tipo de «acuerdo» o concesión de parte nuestra. Él espera que nosotros creamos lo que nos está diciendo, ofreciendo o insinuando. Nuestros primeros padres creyeron su artimaña, y fíjese en el desastre que surgió de eso. Pero la historia no ha terminado. El maligno todavía está con nosotros, buscando nuestros acuerdos todos los días.

Su corazón es bueno. Su corazón es importante para Dios. Esas son las dos cosas más difíciles de creer y adoptar. Hablo en serio, tan solo inténtelo. Trate de mantener esta convicción siquiera un día. *Mi corazón es bueno. Mi corazón es importante para Dios.* Se sorprenderá de la cantidad de acusaciones bajo las que vive. Usted tiene una pelea con su hija camino a la escuela; mientras se aleja, tiene un sentimiento persistente que le dice: *Mira cómo echaste a perder eso.* Si su corazón está de acuerdo: *Sí, lo arruiné en grande*, sin llevar el asunto a Jesús, entonces el enemigo tratará de conseguir más. *Tú siempre pierdes la paciencia con ella.* Así se cede más terreno y se realiza otro acuerdo. *Es cierto. Soy un mal padre.* Mantenga esto, y su día completo va terminar arruinado en cinco minutos. El enemigo va a aceptar cualquier pequeña victoria que pueda obtener. Lo lleva a usted de *Hiciste algo malo* a *Eres malo.* O débil, o feo, u orgulloso. Usted sabe cómo es. Después de un tiempo se convierte en una nube debajo de la cual vivimos, y la aceptamos como el estado normal de cosas.

Mi amigo Aarón decidió comenzar un plan de ejercicios. Salió y corrió. Primero, el enemigo trató de desanimarlo para que dejara de hacer ejercicio. *Fíjate lo lejos que tienes que ir. No puedes hacer esto; te vas a morir en el intento. Tienes que darte por vencido.* Aarón pensó: *Sí, es bastante lejos. No estoy seguro de poderlo hacer.* Una mujer muy hermosa y en perfecta forma física venía de la dirección opuesta. *Ella nunca se sentiría atraída hacia un dejado como tú.* «Al llegar a mi automóvil, me sentí como que si hubiera sido asaltado», dijo él, «pero esta vez supe lo que era, y gané. No hice ningún acuerdo».

Esto es algo que sucede todo el tiempo, pero a diferencia de Aarón, la mayor parte del tiempo no lo reconocemos como un ataque. Al principio, tiende a ser vago y no se trata de voces en la cabeza, no es un asalto obvio sino más bien una «sensación» que tenemos, una impresión, un sentido que nos llega. El poder de la *sugestión.* Bien, si un demonio estuviera delante de nosotros y nos dijera: «Mira, toma este veneno para matar ratas», nosotros le diríamos que se fuera. Pero debido a que nosotros no vivimos como si estuviéramos en guerra, simplemente suponemos que esas impresiones son de nosotros, y las aceptamos, nos ponemos de acuerdo con ellas, vivimos bajo ellas como esclavos bajo un amo. Escuche con atención: cualquier movimiento hacia la libertad y la vida, cualquier movimiento hacia Dios y hacia los demás, *va a recibir toda la oposición del infierno.* El matrimonio, la amistad, la belleza, el descanso; el ladrón lo quiere todo. A. W. Tozer escribió:

Así llega a ser el trabajo del diablo mantener aprisionado el espíritu del cristiano. Él sabe que el cristiano que cree y que ha sido justificado ha sido resucitado de la tumba de sus pecados y transgresiones. Desde ese punto en adelante, Satanás trabaja con mucho más ahínco para mantenernos atados y amordazados, realmente aprisionados en nuestras propias mortajas. Él sabe que si continuamos en esta clase de esclavitud… no somos mucho mejores de lo que éramos cuando estábamos espiritualmente muertos.

Es triste, pero muchas de estas acusaciones van a ser formuladas por cristianos. Habiendo rechazado una visión del mundo en guerra, no saben quién es el que los impulsa a decir ciertas cosas. El enemigo usó a David, quien al parecer no estaba al tanto de eso, para hacer su mal: «Satanás se levantó contra Israel, e incitó a David para que hiciese censo de Israel» (1 Crónicas 21.1). También trató de usar a Pedro: «Desde entonces Jesús comenzó a declarar a sus discípulos que le era necesario ir a Jerusalén y padecer… Entonces Pedro, tomándolo aparte, comenzó a reconvenirle, diciendo: «Señor, ten compasión de ti; en ninguna manera esto te acontezca. Pero él, volviéndose, dijo a Pedro: ¡Quítate de delante de mí, Satanás!» (Mateo 16.21-23). Advertencia, estas palabras van a venir desde cualquier lugar, así que tenga cuidado con los acuerdos que tenga o con quién se pone de acuerdo.

El plan total está basado en acuerdos. Cuando hacemos esos acuerdos con las fuerzas demoníacas que nos sugieren algunas cosas, nos colocamos bajo la influencia de ellas. Se convierte en una clase de permiso que le damos al enemigo, como una clase de contrato. Las puertas de bronce comienzan a sonar cuando se cierran alrededor de nosotros. Hablo muy en serio. Tal vez la mitad de las cosas que las personas están tratando de «superar» en las oficinas de consejeros, o de orar al respecto en sus tiempos a solas con el Señor, son simplemente acuerdos que han hecho con el enemigo. Un espíritu malo susurra: *Soy un idiota tan grande,* y ellos se ponen de acuerdo con eso; y luego pasan meses y años tratando de superar sentimientos de inferioridad. Terminarían su agonía si trataran el asunto como la guerra que es, si rompieran los acuerdos que han hecho e hicieran salir al enemigo de sus vidas, de una vez por todas.

Si tiene problemas para aceptar todo esto, permítame preguntarle: ¿Ha tenido usted esta experiencia? Algo malo sucede, y comienza a decirse a sí mismo que es un imbécil. ¿Cree que la fuente de eso es solo usted? ¿O Dios? Piense de esta manera: ¿Quién se deleitaría más en eso? Considere esto con mucho detenimiento, tome todo el tiempo que le resulte necesario. Comience simplemente por pensar en la noción de que la fuente podría ser algo más que su deficiente «amor propio».

No quiero sugerir que sea fácil. Esto se puede poner realmente difícil y feo.

Hemos estado buscando una casa por cuatro años. Una historia larga, una historia que no tenemos tiempo de relatar aquí, pero han sido cuatro años de altibajos, promesas y esperanzas, y finalmente, el domingo pasado la encontramos. No solamente es hermosa y está en un lugar privado, sino que es perfecta para celebrar los muchos eventos que son centrales para nuestra comunidad. Una casa perfecta para nuestra familia. La única propiedad que habíamos visto que reunía todas las condiciones y que nos hizo latir el corazón más rápidamente, y estaba desocupada. Nos podíamos mudar allí de inmediato. Después de un trayecto largo y difícil, por fin encontramos un lugar de descanso, un respiro para nuestra batalla. Presentamos lo que creímos que iba a ser una oferta segura. Mientras nuestro agente conducía su automóvil para presentar nuestra oferta, recibimos una llamada diciéndonos que otra oferta había sido presentada hacía veinte minutos. Un agente en su oficina había visto nuestra oferta y presentó otra subrepticiamente por delante de la nuestra para ganarnos.

Se veía como la conspiración perfecta. Nuestros corazones estaban llenos de esperanza, abiertos, vulnerables. Lo puedo comparar a la situación de algunos padres que esperan cuatro años para adoptar un hijo, y finalmente la oportunidad se les presenta. Dios les dice: *Les llegó su turno. Este es mi regalo para sus corazones.* Les prometen un bebé, pero en el camino para recibirla, esa bebita es dada a otra pareja. De verdad pensamos que esa casa era un regalo de Dios, y el no conseguirla fue una herida directa e intencional a nuestros corazones. Por supuesto que no se trataba solamente de una *casa*. Eso suena tonto. Se trataba de nuestra relación con Dios, de nuestro caminar con él… y, por lo tanto, se conectaba con los demás aspectos de nuestra vida que fluyen de esa relación espiritual. La herida fue en el lugar más íntimo de nuestras vidas: nuestro caminar con Dios.

Otra multitud de cosas desagradables también se presentaron de inmediato. Al igual que los tiburones pueden oler la sangre en el agua a muchos kilómetros de distancia, los enemigos de nuestras almas huelen las heridas, y vienen con todo para destrozarnos. De pronto sentimos que la traición era cierta. *Dios nos ha traicionado.* La desolación se sintió en toda su intensidad. *Nada de lo que crees es verdad.* La apostasía, abandonar la fe fue lo que se sintió como la alternativa más honesta. *¿Por qué caminar con Dios si no puedes confiar en él?* Estábamos aturdidos, y tambaleamos. Me llegaron pensamientos de cómo salirme del contrato para escribir este libro, porque yo no puedo escribir sobre otra cosa que acerca de *mi* caminar con Dios… y eso precisamente había sido atravesado con una daga. Stasi lloraba. Nuestro hijo mediano lloraba. Yo me sentí como si hubiera sido… arrollado por un camión.

Si Jesús dijo que el ladrón viene a robar, matar y destruir, entonces, ¿por qué no pensamos que *en realidad viene* a robar, matar y destruir? Me asombra pensar en las cosas que la gente admite y acepta como «la voluntad de Dios». La casa fue su oportunidad para robar. El enemigo quería matar nuestros corazones y robarnos nuestra fe junto a todo lo que fluye de eso. Creo que esto es casi siempre cierto. El ataque en particular no es el asunto; él va a robar cualquier cosa con tal de matar y destruir.

Durante un asalto como ese, usted debe recordar: *no hacer ningún acuerdo*. El enemigo le va a sugerir toda clase de cosas. *¿Ves? A Dios no le importa. Tú no eres digno de que se pelee por ti. No puedes confiar en Dios*. Él está tratando de matar su vida, de destruir la gloria de su vida. Va a resultar difícil, tremendamente difícil, pero sea lo que sea que haga, no acceda a ningún acuerdo. Allí es donde debe comenzar.

ASALTO ABIERTO

Esteban nos vino a ver cuando se encontraba en una situación que no podía aguantar más. Me gustó de inmediato porque era un hombre honesto, perspicaz, y buscaba con toda seriedad la vida de Dios. En una época él había sido un seguidor de Jesús apasionado y lleno de vida. Había escrito música y dirigido la adoración en su iglesia. Había tenido un grupo de estudio bíblico en su hogar. Muchas personas habían recibido palabras de aliento y guía de Dios a través de Esteban, quien compartía su fe con todo el mundo y hablaba con Dios todo el tiempo. Pero eso había sido mucho tiempo atrás. Hacía muchos años que no podía escribir música; la adoración estaba tan muerta como su tatarabuela. No podía orar, no podía leer la Biblia, y no podía escuchar de Dios. Este hombre había sido vencido.

Durante los primeros años de su sufrimiento, Esteban buscó las corrientes que él conocía. Le pidió consejo a su pastor. Trató lo mejor que pudo de avanzar por medio de la disciplina y la oración. Asistió a conferencias, trató de escuchar de parte de Dios. Nada. Pensó que tal vez se trataba de ese asunto tan común del «silencio de Dios», y pensó que si solo esperaba, el problema se resolvería. No fue así. No, eso permaneció allí, sobre su espíritu, como una piedra que alguien hubiera colocado sobre su corazón. Después de cinco años, él casi se había dado por vencido. Gracias a Dios, él se volvió a la corriente de la guerra espiritual.

Mientras Esteban me relataba su historia, esto es lo que salió a la superficie: En sus años de niñez y juventud, él había recibido algunas heridas serias de rechazo, y la primera de ellas fue recibida cuando tenía tres años de edad, por parte de su padre. El resultado fue una promesa de no dejar que nadie más lo hiriera de nuevo. Sin embargo, él mantuvo su corazón abierto a su madre, de quien recibió misericordia y bondad. Eran amigos. Ella era la única conexión relacional que él tenía. Esteban vino a Cristo cuando era joven. Muy poco después de esto su madre se enfermó gravemente. Él oró y oró que ella no muriera, pero usted sabe lo que viene en la historia. Ella murió. Es comprensible que en las alas de aquel dolor llegara un sentimiento de traición y de abandono. Pero él continuó con su fe.

Trató de confiar en otras personas, especialmente hombres. Él sabía que necesitaba tener ese lugar en su corazón sanado, y con valentía trató de trabar amistades profundas con hombres en los que confiaba y a quienes respetaba. Hubo tres hombres, y dos de ellos él consideraba sus mentores, mientras que el otro era un amigo íntimo. Los dos mentores terminaron teniendo relaciones sexuales ilícitas, uno de ellos con una mujer del grupo de estudio bíblico que se reunía en su hogar. Las heridas se le clavaron muy profundamente, ¿y qué cree usted que vinieron con ellas? Sí, la traición y el abandono. Él buscó la dirección de su pastor en cuanto a una de estas aventuras, puesto que la mujer estaba en su grupo de estudio bíblico. Esteban sentía la carga de por lo menos confrontarlos a los dos. Su pastor lo hirió de nuevo sugiriendo que Esteban era orgulloso y arrogante, y que estaba inventado parte de la historia. Más traición, más abandono. El enemigo va a lograr que otros le hagan a usted lo que él le está haciendo a usted.

Si hubiéramos podido ver lo que estaba sucediendo en el ámbito espiritual, creo que hubiéramos podido ver a algún espíritu malo trabajando desde el principio. Pablo nos advierte en Efesios: «No se ponga el sol sobre vuestro enojo, ni deis lugar al diablo (4.26, 27). Aquí Pablo escribe a creyentes, y él deja claro que un creyente puede darle lugar a Satanás en su vida. No se trata solo del enojo. Sus ataques pueden darse a través de toda clase de asuntos. El diablo va a tratar de usar sus heridas y sus asuntos emocionales no resueltos para sujetar su corazón bajo una fortaleza espiritual. Las heridas que recibimos no son accidentales. Sin duda fue por sugerencia de Satanás que Esteban hizo esa primera promesa de no dejar que nadie se le acercara. Claramente, el diablo aprovechó la oportunidad de la muerte de la madre de Esteban para traer toda esa serie de sentimientos y pensamientos de traición y abandono.

Fue Esteban el que hizo los acuerdos con el enemigo. La gente hace elecciones voluntarias y son responsables ante Dios por esas elecciones. Pero a través de esos acuerdos el maligno aseguró un fortín de playa (un «lugar», usando las palabras de Pablo), y luego esperó la primera oportunidad para obtener mayor dominio. En el caso de Esteban, las heridas no resueltas y la traición ya estaban allí, y cuando se agregaron esas relaciones ilícitas, fue lo que el enemigo precisaba; sin duda que él también tuvo algo que ver en eso. Las puertas de bronce se cerraron sobre el corazón de Esteban, y ahora había tesoros escondidos en la oscuridad.

NO HAY FORMA DE ESCAPAR DE ESTA GUERRA

La historia de Esteban es bastante común. Recuerde, cuando Jesús proclamó su misión de sanar a los quebrantados de corazón y dar libertad a los cautivos, él se estaba refiriendo a *todos* nosotros. Nuestro enfoque del mundo moderno y científico que pertenece al siglo de las luces, simplemente ha descartado la guerra espiritual como una categoría práctica, así que no debería sorprendernos que no podamos ver las fortalezas espirituales después de decir que en realidad no existen. Se requirieron las Cuatro Corrientes para poner en libertad a Esteban, pero la más importante fue la de la guerra espiritual. En el próximo capítulo voy a explicar cómo lo hicimos. Ahora él es libre, y lo digo con agradecimiento. Su corazón ha vuelto a casa. Unos pocos meses después, él me dijo: «Si no hubiéramos usado las Cuatro Corrientes, tal vez hubiera vivido el resto de mi vida en aquella prisión».

Y eso es verdad, queridos amigos. Es probable que hubiera sido así.

Si usted niega la batalla que se libra contra su corazón, entonces el ladrón roba, mata y destruye. Algunos amigos míos comenzaron una escuela cristiana hace algunos años. Era su sueño compartido por casi toda su vida de adultos. Después de años de orar, hablar y soñar, finalmente su sueño se hizo realidad. Entonces llegó el asalto, pero ellos no lo vieron como tal. Al principio, eran «problemas» y «malentendidos». Cuando la situación empeoró, llegó a ser una división entre ellos. Un amigo mutuo les advirtió en cuanto a la guerra espiritual, urgiéndoles que la pelearan como tal. «No», insistieron, «esto es problema de *nosotros*. No vemos las cosas de la misma forma». Lamento informar que esa escuela cerró sus puertas hace unos meses, y los dos ya no se hablan. Se negaron a pelear la guerra espiritual que tenían entre manos, y fueron vencidos. Yo le podría contar muchas, muchas historias como esa.

No hay guerra. Esta es la muy sutil y propagada mentira que nos presenta un enemigo tan familiar para nosotros que ni siquiera lo vemos. Por demasiado tiempo él se ha infiltrado en las filas de la iglesia, y nosotros ni siquiera lo hemos reconocido como tal.

EL ESPÍRITU RELIGIOSO

Estaba leyendo al profeta Jeremías hace algunos meses cuando vi un pasaje que se refiere a Dios como «el Señor Todopoderoso». Para ser honesto, no me resonó. Hay algo demasiado religioso en esa frase; suena como una frase de iglesia, beata. Suena casi como una exclamación de algo que no se puede creer a primera vista. Me encontré con curiosidad de ver qué significaba *en realidad* la frase en hebreo. ¿Habríamos perdido algo en la traducción? Así que me volví a la parte de notas explicativas de la versión que estaba usando en busca de información adicional. He aquí lo que dijeron los editores:

> Debido a que para la mayor parte de los lectores hoy día, las frases «el Señor de los ejércitos» y «el Dios de los ejércitos« tienen poco significado, esta versión las traduce como «el Señor Todopoderoso». Estas expresiones tienen el mismo significado en hebreo, principalmente «el que es soberano sobre todos los 'ejércitos' (poderes) en el cielo y en la tierra, especialmente sobre los 'ejércitos' de Israel».

No, no tienen el mismo significado. Ni siquiera cercano. En el hebreo quiere decir «el Dios del ejército de ángeles», «el Dios del ejército que lucha por Su pueblo». *El Dios que está en guerra.* ¿Acaso la expresión «el Dios Todopoderoso» alude a la idea del «Dios que está en guerra»? Para mí no es así. Tampoco para nadie a quien pregunté lo mismo. Suena como «el Dios que está allá arriba pero que todavía está a cargo de todo». Poderoso, en control. En cambio, «Dios de los ejércitos» suena como el que se remangaría la camisa y tomaría su espada y escudo para destruir las puertas de bronce, para cortar las barras de hierro a fin de rescatarme. Compare estas expresiones: «José es un buen hombre que está en control de la situación» a: «José es un *Navy Seal*» [un marino entrenado especialmente para ataques anfibios]. Cambia la forma en que usted piensa sobre José y sobre lo que él hace. ¿Por qué «la mayor parte de los lectores hoy día» no entienden a Dios como un Dios de ejércitos angélicos? ¿Será porque hemos abandonado un enfoque del mundo como un lugar donde se libra una guerra cósmica? ¿Quién nos vendió esa partida de frases santurronas y huecas que hemos comprado?

A propósito, ¿quién ha mantenido el nuevo pacto tan secreto que la mayor parte de los creyentes todavía creen que sus corazones son malos? Sucedió de nuevo la otra noche a un amigo mío, cuando un líder de su iglesia le dijo: «El corazón es sumamente malvado». Querido Dios, se aferran a esa mentira como una doctrina principal de su *fe*. Decir que su corazón es bueno todavía suena como una herejía. ¿Quién ha lanzado esa campaña de relaciones públicas tan eficaz?

Permítame formularle otra pregunta: ¿Con quién tuvo más problemas Jesús que con cualquier grupo o tipo de persona? ¿Quién comenzó los rumores acerca de él para tratar de desacreditar su ministerio? ¿Quién trataba de colocarlo en situaciones difíciles con preguntas capciosas? Y cuando fue obvio que no podían avergonzarlo o intimidarlo para que «ocupara su lugar», ¿de dónde fue que vino la oposición a Cristo? ¿Quién le pagó a Judas las treinta piezas de plata? ¿Quién fue el que logró que la multitud pidiera a Barrabás cuando Pilato estaba listo para dejar en libertad a Jesús?

La religión y sus defensores siempre han sido los enemigos más insidiosos de la verdadera fe, precisamente porque no son opositores declarados. Son *impostores*. Un pagano declarado es más fácil de refutar que un anciano de su iglesia. Antes que llegara Jesús, los fariseos eran los que llevaban la batuta. Todo el mundo recibía lo que ellos dijeran como si fuera el evangelio, aunque no sonaba como ninguna clase de buena noticia. Pero nuestra lucha no es contra sangre ni carne. Los fariseos y sus hermanos a través de los siglos han sido simplemente actores (la mayor parte de ellos sin saberlo), marionetas y portavoces del enemigo.

Satanás se dio cuenta de que no podía detener a la iglesia. Por cierto que la trató de detener. Trató de matar a Jesús cuando era bebé (Mateo 2.16). Trató de seducirlo cuando fue hombre. Trató de neutralizar su mensaje al hacer que la religión establecida lo desacreditara como un movimiento marginal. Finalmente, hizo que lo crucificaran. Le salió al revés de lo planeado, y de qué manera. A continuación el enemigo trató de detener a la naciente iglesia haciendo que la mayor parte de sus miembros fueran asesinados. También le salió mal la jugada. Si no los puedes vencer, únete a ellos. Infiltra sus filas vestido de ángel de luz (Gálatas 1.8). Luego, lentamente, coloca un velo sobre todo lo que es bueno, hermoso y verdadero. Llévalos cautivos usando su propia religión.

¿Dónde están las Cuarto Corrientes? El espíritu religioso ha convertido el discipulado en un ejercicio de principios que mata el alma. La mayor parte de las personas no saben que pueden caminar con Dios y escuchar su voz. El espíritu religioso ha puesto un estigma en la profesión de los consejeros diciendo que eso es para los que están enfermos, y así las heridas de nuestros corazones nunca son sanadas. Él nos ha robado la sanidad casi por completo, así que nos sentamos en bancas de la iglesia como personas quebrantadas, sintiéndonos culpables porque no podemos vivir la vida que se supone que vivimos. Por último, toma la guerra espiritual y se burla de ella, y también le pone un estigma para que la mayor parte de la iglesia no sepa nada en cuanto a romper fortalezas y dejar libres a los cautivos.

Por último, el espíritu religioso hace casi imposible que una persona pueda ser liberada al propagar la mentira de que *la guerra no existe*. Sea honesto. ¿Cuántos creyentes conoce usted que practiquen la guerra espiritual como una parte normal y necesaria de la vida cristiana? Algunos de mis amigos más queridos se apartan de esta corriente y como que me dan una mirada de preocupación cuando sugiero que hay una guerra que se está librando. «Firmes y adelante, soldados cristianos y huestes de la fe». ¿Está bromeando? Ya no cantamos ese himno, no tanto por seguir la moda musical, sino porque nos sentimos ridículos cantándolo, al igual que cuando nos piden que le cantemos «Cumpleaños feliz» a un desconocido en un restaurante. No lo cantamos porque ha dejado de ser verdad para nosotros. Nos hemos conformado. Nos hemos rendido sin pelear.

Hemos cambiado ese gran himno por un sustituto sutil pero revelador, una canción que se está enseñando a miles de niños en la escuela dominical todas las semanas, que dice algo parecido a esto (cantada en un tono muy alegre y optimista):

> Aunque no marche en la infantería,
> caballería,
> o en la artillería,
> Áunque en avión no vaya volando,
> pero soldado soy.
> ¡Soldado soy de Jesús!

No hay una batalla y no hay una guerra y no hay un enemigo y su vida no está en juego y usted no tiene necesidades apremiantes en esta misma hora, pero está en el ejército del Señor. Sí cómo no. ¿Haciendo *qué?*, le puedo preguntar.

La razón por la cual hablo de esto es que si usted quiere lo que es verdadero, si usted quiere la vida y la libertad que ofrece Jesús, entonces va a tener que alejarse de esta niebla religiosa en particular. «Estad, pues, firmes en la libertad con que Cristo nos hizo libres, y no estéis otra vez sujetos al yugo de esclavitud» (Gálatas 5.1). Aquí le presento una prueba fundamental para exponer a este espíritu religioso: si no trae libertad y no trae vida, no es del cristianismo. Si no restaura la imagen de Dios y el gozo en nuestro corazón, no es del cristianismo.

El ministerio de Jesús es resumido por uno de aquellos que lo conoció mejor cuando Pedro lleva el evangelio a los gentiles: «Dios ungió con el Espíritu Santo y con poder a Jesús de Nazaret, y cómo éste anduvo haciendo bienes y sanando a todos los oprimidos por el diablo, porque Dios estaba con él» (Hechos 10.38). En 1 Juan 3.8 leemos: «Para esto apareció el Hijo de Dios, para deshacer las obras del diablo». La Corriente de la Guerra espiritual fue esencial para la vida y el ministerio de Jesús. Se concluye que debe ser esencial para nuestra vida y ministerio si es que seguimos a Jesús.

CAPÍTULO DIEZ

Cómo se liberan los corazones: integrando las cuatro corrientes

¿Será quitado el botín al valiente?
¿Será rescatado el cautivo de un tirano?
Pero así dice Jehová:
Ciertamente el cautivo será rescatado del valiente,
    y el botín será arrebatado al tirano;
y tu pleito yo lo defenderé,
    y yo salvaré a tus hijos.
Y a los que te despojaron haré comer sus propias carnes,
    y con su sangre serán embriagados como con vino;
y conocerá todo hombre
    que yo Jehová soy Salvador tuyo
    y Redentor tuyo, el Fuerte de Jacob.

—Isaías 49.24-26

Eran dos veces más altos que nosotros y estaban armados hasta los dientes. A través de los visores de sus cascos, sus ojos enormes se veían con una ferocidad terrible. Yo estaba en la posición del medio y un gigante del medio se aproximó a mí. Yo tenía los ojos fijos en su armadura, y no me llevó ni un segundo entrar en el modo de ataque. Me di cuenta de que la armadura de su cuerpo había sido hecha con descuido, y que los bordes de la parte inferior tenían más juego del que era necesario, y esperé que en un instante de suerte, alguna juntura se abriera un poquito, en una parte visible y asequible. Me quedé de pie hasta que él estuvo lo bastante cerca como para apuntarme un tiro con su mazo, el cual ha sido, en todo los siglos, el arma favorita de los gigantes, cuando, por supuesto, salté hacia un lado y dejé que el golpe cayera en el lugar donde yo había estado parado. Lleno de ira, se dirigió hacia mí de nuevo, pero yo lo mantuve ocupado, constantemente eludiendo sus golpes, y así esperé fatigarlo. Él no parecía temer ningún asalto de mi parte, y hasta entonces yo no intentaba ninguno. Al rato, como si se sintiera algo fatigado, hizo una pausa, y se estiró un poco hacia arriba. Yo aproveché para arremeter con pies y manos, y le metí mi espadín por la armadura en su espalda, quité mi mano de la empuñadura, y pasando debajo de su brazo derecho, me di vuelta mientras él caía y corrí hacia él con mi sable. Con un buen golpe, dividí la banda de su casco, la cual cayó, y me permitió darle un segundo corte a través de los ojos, para cegarlo. Después de lo cual le partí la cabeza.

Me quedé parado, extenuado, entre los muertos, después de la primera acción digna de mención en mi vida.

Busqué entre los gigantes y encontré las llaves de su castillo, al cual me dirigí… Puse en libertad a los prisioneros, los caballeros y las damas, y todos los que estaban en mala condición debido a la crueldad de los gigantes. (George MacDonald, *Phantastes*)

SUPERIORIDAD FEROZ

Regresemos un momento a la gloria original, la gloria de Dios dada a nosotros cuando fuimos creados a su imagen. Tanta luz podría iluminar nuestras vidas si pudiéramos explorar aquello para lo cual *fuimos creados* antes de que las cosas comenzaran a marchar mal. ¿Para qué fuimos creados? ¿Cuál fue nuestra descripción original de funciones laborales?

> Entonces dijo Dios: Hagamos al hombre a nuestra imagen, conforme a nuestra semejanza; y señoree en los peces del mar, en las aves de los cielos, en las bestias, en toda la tierra, y en todo animal que se arrastra sobre la tierra. Y creó Dios al hombre a su imagen, a imagen de Dios lo creó; varón y hembra los creó. Y los bendijo Dios, y les dijo: Fructificad y multiplicaos; llenad la tierra y sojuzgadla, y señoread (Génesis 1.26-28).

Señoread. Al igual que un capataz dirige un rancho o como un capitán manda su barco. Mejor todavía, como un rey gobierna en su reino, Dios nos dirige como gobernadores de su dominio. Fuimos creados para ser reyes y reinas (con letra minúscula), de toda la tierra. El erudito hebreo Robert Alter ha estudiado este pasaje muy detenidamente para extraerle sus tesoros semánticos. Él dice que la idea de «señorear» indica un «ejercicio feroz de superioridad». Es activo, comprometido, apasionado. Es *feroz*. Yo creo que este lenguaje probablemente no encaja si es que fuimos creados para cantar todo el día en el coro (mucho menos si la letra dice «Tal vez nunca marche en la infantería»). Pero tiene perfecto sentido si nacimos en un mundo en guerra. Dios dice: «Sé que no va a ser algo fácil. No es la hora de tener escuela dominical. Gobiernen con ferocidad en mi nombre». Fuimos creados para gobernar, así como él, el Dios del ejército de ángeles, reina.

Ahora bien, ¿cuál va a ser nuestro papel en el reino venidero de Dios? ¿Qué tiene él preparado para nosotros en el futuro? Tomemos la parábola de los talentos como un ejemplo. Un hombre se va lejos por un tiempo, y deja a sus siervos el cuidado de sus bienes mientras él se ausenta. Algunos los cuidan, y otros no. Cuando regresa, él recompensa a los que gobernaron bien en su lugar mientras él estuvo ausente dándoles aún mayor autoridad sobre sus bienes. Él dice: «Bien, buen siervo y fiel; sobre poco has sido fiel, sobre mucho te pondré; entra en el gozo de tu señor» (Mateo 25.21). Jesús enseña que en el reino venidero nosotros seremos promovidos a posiciones de autoridad, y que vamos a reinar con él para siempre allí. El peón del rancho es promovido a capataz; el gerente obtiene la vicepresidencia de la oficina; el príncipe se convierte en rey.

Para enfatizar este punto, Jesús sigue esta parábola con otra, una historia acerca de ovejas y cabritos. Las ovejas son los muchachos buenos en esta historia, y su recompensa es en realidad sorprendente: «Venid, benditos de mi Padre, heredad el reino preparado para vosotros desde la fundación del mundo» (Mateo 25.34). No dijo: «Buen trabajo. Vengan ahora a cantar himnos en el cielo para siempre». No, él les da un reino entero para que lo gobiernen, un reino que les ha aguardado desde el comienzo de los tiempos. Este fue el plan que siempre existió. Es por eso que en Apocalipsis 22.5 leemos: «Y ellos [refiriéndose a los santos] reinarán por los siglos de los siglos». Vamos a reinar, precisamente aquello para lo cual fuimos creados.

¿Y mientras tanto? ¿Qué es lo que Dios quiere de nosotros mientras llega ese cumplimiento? Nos está adiestrando para hacer lo que fuimos creados para hacer: Gobernar. En el evangelio de Lucas, capítulo 10, hay una especie de vuelo de prueba para esta idea. Cristo nombra a setenta y dos de sus discípulos, no los apóstoles sino personas comunes y corrientes como usted y yo, para que vayan a preparar el camino para su ministerio. (Esta historia tendrá más sentido para nosotros si recordamos que su ministerio es sanar a los quebrantados y dar libertad a los cautivos). Jesús prepara el escenario diciendo: «Os envío como corderos en medio de lobos»

(10.3). En otras palabras, esto puede ser muy peligroso, no es asistir a una venta de objetos de segunda mano.

Bueno, cuando los setenta y dos regresan, están asombrados por lo que sucedió: «Señor, aún los demonios se nos sujetan en tu nombre» (v. 17). Cristo les da a sus seguidores su autoridad, y ellos van a poner en libertad a los cautivos. Jesús escucha atentamente el informe de ellos y luego dice: «Yo veía a Satanás caer del cielo como un rayo» (v. 18). En otras palabras: «¿Lo ven, muchachos? ¡Funciona! *¡Funciona!* ¡Satanás tiene los días contados!» Pero la batalla no ha terminado, apenas comienza a entrar en calor. Luego Jesús continúa diciendo: «Os doy potestad… sobre toda fuerza del enemigo» (v. 19). Hay más para hacer. Esta es solamente una prueba. Después de su resurrección, Jesús nos envía a *todos* a hacer lo que él hizo: «Como me envió el Padre, así también yo os envío» (Juan 20.21). Y él nos da su autoridad para hacer el trabajo: «Toda potestad me es dada en el cielo y en la tierra. Por tanto, id» (Mateo 28.18, 19). ¿Por qué nos daría su autoridad si no se supone que debemos *usarla?*

La actitud de tantos creyentes hoy en día es cualquier cosa menos feroz, valiente. Somos pasivos, aceptamos todo. Actuamos como si la batalla ya hubiera terminado, como si la oveja y el lobo fueran buenos amigos. Hemos hecho arados de las espadas mientras el maligno desciende sobre nosotros. Hemos aceptado la mentira del espíritu religioso que dice: «Tú no precisas pelear con el enemigo. Deja que Jesús lo haga». Eso es una necedad, y no es bíblico. Es como si un soldado raso en Vietnam dijera: «Mi comandante va a luchar por mí. No es necesario que yo tire ni un tiro». La Biblia nos *manda* «resistir al diablo, y él huirá» de nosotros (Santiago 4.7). También dice: «Vuestro enemigo, el diablo, como león rugiente, anda alrededor buscando a quien devorar, al cual resistid firmes» (1 Pedro 5.8, 9); «Pelea la buena batalla» (1 Timoteo 6.12); «Libra a los que son llevados a la muerte» (Proverbios 24.11).

De verdad, esta mañana un hombre me dijo: «Nosotros no debemos pelear contra el enemigo. Jesús ya ha ganado por nosotros». *Sí,* él ha ganado la victoria sobre Satanás y su reino. Sin embargo, la batalla no ha terminado. Fíjese en 1 Corintios 15.24, 25: «Luego el fin, cuando entregue el reino al Dios y Padre, cuando haya suprimido todo dominio, toda autoridad y potencia. Porque preciso es que él reine hasta que haya puesto a todos sus enemigos por estrado de sus pies» (1 Corintios 15.24, 25). *Después* que haya destruido el resto de las obras del enemigo. *Hasta* entonces, él debe reinar trayendo a sus enemigos bajo sus pies. Jesús todavía está en guerra, y él nos llama a que nos unamos a él.

Leanne Payne cuenta una historia de la vida de Catalina de Siena que le ayudó a ella a ver la batalla por su propio corazón y la preparó para luchar con arrojo en ella. Catalina había ido a un lugar secreto a orar:

Cuando comenzó a orar, sus oídos fueron asaltados con palabras blasfemas, y ella clamó a Dios: «Oh, mira, Señor, vine aquí para entregarte mi día. Ahora fíjate en lo que está pasado». Y el Señor le dijo: «¿Te agrada esto, Catalina?» «Oh, no Señor», le dijo ella. Y el Señor dijo: «Es porque yo moro en ti que esto te desagrada». Esas palabras me trajeron una comprensión instantánea de mi lucha… Yo también supe que el problema no era un estado o condición de mi mente o corazón, sino que era un acoso desde afuera, del acusador de mi alma. Supe sin ninguna sombra de duda que: «Mayor es el que está en vosotros que el que está en el mundo». Entonces clamé a Dios: «Quítala, Señor. Manda lejos esta cosa sucia y horrible». Pero el Señor me dijo: «No, hazlo tú». Entonces aprendí sobre la autoridad espiritual. Centrada en Dios y él en mí, tomé autoridad sobre el espíritu maligno cuando se manifestó y le ordené que se fuera. Después de varios meses de hacer lo mismo, un adiestramiento enfocado en moverme desde el centro de mi corazón donde Jesús mora, yo fui completamente libre de este acoso.

En primer lugar fíjese que la victoria llegó cuando ella se dio cuenta de que esos terribles pensamientos *no* eran de ella; su corazón es bueno. El asalto vino desde *afuera*, del enemigo. Este es el punto en que cambiamos de rumbo, cuando comenzamos a operar como si el corazón fuera tan bueno como es en realidad, y estamos en guerra. Segundo, fíjese que Jesús le dijo *a ella* que lo enviara afuera. «Hazlo tú». *Nosotros* debemos ejercer nuestra autoridad en Cristo. *Nosotros* debemos resistir. Finalmente, fíjese que se requirieron varios meses de guerra para lograr la victoria final. Durante ese periodo, ella no estaba echando a perder las cosas, ni tampoco Dios le estaba reteniendo algo. Era su *adiestramiento*. Fuimos hechos para gobernar. Debemos aprender a hacerlo. La guerra espiritual es una parte grande de nuestro adiestramiento.

PONIENDO EN LIBERTAD A LOS CAUTIVOS

Permítanme volver ahora a la historia de Esteban y usarla para mostrar cómo las Cuatro Corrientes operan juntas para ponernos en libertad. Usted recordará que primero yo le pedí a Esteban que me contara su historia. Necesitamos escuchar la historia de una persona para obtener comprensión y contexto de lo que está sucediendo en su corazón y vida. Esta es la corriente del asesoramiento. Siempre escucho con mucha atención cuando me hablan de las heridas, de la forma incorrecta en que las manejamos, y para ver en qué lugar se entremetió el enemigo. Las heridas de Esteban tenían un tema específico y claro (como lo tienen las nuestras). En su caso, fue traición y abandono.

Pero hay otro aspecto de la evidencia que a menudo pasamos por alto. Cuando comenzamos a ayudar a Esteban, dentro de mí había una fuerte inclinación a dejarlo por completo, una sensación vaga pero fuerte que se sentía como: *Vamos, John. Esto no vale la pena. Tú no lo puedes ayudar. Retírate.* En otras palabras, traiciónalo y abandónalo. El enemigo siempre va a tratar de lograr que usted le haga lo mismo que él le está haciendo a la persona. He visto esto *tantas* veces. Una mujer entró a mi oficina e inmediatamente sentí ese impulso hacia la lujuria que me decía *úsala, está disponible.* Su historia se centraba en el abuso sexual. Allí es donde el enemigo tenía una fortaleza en su vida. Un hombre que me vino a ver tenía un fuerte impulso hacia ser afeminado. *Desprécialo* fue lo que sentí, y me llevó un enorme esfuerzo consciente no hacerlo. Hay un campo gravitatorio que el enemigo crea alrededor de una persona que inclina a todas las personas en su vida a hacer lo que él le está haciendo a ella. Advertencia, no es usted, y estar consciente de esto conduce a un diagnóstico *muy* útil.

Oramos y escuchamos a Dios en cuanto a Esteban, escuchando a Dios, caminando con Dios a través del proceso completo, como sus discípulos. Jesús confirmó que había espíritus de traición y de abandono que asfixiaban su corazón, junto con un espíritu de desolación. (Cada vez que alguien pierde completamente su sentido de Dios, no puede adorar, no puede orar, pierde la fe, y la desolación usualmente es parte del asunto).

Sí, los espíritus tienen personalidades y funciones específicas. Miguel (cuyo nombre significa «¿Quién es como Dios?») es un arcángel, el capitán de las huestes del Señor, con tareas específicas en cuanto a proteger a los que pertenecen a Dios (Apocalipsis 12.7; Daniel 10.13, 21). El nombre de Gabriel significa «hombre fuerte de Dios», y con frecuencia se le asignan funciones de mensajero (Daniel 8.16; Lucas 1.19, 26). Los ángeles caídos tienen cualidades similares, pero obviamente torcidas para hacer el mal. Jesús reprende un «espíritu mudo y sordo» de un muchacho, una legión de un hombre atormentado (Marcos

1.5-13). Pablo mandó salir un espíritu de adivinación de una muchacha (Hechos 16.18).

Sé que hoy en día existe mucho debate sobre el asunto de si un creyente puede estar «poseído» por un demonio. Yo no estoy diciendo que Esteban estuviera poseído. Lo que digo es que había enemigos espirituales presentes en su vida que estaban dispuestos *contra* él, tratando de hacer una reclamación ilegal sobre su vida. En Efesios, Pablo enseña que los asuntos emocionales que no han sido resueltos pueden crear fortalezas espirituales en nuestras vidas: «Airaos, pero no pequéis; no se ponga el sol sobre vuestro enojo, ni deis lugar al diablo» (4.26, 27). La expresión significa mucho más que oportunidad. «Lugar» conlleva un sentido de influencia, en muchos casos una influencia bastante fuerte. Algunas versiones traducen la palabra como «lugar», otras dicen «cabida». Pablo no escribe acerca de inconversos, claramente habla aquí a creyentes y está dejando en claro que podemos darle cabida a influencias demoníacas en nuestra vida.

Es por eso que antes de que pudiéramos ir contra esos enemigos en el corazón de Esteban, primero él tuvo que confesar su parte en este asunto. Dios respeta nuestra voluntad (recuerde lo que le dijo Dios a Catalina: «Hazlo tú»). Esteban tuvo que renunciar al voto que había hecho cuando era joven de nunca dejar que nadie se acercara a él de nuevo. Los votos que se hacen en la niñez son muy peligrosos porque actúan como acuerdos mayores con el enemigo, le dan permiso para que entre a alguna parte de nuestras vidas. Esteban también tuvo que confesar la amargura que sentía hacia Dios por no salvar a su madre, y hacia esos dos hombres que lo habían traicionado. La amargura es un ejemplo de «dejar que el sol se ponga» sobre un asunto, y de darle cabida o lugar al diablo. Al traer esos pecados bajo la sangre de Cristo, el enemigo perdió su lugar ventajoso (Colosenses 2.13-15; Apocalipsis 12.11).

El apóstol Pedro nos enseña que debemos resistir al diablo, porque «como león rugiente, anda alrededor buscando a quien devorar»

(1 Pedro 5.8). No simplemente tentar, sino *devorar*. Esa idea tiene un sentido nocivo, perverso, como algo que «daña de verdad». El diablo nos hiere con todo lo que tiene, y Pedro continúa aclarando que entre los «quienes» están incluidos los creyentes, porque esto es lo que debemos hacer: «Al cual [al diablo] resistid firmes en la fe, sabiendo que los mismos padecimientos se van cumpliendo en vuestros hermanos en todo el mundo» (v. 9). Él escribe a creyentes y usa a otros creyentes como ejemplos de que nosotros podemos ser y seremos asaltados espiritualmente, y algunas veces de maneras horrorosas. *Debemos* resistir.

Había llegado la hora de ser fieros. La hora de sumergirse en la corriente de la guerra. Usted notará que algunas veces Jesús había dado órdenes a los espíritus usando una voz fuerte (Lucas 4.35). De hecho, cuando primero trató de liberar al hombre que tenía una Legión, los demonios no salieron, y ¡*Cristo* era quien estaba dando las órdenes! Él tuvo que obtener más información, como sucedió en aquel caso, el nombre y número de demonios presentes (Marcos 5.1-13).

Sé que liberar a la gente de la opresión demoníaca puede parecer muy extraño en nuestro mundo moderno y científico, pero ha sido una parte normal del ministerio cristiano desde que Jesús nos diera el ejemplo y fuera nuestro modelo. (Recuerde que las cosas no son lo que parecen. Estamos en guerra). Los discípulos también lo hicieron una parte esencial del ministerio de ellos. «Y aun de las ciudades vecinas muchos venían a Jerusalén, trayendo enfermos y atormentados de espíritus inmundos; y todos eran sanados» (Hechos 5.16). También los padres de la iglesia primitiva cristiana lo vieron como una parte esencial de su ministerio. Escuche esta oración, una de las muchas oraciones pidiendo liberación escrita por Juan Crisóstomo, arzobispo de Constantinopla:

Satanás, el Señor te reprenda por Su maravilloso nombre. Estremécete, tiembla, teme, vete, sé completamente destrozado, ¡desaparece! Tú que caíste del cielo, y junto a ti cayeron todos los espíritus malos: todos los espíritus malos de lujuria, el espíritu del mal, el espíritu en la imaginación, y todos los espíritus a los que nos enfrentamos… o aquel que altera la mente del hombre. ¡Vete inmediatamente de esta criatura del Creador Cristo nuestro Dios! Y aléjate de este siervo de Dios, de su mente, de su alma, de su corazón, de sus entrañas, de sus sentidos, de todos sus miembros, para que pueda ser restaurado y sano y libre, en su conocimiento de Dios.

Fíjese que Crisóstomo está reprendiendo espíritus malos llamándolos por su nombre, a favor de un creyente («este siervo de Dios»). Uno por uno, nosotros trajimos la autoridad de Jesucristo, quien es el Señor, y la plenitud de su cruz, resurrección y ascensión, contra los tres espíritus malignos que estaban contra Esteban. Les ordenamos que dejaran el derecho que tenían sobre él, y que fueran a su juicio en el nombre de Jesús. Después de una feroz batalla, se fueron y Esteban fue liberado.

Pero ese no fue el final del trabajo para Esteban.

Luego volvimos al asunto de su corazón quebrantado. Nos movimos de la Corriente de la Guerra espiritual a la Corriente de la Sanidad, porque dejar esos lugares sin sanidad es invitar al enemigo a que regrese en otra forma, otro día. Oramos por Esteban de la forma que expliqué al final del capítulo 8, trayendo los pedazos rotos de su corazón a la presencia sanadora de Jesús. Fue dramático, fue hermoso, y *dio resultado*. Ahora él ha vuelto a escribir música, a escuchar la voz de Dios, y ya comenzó otro grupo de estudio bíblico. Él está libre.

QUINCE MINUTOS A LA LIBERTAD

Con cada mañana mi vida otra vez debe romper
la caparazón del yo que allí está;

que el viento de tu Espíritu pueda entrar y quitar
la oscuridad que hay en mí, y desgarrar la malla
que los espíritus ponen en la carne,
ansiosos de atrapar el alma antes que despierte,
para que yazca en una mentira somnolienta
y escuche a la serpiente.

(George MacDonald)

Hace algunos años, cuando Stasi y yo comenzamos a despertar y abrir nuestros ojos a la batalla espiritual que se libraba contra nosotros y los que amamos, ella dijo: «Las oraciones cortas y rápidas ya no van a dar resultado». Estoy sonriendo y sacudiendo la cabeza al recordar esto. Qué cierto fue y qué cierto ha llegado a ser. Si nosotros queremos hacer lo que hizo Jesús, sanar a todos los que están bajo el poder del diablo, y si queremos encontrar la vida que él nos ofrece, tenemos que pelear para lograrlo. Pelear con ferocidad como él lo hizo. Aquí es donde estamos en el desarrollo de esta gran Historia.

Toda la guerra espiritual sigue el simple modelo o patrón que aprendemos en Santiago 4.7: someterse y resistir. Siempre comenzamos sometiéndonos a Cristo, y luego resistiendo lo que sea que haya venido contra nosotros o aquellos que amamos. He encontrado que es mejor hacer esto diariamente. Hay una calidad de «algo diario» en nuestro caminar con Dios que sigue estos temas. Así que lo que ofrezco aquí es un caminar a través de la oración que Stasi y yo, y nuestro equipo ministerial, oramos todos los días. La voy a explicar a medida que avanzamos, para ayudarle a entender por qué oramos así. Esta *no* es una fórmula, es un modelo, un *ejemplo*. Tal vez parezca un poco más complicada que la oración que elevamos con rapidez a Dios mientras salimos corriendo por la puerta, pero lo prometo que estos son quince minutos hacia la *libertad*. Las oraciones cortas y rápidas ya no van a dar resultado.

Primero, tenemos que *optar por* permanecer en Cristo. No es algo que sucede automáticamente, y de eso depende que no perdamos la conexión con nuestra cabeza (Colosenses 2.19). No tiene que ver con una pérdida de la salvación, sino una pérdida de esa conexión íntima con la Vid a través de la cual recibimos su vida. Todas las mañanas nosotros presentamos y sometemos nuestras vidas completamente a Cristo y bajo su señorío. Es importante consagrar nuestro ser total a Cristo: cuerpo (Romanos 12.1), alma (Lucas 10.27), y espíritu (1 Corintios 6.17.

> *Querido Señor Jesús, vengo a ti ahora para ser restaurado en ti, para renovar mi lugar en ti, mi compromiso contigo, y para recibir de ti toda la gracia y la misericordia que tanto necesito hoy. Te honro como mi soberano Señor, y entrego todos los aspectos de mi vida total y completamente a ti. Te doy mi cuerpo en sacrificio vivo, te doy mi corazón, mi mente, mis fuerzas; y también te doy mi espíritu.*

Bien, después de habernos consagrado, limpiamos nuestras vidas con la sangre de Cristo, un arma muy poderosa en esta guerra que lava y quita nuestros pecados y los pecados de otros en contra de nosotros (1 Juan 1.9). También desarma a Satanás (Apocalipsis 12.11). Luego, todo el ámbito espiritual opera bajo niveles de autoridad, así que a medida que nosotros asumimos nuestro lugar bajo el señorío de Cristo, extendemos nuestra autoridad y cubrimos a aquellos que están bajo nosotros. Tal vez recuerde cómo Jesús se sorprendió por la fe del centurión: «De cierto os digo, que ni aun en Israel he hallado tanta fe» (Mateo 8.10). ¿Sabe usted qué fue lo que el centurión entendió? La *autoridad*.

> *Me cubro con tu sangre, cubro mi espíritu, mi alma y mi cuerpo. Pido a tu Espíritu Santo que restaure mi unidad contigo, me selle en ti, y me guíe en este tiempo de oración. En todo por lo que ahora me*

dispongo a orar [mi esposa y/o mis hijos, por nombre]. Actuando
como cabeza de ellos, por favor tráelos bajo mi autoridad y cobertu-
ra, y yo me someto bajo tu autoridad y cobertura. Espíritu Santo,
aplícales todo lo que pida en oración por ellos.

Las maneras principales en las que concedemos derechos al enemigo en nuestras vidas son el pecado y hacer acuerdos con él. La
mayor parte de nuestros pecados caen en la categoría del orgullo
(independencia de Dios, autosuficiencia), e idolatría (darle nuestra
devoción o nuestro temor o cualquier parte de nuestro corazón a
algo que no sea Dios). En esta parte de la oración nos humillamos
declarando el lugar que le corresponde a Dios en nuestras vidas, y le
pedimos que nos escudriñe para poder confesar cualquier pecado o
acuerdo que hayamos hecho con el enemigo y de lo cual quizá no
seamos conscientes.

> *Querido Señor, santa y victoriosa Trinidad, tú solo eres digno de*
> *mi adoración, de la devoción de mi corazón, de toda mi alabanza y*
> *mi confianza y de la gloria de mi vida. Te adoro, me inclino ante ti,*
> *y me entrego a ti otra vez en mi búsqueda por la vida verdadera. Tú*
> *solo eres Vida, y tú te has convertido en mi vida. Renuncio a todos los*
> *otros dioses, todos los ídolos, y te doy a ti el lugar en mi corazón y en*
> *mi vida que verdaderamente mereces. Confieso aquí y ahora que*
> *todo gira en torno a ti, Dios, y que esto no se trata de mí. Tú eres el*
> *héroe de esta historia, y yo te pertenezco. Perdóname, Dios, perdona*
> *cada uno de mis pecados. Escudriña todo mi ser, y revélame cual-*
> *quier aspecto de mi vida que no te agrade. Expone cualquier acuerdo*
> *y concesión que haya hecho, y concédeme la gracia de un arrepenti-*
> *miento profundo y verdadero.*

Dios es Trinidad, y nosotros debemos aprender a relacionarnos
con él de esa forma. Comenzamos con nuestro Padre, quien ha

hecho tanto por nosotros en Jesucristo. Parte de la estrategia mediante la cual los santos vencen al maligno en Apocalipsis 12.11 es «por la palabra del testimonio de ellos». Es muy poderoso declarar nuevamente lo que es verdad, lo que Dios es para nosotros y lo que ha hecho por nosotros. Hay mucha Escritura en esta oración, y he agregado notas, las que usted va a encontrar al final de este capítulo, para no distraernos de la oración. Pero le será valioso leer esos pasajes alguna vez.

> *Padre celestial, gracias por amarme y elegirme antes de que hicieras el mundo.[1] Tú eres mi Padre verdadero, mi Creador, mi Redentor, mi Sustentador, y el fin verdadero de todo, incluyendo mi vida. Te amo, confío en ti, te adoro. Gracias por probar que me amas al enviar a tu Hijo unigénito, Jesús, para que sea mi sustituto y representante.[2] Lo recibo y recibo toda su vida y todo lo que hizo, lo cual tú ordenaste para mí. Gracias por incluirme en Cristo,[3] por perdonar mis pecados,[4] por concederme su justicia,[5] por hacerme completo en él.[6] Gracias por darme vida juntamente con Cristo,[7] resucitándome con él,[8] sentándome a su diestra,[9] concediéndome su autoridad,[10] y ungiéndome con su Espíritu Santo.[11] Recibo todo esto con agradecimiento y le concedo todos los derechos sobre mi vida.*

Ahora nos volvemos al Hijo y a sus tres grandes obras hechas por nosotros, comenzando con la cruz. Hay tanto más que la cruz ha logrado además de nuestro perdón, pero los constantes ataques mentirosos del enemigo nos agotan al pasar el tiempo y olvidamos que es verdad. Al entrar en la obra de Cristo diariamente, nos apropiamos de forma renovada de todo lo que él ha hecho por nosotros. Después de todo, Cristo nos dijo que tomemos nuestra cruz diariamente, porque debemos hacer «morir las obras de la carne» (Lucas 9.23, Romanos 8.13).

Jesús, gracias por venir en mi lugar, por rescatarme con tu propia vida.[12] *Te honro como mi Señor; te amo, te adoro y confío en ti. Te recibo sinceramente como mi Redentor, y recibo toda la obra y triunfo de la crucifixión; por lo tanto soy limpio de todo pecado por tu sangre derramada,*[13] *mi vieja naturaleza ha sido quitada,*[14] *mi corazón ha sido circuncidado para Dios,*[15] *y cualquier derecho que esté siendo reclamado contra mí, queda desarmado.*[16] *Tomo mi lugar en tu cruz y en tu muerte, y por lo tanto he muerto contigo al pecado y a la carne,*[17] *al mundo,*[18] *y al maligno.*[19] *Estoy crucificado con Cristo, y he crucificado mi carne con todas sus pasiones y deseos.*[20] *Tomo mi cruz y crucifico todo su orgullo, incredulidad e idolatría. Dejo al hombre viejo.*[21] *Ahora traigo la cruz de Cristo entre yo y toda la gente, todos los espíritus, todas las cosas. Espíritu Santo, aplica a mí (mi esposa y/o mis hijos) la plenitud de la obra de la crucifixión de Jesús por mí. La recibo con agradecimiento y le doy todos los derechos sobre mi vida.*

Habiendo dejado el hombre viejo, nuestra responsabilidad es que nos pongamos el nuevo (Efesios 4.24). La resurrección fue motivo de asombro durante los primeros siglos de la iglesia. Los creyentes la vieron como un hecho indispensable para poder vivir la vida cristiana. Es *vida* lo que él prometió y es *vida* lo que nosotros necesitamos. La resurrección nos da esa vida. Qué maravilloso es comenzar a descubrir que a través del poder de la vida de Cristo en nosotros, *somos* salvos por su vida (Romanos 5.10). Ciertamente reinamos en vida por medio de él (Romanos 5.17).

Jesús, también con sinceridad te recibo como mi nueva vida, mi santidad y santificación, y recibo toda la obra y triunfo de tu resurrección, por la cual he sido resucitado contigo a una nueva vida,[22] *a andar en novedad de vida, muerto al pecado y vivo para*

Dios.[23] *Estoy crucificado con Cristo, y ya no soy yo el que vive sino que Cristo vive en mí.*[24] *Ahora yo tomo mi lugar en tu resurrección, por lo tanto he sido hecho vivo en ti,*[25] *y reino en la vida a través de ti.*[26] *Ahora me visto del nuevo hombre en toda su santidad y humildad, en toda su justicia y pureza y verdad. Ahora Cristo es mi vida,*[27] *el que me fortalece.*[28] *Espíritu Santo, aplica a mí [mi esposa y/o mis hijos] la plenitud de la resurrección de Cristo por mí. La recibo con agradecimiento y le doy todos los derechos a mi vida.*

Finalmente, nos volvemos a la ascensión de Cristo, por la cual le fue entregada toda la autoridad en el cielo y en la tierra. Por la gracia de Dios, compartimos esa autoridad con Jesús. Fue Adán el que la perdió, y fue Cristo quien la recuperó. Satanás y sus emisarios apoyan gran parte de su trabajo en el hecho de que los creyentes no saben del poder y la autoridad que ahora tienen en Cristo. Cuando comenzamos a ejercitar esa superioridad con fiereza de guerreros, todo comienza a cambiar.

Jesús, también con sinceridad te recibo como mi autoridad y señorío, mi eterna victoria sobre Satanás y su reino, y recibo toda la obra y el triunfo de tu ascensión, por la cual Satanás ha sido juzgado y echado fuera,[29] *sus dominios y autoridades han sido desarmadas.*[30] *Toda autoridad en el cielo y en la tierra te ha sido dada a ti, Jesús,*[31] *y yo he recibido plenitud en ti, la Cabeza de todos.*[32] *Tomo mi lugar en tu ascensión, por la cual he sido levantado contigo a la diestra del Padre y establecido contigo en toda autoridad.*[33] *Traigo tu autoridad y el gobierno de tu reino a mi vida, mi familia, mi casa, y mi dominio.*

Y ahora traigo la plenitud de tu obra, tu cruz, tu resurrección y tu ascensión, contra Satanás, contra su reino, y contra todos sus emisarios y la obra de ellos contra mi dominio. Más grande es el que está en mí que el que está en el mundo.[34] *Cristo me ha dado autoridad para vencer todos los poderes del maligno, y yo reclamo esa autoridad* ahora sobre y contra cada enemigo, y los hago desaparecer en el nombre de Jesucristo.[35] *Espíritu Santo, aplica a mí [mi esposa y/o mis hijos] la plenitud de tu obra de la ascensión de Cristo para mí. La recibo con agradecimiento y le doy todos los derechos a mi vida.*

Ahora acudimos al tercer miembro de la Trinidad, el Espíritu Santo, puesto que la Biblia dice: «Porque el Señor es el Espíritu, y donde está el Espíritu del Señor, allí hay libertad» (2 Corintios 3.17). Queremos toda la libertad que el Espíritu del Señor nos da, y queremos toda su obra en nuestra vida. Así que le honramos como Señor, y elegimos andar con él todo el tiempo. Usted no tiene que ser pentecostal para apreciar todo lo que el Espíritu Santo puede hacer por nosotros. Personalmente, no me considero carismático, pero sí necesito y quiero todo lo que el Espíritu de Dios me ofrece. Después de todo, Cristo nos dio el Espíritu a nosotros en Pentecostés (Hechos 2).

Espíritu Santo, te recibo sinceramente como mi Consejero, mi Consolador, mi Fortaleza y mi Guía.[36] Gracias por sellarme en Cristo.[37] Te honro como mi Señor y te pido que me guíes a toda verdad, que me unjas en mi vida y mi caminar y mi llamado, y que me guíes más profundamente a Jesús el día de hoy.[38] Te abro mi vida totalmente en cada dimensión y aspecto, mi cuerpo, mi alma, mi espíritu, porque elijo ser lleno con tu plenitud, y caminar contigo en todas las cosas.[39] Aplícame, bendito Espíritu Santo, toda la obra y todos los dones de Pentecostés.[40] Lléname de nuevo, bendito Espíritu Santo. Te recibo con agradecimiento y te doy todos los derechos a mi vida [y la de mi esposa y/o mis hijos].

Habiéndole dado al trino Dios el lugar que le corresponde en nuestras vidas, y habiendo recibido todo lo que Dios tiene para nosotros, ahora pasamos a algunos preparativos finales para el día:

Padre celestial, gracias por concederme toda bendición espiritual en los lugares celestiales en Jesucristo.[41]

Recibo esas bendiciones en mi vida hoy, y le pido al Espíritu Santo que traiga todas esas bendiciones a mi vida hoy. Gracias por la sangre de Jesús. Lávame una vez más con su sangre de todo pecado, mancha y cosa maligna. Me pongo tu armadura, el cinto de la verdad, la coraza de justicia, me calzo con el apresto del evangelio de la paz y me pongo el yelmo de la salvación. Tomo el escudo de la fe y la espada del Espíritu, la Palabra de Dios, y en el poder de Dios, empuño estas armas contra el maligno. Decido orar en todo tiempo en el Espíritu, para ser fuerte en ti, Señor, y en todo tu poder.[42]

Padre, gracias por tus ángeles. Los llamo en la autoridad de Jesucristo y los envío a la guerra por mí y por mi casa.[43] *Que me guarden hoy a toda hora. Gracias por las personas que oran por mí; confieso que necesito sus oraciones, y te pido que envíes tu Espíritu y los despiertes, los unas al levantar toda la cobertura de oración e intercesión por mí.*[44] *Reclamo todo el reino del Señor Jesucristo hoy en toda mi casa, mi familia, mi vida y mi dominio. Oro esto en el nombre de Jesucristo, con toda la gloria y el honor, y le doy gracias a él.*

Hace varios años que nosotros hemos estado orando de esta forma. Cada vez que lo hacemos, es como si una niebla se disipara, las nubes se levantaran, y de pronto, la fe es obvia, Dios está cerca, vemos nuevamente, y podemos respirar. Déle una semana o dos, y usted verá. Para su conveniencia, esta oración ha sido duplicada al final del libro, en su totalidad pero sin las notas. Caminar en la corriente de la guerra espiritual lo acercará más a Cristo, porque no hay ningún otro lugar seguro en el cual habitar. Lo hará santo porque usted encontrará que el enemigo se tratará de apoderar de cualquier puerta abierta, casi como cuando se realiza una campaña para elegir un presidente. Los contrincantes investigan los detalles más recónditos, y buscan sus viejos expedientes y archivos por cielo y tierra. Cuando el ataque llega, será motivo para que se santifique aun más profundamente, que cierre las puertas, que rompa los acuerdos. Además va a profundizar su aprecio por la obra de Cristo en su favor. Él no lo ha dejado solo a usted; él cumplió su promesa de una forma maravillosa.

En la segunda película de la trilogía «El Señor de los Anillos», que se llama «Las dos torres», hay un rey que está renuente para ir a la guerra. Thoeden, el señor de los guerreros de Rohan, es temeroso y tímido. Un ejército está marchando por sus tierras, un ejército que tiene un solo propósito: Raer a los hombres del mundo. Caen aldeas; las mujeres y los niños son asesinados. Y todavía Thoeden pone obstáculos: «No me voy a arriesgar a declarar guerra». «La guerra declarada está sobre ti», le dice Aragorn, «ya sea que te arriesgues o no». Mientras miraba esta escena, no pude dejar de pensar en la iglesia. Me dio mucha tristeza. Amo a la novia de Cristo y detesto verla cautiva de cualquier forma que sea. *La razón principal* por la cual la mayor parte de la gente no ve la libertad y la vida que Cristo prometió es que no van a luchar por ella, o se les ha dicho que no luchen por ella. Amigos, estamos ahora en medio de una batalla épica, una guerra brutal y terrible contra un enemigo que sabe que le queda poco tiempo. La guerra declarada está sobre usted, ya sea que se arriesgue o no a pelearla.

NOTAS

1. Efesios 1.4.
2. Romanos 5.8.
3. 1 Corintios 1.30.
4. Colosenses 2.13.
5. 2 Corintios 5.21.
6. Colosenses 2.10.
7. Colosenses 2.13.

8. Colosenses 3.1.

9. Efesios 2.6.

10. Lucas 10.19; Efesios 2.6.

11. Efesios 1.13.

12. Mateo 20.28.

13. 1 Juan 1.9.

14. Colosenses 2.11.

15. Romanos 2.29.

16. Colosenses 2.15.

17. Romanos 6.11.

18. Gálatas 6.14.

19. Colosenses 1.13.

20. Gálatas 2.20.

21. Efesios 4.22.

22. Romanos 6.4.

23. Romanos 6.11.

24. Gálatas 2.20.

25. Efesios 2.5.

26. Romanos 5.17.

27. Colosenses 3.4.

28. Filipenses 4.13.

29. Juan 12.31.

30. Colosenses 2.15.

31. Mateo 28.18.

32. Colosenses 2.10.

33. Efesios 2.6.

34. 1 Juan 4.4.

35. Lucas 10.19.

36. Juan 14.16; Hechos 9.31.

37. Efesios 1.13.

38. Juan 15.26; 16.13.

39. Gálatas 5.25.

40. Efesios 4.8.
41. Efesios 1.3.
42. Efesios 6.10-18.
43. Hebreos 1.14.
44. 2 Corintios 1.8-11

CUARTA PARTE

El camino del corazón

Despierta, corazón,
tu Señor ha resucitado.

—George Herbert

Si todo esto es cierto (y lo es), hay algunas implicaciones profundas y urgentes. Es probable que muchas de ellas ya hayan comenzado a ocurrirle, pero hay dos que debo exponer.

Tal vez usted recuerde que los primeros cristianos fueron llamados «los del Camino» (Hechos 9.2; 18.25, 26). Ellos habían encontrado el Camino de Vida y se habían entregado por completo a él. Vivían unidos, estaban unidos, peleaban unidos y celebraban unidos. Eran aliados íntimos; era una comunidad del corazón. Qué maravilloso sería si nosotros pudiéramos encontrar lo mismo. Qué peligroso será si no lo hacemos.

Finalmente, permítame formularle una pregunta: ¿En qué forma diferente viviría usted si creyera que su corazón es el tesoro del reino? Por cuanto estamos en guerra, es indiscutible que el asunto de guardar el corazón es el asunto más serio del mundo. Es precisamente porque no sabemos lo que traerá la próxima vuelta de la página que nutrimos nuestros corazones *ahora*, sabiendo por lo menos esto: vamos a necesitar todo nuestro corazón para lo que viene a continuación. Por sobre todas las cosas, debe cuidar su corazón. Porque sin su corazón… bueno, eche una mirada a su alrededor.

CAPÍTULO ONCE

LAS COMUNIDADES DEL CORAZÓN

La multitud de los que habían creído era de un corazón.

—LUCAS, EL MÉDICO (HECHOS 4.32)

Elrond llamó a los hobbits para que vinieran a él. Miró a Frodo con seriedad. «El tiempo ha llegado», dijo él.

«La Compañía del Anillo deberá ser compuesta por Nueve; y los Nueve Caminantes se enfrentarán a los Nueve Jinetes que son malvados. Contigo y con tu siervo fiel, irá Gandalf; porque esta será su tarea más grande, y tal vez el fin de sus labores. Para el resto, ellos representarán a la otra Gente Libre del Mundo: Elfos, Enanos y Hombres. Legolas será por los Elfos, y Gimli hijo de Glóin, por los Enanos. Están dispuestos a ir por lo menos hasta los pases de las Montañas, y tal vez más allá. En representación de los hombres tendrás a Aragorn, hijo de Arathorn, porque el Anillo de Isildur le concierne muy de cerca».

«Trancos», gritó Frodo». «Sí», dijo él con una sonrisa. «Pido tu licencia para que me dejes ser tu acompañante una vez más, Frodo». «Yo te habría rogado que vinieras». Le dijo Frodo, solo que pensé que tú ibas a Minis Tirith con Boromir». «Sí», dijo

Aragorn. «Y la espada que estuvo rota va a ser vuelta a forjar antes que yo vaya a la guerra. Pero tu camino y nuestro camino van juntos por muchos cientos de millas. Por lo tanto Boromir también va a estar en la Compañía. Él es un hombre valiente».

«Faltan dos que deben ser encontrados», dijo Elrond. «A estos voy a considerar. De mi casa voy a encontrar algunos que me parezcan buenos para enviar». «Pero eso no va a dejar lugar para nosotros», exclamó Pippin con desaliento. «No queremos ser dejados atrás. Queremos ir con Frodo». «Eso es porque ustedes no entienden ni se pueden imaginar lo que les espera por delante», dijo Elrond. «Tampoco lo sabe Frodo», dijo Gandalf, apoyando inesperadamente a Pippin. «Tampoco ninguno de nosotros lo ve claramente. Es verdad que si estos hobbits entendieran el peligro no se atreverían a ir. Pero todavía quisieran ir, o quisieran haber tenido el valor, y se sentirían avergonzados y desdichados. Creo, Elrond, que en este asunto sería bueno confiar más bien en su amistad que en su gran sabiduría».

«Que así sea. Tú irás», le dijo Elrond, y exhaló un suspiro. Ahora la historia de los Nueve está completa. Dentro de siete días debe partir la Compañía». (J. R. R. Tolkien, *La Comunidad de los Anillos*)

LOS POCOS QUE SOMOS FELICES

Una vez más, mire su situación con perspectiva mítica. Deje que su corazón piense en esto:

Usted despierta para encontrarse en medio de una gran y terrible guerra. Es, de hecho, nuestra hora más desesperada. Su Rey y su amigo más amado le llama. Despierto y completamente vivo, su corazón bueno y libertado arde por él y por aquellos que deben ser rescatados. Usted tiene una gloria que es necesaria. Se le ha dado una tarea, una misión que lo va a llevar hasta lo profundo del reino de las tinieblas, para que rompa puertas de bronce y corte las barras de hierro para que su gente pueda ser liberada de sus prisiones desoladas. Él le pide que usted los sane. Por supuesto que usted va a enfrentar muchos peligros y será perseguido desde todos los flancos.

¿Trataría usted de hacer esto *solo*?

Algo más fuerte que el destino lo *ha* escogido. El mal lo *va a* perseguir. Así que una comunidad *debe* protegerlo. En realidad, aunque Frodo es un hobbit valiente y sincero, él no tiene posibilidad alguna de triunfar sin Sam, Merry, Pippin, Gandalf, Aragorn, Legolas y Gimli. Él no tiene idea de los peligros y las pruebas que hay por delante. Las oscuras minas de Moria y el Balrog que lo espera allí, los malvados orcs llamados Urak-hai que lo van a perseguir, los terrenos yermos de Emyn Muil. Él va a necesitar a sus amigos, y usted va a necesitar a sus amigos. Debe aferrarse a los que tiene ahora y debe buscar por todos lados a aquellos que todavía no tiene. *No debe ir solo*. Desde el principio, allí mismo en el Edén, la estrategia del enemigo ha descansado en una simple premisa: divide y conquistarás. Aíslalos y los vencerás.

Cuando Neo es liberado de la Matriz, él se une al equipo de *Nebuchadnezzar*, la pequeña pero poderosa nave que es la sede de los guerreros y que ha sido llamada para poner en libertad a los cautivos. Ellos son nueve en total, cada uno un personaje a su manera, pero sin embargo una compañía del corazón, una «compañía de hermanos», una familia que ha sido unida por un destino común. Juntos se adiestran para la guerra. Juntos hacen planes para su estrategia. Cuando regresan a la Matriz para poner en libertad a otros, cada uno tiene un papel, un don, una gloria. Trabajan como equipo y se cuidan unos a otros. Neo es muy rápido, realmente muy rápido, pero hubiera muerto de no haber sido por Trinity. Morfeo es el que tiene más dones que todos, pero los otros tuvieron que rescatarlo.

Usted ve esta clase de cosa en el centro de cada gran historia. Dorothy hace su viaje con el Espantapájaros, el Leñador de Hojalata, el León, y por supuesto, Toto. Al príncipe Caspian se unen los últimos y fieles habitantes de Narnia, y juntos deponen al malvado rey Miraz. Aunque a los ojos del mundo no son sino esclavos gladiadores, hombres que caminan casi condenados a muerte, Maximus junta su pequeño grupo y triunfa sobre el imperio más grande de la tierra. Cuando el capitán John Miller es enviado a penetrar las filas enemigas para salvar al soldado Ryan, va con un grupo de ocho soldados con entrenamiento especial. Y, por supuesto, Jesús tuvo a los Doce. Esto está escrito en lo más profundo de nuestros corazones: *No debes ir solo*. Las Escrituras están llenas de este tipo de advertencias, pero hasta que nosotros veamos nuestra situación desesperada, las vamos a interpretar como una asamblea religiosa opcional que dura una hora los domingos de mañana.

Piense de nuevo en Frodo, en Neo, en Caspian o en Jesús. Imagínese que usted está rodeado de una pequeña compañía de amigos que lo conocen bien (amigos peculiares, por supuesto, pero lo aman, y usted ha llegado a amarlos a ellos). Ellos entienden que están en guerra, saben que los propósitos de Dios son lograr que un hombre o una mujer estén completamente vivos, y están viviendo por absoluta necesidad y gozo en las Cuatro Corrientes. Pelean por usted, y usted pelea por ellos. Imagínese que usted *pudiera* tener una pequeña comunidad del corazón. ¿La querría si estuviera a su disposición?

ESTÁ A SU DISPOSICIÓN

Leigh nació para bailar.

Pero la historia de su vida es la historia de esa gloria asaltada, robada y dada por perdida. Cabe aclarar que esa es *siempre* la historia. Ella fue en realidad la primera mujer que obtuvo una beca para entrar a su universidad por ballet. Eso le puede dar una idea de sus talentos, pero el talento por sí solo nunca es suficiente para superar las heridas, los quebrantamientos, y lo que sea que el infierno le haya lanzado a usted desde su niñez. La vergüenza y los juicios persiguieron a Leigh desde su niñez y parecían más grandes que su corazón para danzar. Dejó sus estudios, se casó, tuvo hijos, y vivió su vida. Pero todavía su anhelo no se iba. Cuando no había nadie a su alrededor, Leigh danzaba sola en su casa, al igual que un escritor que escribe poesías desde la prisión, o un delfín que nada y nada en su tanque en cautiverio. Desde detrás de esas infames puertas y barras de hierro, el corazón de Leigh clamaba para ser libre y hacer aquello para lo cual había sido creada.

Pasaron treinta años de reclusión y por fin Leigh se arriesgó. Se unió al ministerio de danza de su iglesia. Aunque tenía edad suficiente para ser mamá de las otras bailarinas, Leigh se destacó. Se destacó tanto, por cierto, que otras personas se sintieron amenazadas por la gloria de ella. Podrá imaginarse lo que sucedió. ¿Se acuerda de los hermanos de José? ¿De las hermanastras de la Cenicienta? Satanás se apoderó de la oportunidad y acusó a Leigh de «orgullo» en el corazón de algunas las jóvenes del grupo, las cuales se opusieron a Leigh y la avergonzaron abiertamente. (El ataque siempre se reduce a «su corazón es malo»). Como no quería ser causa de problemas, Leigh se retiró.

Nos pareció muy obvio a nosotros que Leigh nunca llegaría a su gloria a menos que algunos de nosotros lucháramos por ella, y lucháramos ferozmente. A través de los años, Gary, el esposo de ella, había luchado valientemente por ella, pero se necesitaba más. Jesús nos dio nuevamente la certeza: «De cierto os digo que todo lo que atéis en la tierra, será atado en el cielo... si dos de vosotros se pusieren de acuerdo» (Mateo 18.18, 19). Durante el siguiente año, de vez en cuando peleamos la batalla espiritual a favor de Leigh. Un sábado en la mañana, dos hombres más y yo pasamos más de tres horas reprendiendo a los atormentadores de ella, que eran fuertes.

Allí estaba la vergüenza, y también el juicio. Otra noche, Stasi tuvo una visión de una enorme serpiente que le ataba los pies a Leigh. Aarón la envió al infierno. ¿Pueden los cautivos ser rescatados de «un tirano» (Isaías 49.24)? Por supuesto que sí.

Leigh perseveró. Durante nuestras tardes juntos, se presentó la oportunidad para orar por sanidad en cuanto a recuerdos de la niñez, y por la sanidad de su corazón quebrantado. Todo esto sucedió como parte de la vida normal de nuestra comunidad. En otro momento, las mujeres se reunieron para celebrar el cumpleaños de Leigh. El regalo fue unas zapatillas de danza (ella nunca había podido gastar dinero en eso). Las palabras de aliento y de amor de ellas deben haber sido el mejor regalo: «Tú lo puedes lograr, Leigh. Te apoyamos». Esas palabras significaron algo porque la *conocían*. Palabras de vida. Entonces, desde el interior de la comunidad, se presentó una oportunidad para que Leigh danzara, sola, delante de dos mil personas. Como es comprensible… ella vaciló. ¿Debería arriesgarse otra vez? ¿Era otra oportunidad para un desastre?

Leigh nos pidió que oráramos y que le preguntáramos a Dios en representación suya. *¿Es esta la oportunidad de ella, Señor?* Es tan difícil escuchar de Dios cuando su propia historia es la que está enredada en el asunto, y el enemigo ha asaltado siempre la misma cosa por la que usted ahora se formula preguntas. *Sí, ahora es el momento*. Mientras Leigh practicaba para ese día tan importante, continuó recibiendo asaltos. Perdió el cuarto en el que ensayaba. Su coreógrafo desapareció. Se hirió un ligamento y padeció una herida física tras otra. El enemigo se reía, se burlaba y la acusaba, pero su comunidad del corazón no la iba abandonar. Matamos a los orcs, encontramos la senda y nos mantuvimos juntos.

Después de todos esos años, finalmente Leigh danzó.

Y ella fue gloriosa. Lo que quiero decir es que fue algo *poderoso*. Su actuación proveyó otras oportunidades para danzar, *y eso no hubiera sucedido* sin sus amigos.

Yo podría escribir un libro de historias como esa, relacionada con cada miembro de nuestra comunidad y la forma en que vivimos las Cuatro Corrientes a favor los unos de los otros. Es algo muy normal, tanto como ir a comprar comida china o hablar por teléfono.

DEBE SER PEQUEÑO

Cuando salió de Rivendell, Frodo no lo hizo con mil Elfos. Él tenía ocho acompañantes. Jesús tampoco fue de un lugar a otro seguido de miles de personas. Él tenía doce hombres testarudos, cada uno de ellos, pero eran un equipo de hermanos. Esta es la forma en que trabaja el reino de Dios. Aunque somos parte de una gran compañía, hemos sido creados para vivir en pequeños pelotones de guerra. Las pequeñas compañías que formamos deben ser tan pequeñas como para que los miembros se conozcan muy bien los unos a los otros como amigos y aliados. ¿Es posible que cinco mil personas que se reúnen durante una hora un domingo de mañana se *conozcan* verdaderamente el uno al otro? Bueno, ¿y qué decir de quinientas? ¿Ciento ochenta? No puede ser. No es posible que sean aliados íntimos. Puede ser inspirador y alentador para el individuo celebrar con un gran número de personas, ¿pero quién va a pelear por su corazón?

¿Quién va a pelear por su corazón?

¿Cómo podemos ofrecernos unos a otros la corriente del asesoramiento mutuo a menos que nos *conozcamos*, y sepamos las historias de cada uno? El asesoramiento se convirtió en una relación profesional por la que se paga dinero, una transacción formal entre dos personas, porque no pudimos encontrarla en ningún otro lugar. No hemos formado la clase de pequeñas comunidades que le permitirían a la corriente fluir en forma natural. ¿Es posible ofrecer palabras profundas y penetrantes a alguien que usted apenas conoce en el vestíbulo de su iglesia mientras trata de juntar a sus hijos para el almuerzo? ¿Y qué diremos de la guerra espiritual? ¿Se sentiría cómodo usted volviéndose a la persona que está sentada a su lado, y cuando le pasa el plato de la ofrenda, pedirle que ate a un demonio que le está atormentando la cabeza?

¿Dónde encontrará usted las Cuatro Corrientes?

Las Cuatro Corrientes son algo que aprendemos, en lo cual crecemos, y que nos ofrecemos unos a otros, dentro de una pequeña comunidad. Escuchamos las historias mutuas. Descubrimos las glorias propias de cada uno. Aprendemos a caminar juntos con Dios. Oramos por la sanidad mutua. Nos cuidamos los unos a los otros. Esta pequeña comunidad es el ingrediente esencial para cada vida cristiana. Jesús vivió el modelo para nosotros por una *razón*. Por supuesto que les habló a las masas, pero él vivió en un pequeño pelotón, una pequeña comunidad de amigos y aliados. Sus seguidores tomaron su ejemplo y también vivieron de esa forma: «Y partiendo el pan en las casas, comían juntos con alegría y sencillez de corazón» (Hechos 2.46); «Aquila y Priscila, con la iglesia que está en su casa, os saludan mucho en el Señor» (1 Corintios 16.19); «Saludad a los hermanos que están en Laodicea, y a Ninfas y a la iglesia que está en su casa» (Colosenses 4.15).

La iglesia no es un edificio. La iglesia no es un evento que sucede los domingos. Lo sé, esa es la forma en que hemos llegado a pensar al respecto. «Asisto a la Primera Iglesia Bautista». «Somos miembros de San Lucas». «¿Es hora de ir a la iglesia?» Para sorpresa nuestra, esa *no* es la forma en que la Biblia usa la palabra. De ninguna manera. Es cierto que el cuerpo de Cristo es un grupo enorme de millones de personas alrededor del mundo, pero cuando las Escrituras hablan de iglesia, quieren decir *comunidad*. Las pequeñas comunidades del corazón que son puestos fronterizos del reino. Una vida compartida en que los creyentes adoran juntos, comen juntos, oran unos por otros, van en búsquedas juntos. Pasan tiempo juntos, en los hogares mutuos y comunes. Cuando Pedro fue liberado de la cárcel, él fue «a casa de María, la madre de Juan», donde la iglesia se había reunido para orar por su liberación (Hechos 12.12).

Cada vez que un ejército va a la guerra o una expedición sale al campo, se dividen en pequeños pelotones y patrullas. Y *todas* las crónicas de guerra o de búsqueda le dirán que los hombres y mujeres que pelearon tan valientemente lo hicieron *el uno por el otro* en círculos estrechos de amistad. Allí es donde los hechos de heroísmo y de sacrificio suceden porque allí es donde está la devoción. El hecho es que usted no puede ser devoto a una multitud de personas; la devoción y el compromiso reales suceden en unidades pequeñas, al igual que en una familia.

> Dejamos de ser una organización estructurada; ahora en cambio, somos un organismo, una asociación viviente y espontánea de individuos que se conocen el uno al otro íntimamente, que se preocupan el uno por el otro profundamente, y sienten una clase de respeto mutuo que hace que las reglas y las formalidades sean innecesarias. Creo que un grupo tiene el tamaño adecuado cuando cada miembro puede orar por los demás miembros, en forma individual y por nombre propio.

El párrafo anterior es la sabiduría del Hermano Andrés, quien durante décadas llevó Biblias de contrabando a los países comunistas. Francamente, ese es el modelo de la iglesia en casi todos los países del mundo menos los Estados Unidos. No estoy sugiriendo que no haga lo que acostumbra hacer los domingos por la mañana. Simplemente le estoy ayudando a aceptar la realidad: sin importar qué decida hacer, usted debe tener una pequeña comunidad que camine con usted y pelee con usted y le vende sus heridas. Recuerde que el camino es angosto, y *pocos* lo encuentran. Los *pocos* quiere decir «un número pequeño», en oposición a «las masas». Esto es esencial, y es lo que las Escrituras nos instan a hacer. Lo primero y lo más importante. No como algo que se le agrega a las actividades dominicales. *Antes* de ninguna otra cosa.

Debe ser íntima

Por supuesto que los grupos pequeños han llegado a ser parte del programa que la mayor parte de las iglesias modernas ofrecen a sus miembros, pero en casi todos los casos duran poco tiempo. Hay dos razones para ello. En primer lugar, usted no puede juntar al azar a un grupo de personas para realizar cierto estudio de doce semanas y esperar que se conviertan en aliados íntimos. La clase de devoción que queremos y necesitamos viene de una vida compartida. A través de los años, los miembros de nuestra comunidad hemos ido a acampar juntos. Nos divertimos juntos, nos ayudamos a la hora de mudarnos, pintamos un cuarto, encontramos trabajo, etc. Damos fiestas muy divertidas, peleamos los unos por los otros, vivimos inmersos en las Cuatro Corrientes. Así es como debe ser.

Me encanta la descripción de la iglesia primitiva: «La multitud de los que habían creído era de un corazón» (Hechos 4.32). Allí se estaba expresando una camaradería, un vínculo, una solidaridad, un espíritu de equipo. Significa que todos amaban lo mismo, todos querían lo mismo, y estaban unidos para conseguirlo, pasara lo que pasara. Y muchas cosas *pasarán*, amigos, y esta va a ser la prueba de si su grupo va a resistir o no: Si son de un solo corazón. Judas traicionó a los hermanos porque su corazón nunca estuvo realmente con ellos, tal como Cipher traiciona a la compañía en el *Nebuchadnezzar* y Boromir traiciona a la confraternidad del anillo. Es triste, pero las iglesias se dividen por asuntos como el tamaño del lote de estacionamiento, y los instrumentos y estilos musicales que se van a usar en la adoración. La mayor parte de las iglesias *no* son «de un corazón».

En segundo lugar, la mayor parte de los grupos son cualquier cosa menos lugares dinámicos de redención, porque así el odre sea del tamaño adecuado, no tienen el vino correcto. Usted puede hacer estudios hasta el cansancio, pero no van a sanar los corazones quebrantados ni poner en libertad a los cautivos. Venimos, aprendemos, nos vamos. ¡No es suficiente! Esos corazones permanecen enterrados, quebrantados, sin ser tocados, *desconocidos*. El Camino del Corazón y las Cuatro Corrientes son los que convierten una pequeña confraternidad en una comunidad de gente redimida que redime. Es lo que le capacita para saber que usted está en guerra, y que Dios lo ha escogido a usted, y que el mal lo persigue, por eso es necesario que una comunidad como la de Frodo proteja. ¿De cuántos grupos ha sido usted parte en los cuales suceda siempre lo que nosotros hicimos por Leigh?

El pasado mes de enero, un martes por la noche, los que formamos parte de nuestra comunidad estábamos sentados hablando sobre nuestra necesidad de ver el resto del cuadro, de cómo no podemos tomar buenas decisiones o ver en realidad lo que está sucediendo sin ojos que *vean*. Eso nos llevó a una conversación sobre el poder del mito para abrir los ojos de nuestro corazón. Sugerí que hiciéramos lo siguiente: «Escribir en un pedazo de papel cinco palabras o frases que capturan la vida de cada uno en este momento. ¿Cómo se siente? No haga correcciones a lo escrito. No lo haga sonar mejor de lo que es. ¿Cómo le va?» Eso comenzó un viaje increíble para abrirnos los ojos.

Una vez que tuvimos las palabras o frases (muchos de nosotros no pudimos escribir solo cinco), pregunté a todos: «¿Qué historias o escenas o personajes les ayudan a interpretar esas palabras descriptivas de su vida ahora mismo?» ¿Ve usted? Ninguna experiencia o sentimiento provee su propia interpretación. Usted se siente asediado por todos lados. ¿Es usted Elías en el monte Carmelo, al borde de una gran victoria? ¿O es usted Pablo en Tesalónica, y es mejor

que salga de la ciudad *ahora mismo*? Tenemos que encontrar algo
que dé significado y contexto a nuestras experiencias, y allí es donde sucedió lo realmente bueno. Primero, compartimos nuestras palabras y las historias que sentimos que interpretaban. Entonces, la
comunidad ofreció a cada uno los personajes y las escenas que *vimos* en los demás.

Misty se había mudado a nuestra comunidad hacía un año y había pasado por un tiempo bastante difícil. Nuevo apartamento,
nuevo trabajo. ¿Sería el lugar adecuado para ella? ¿Tendría ella algo
que ofrecer? Sus palabras en el papel fueron: «Todo nuevo, territo-
rio no recorrido, camino de ladrillos amarillos, peleas, otra página
volteada, guerra espiritual». Ella pensó que tal vez podría haber
algo de verdad para ella en Dorothy del *Mago de Oz*, por lo menos
en la primera parte de la historia. «Ella ve cosas en otros y las expresa, pero está desesperada por regresar a su hogar». La otra historia
que Misty eligió parecía más exacta, porque ella de verdad se sentía
como la joven cenicienta en *Ever After* que «se hace pasar por realeza para salvar a una amiga sirvienta, pero que es expuesta como menos que realeza». A medida que escuchábamos sus palabras y luego
su interpretación, calladamente escribimos nuestras propias historias para ella.

Cuando nos llegó la oportunidad de ofrecer nuestros comenta-
rios, cinco personas diferentes dijeron: «Arwen» de *El Señor de los
Anillos*. Encajaba perfectamente. Ella es muy hermosa (¿a qué mujer no le gusta escuchar esto?), es una guerrera, y pertenece a la realeza. Eso mismo es cierto de Misty; todo eso. Tres personas
también escogieron a Dorothy del *Mago de Oz*; no porque ella estuviera perdida, sino porque está donde debe estar, y especialmente
porque ella tiene un corazón de oro. (A estas alturas del ejercicio de
compañerismo, Misty está llorando. ¿Les mencioné que ella se
mudó a Colorado de Kansas?) Entonces sucedió algo extraordinario; dos de nosotros mencionamos a Juana de Arco. Yo fui uno de

los dos, y no tengo idea de dónde vino. Misty se quedó sin habla. «Estoy leyendo un libro sobre ella ahora mismo. Ella es exactamente como *quiero* ser yo». Dios estaba hablando. Lo que hizo de esto algo tan poderoso fue que nosotros la vimos y ella supo que había sido expuesta. Ella sabía que lo que nosotros habíamos visto era su gloria. Ella se sintió llamada a algo grande y de mucho peso, con valor y belleza para realizarlo.

«Anhelo, temor, soledad, espera, frustración». Esas fueron las palabras de Aarón. Él escogió a Boromir del *Señor de los Anillos*, «porque él es el que pierde, es inestable, un enredo total». Aarón ha peleado una larga y fuerte batalla contra mucha opresión, contra asuntos realmente fuertes. Su profundo quebrantamiento le ha hecho sentir que su vida es un enredo. No es verdad, pero usted sabe que cuando uno tiene necesidades siente vergüenza de siempre tener necesidades. Hubo un momento de silencio. Entonces todos nosotros dijimos, casi al unísono: «Trancos o Aragorn». Temprano en la historia, ¿no está él también anheloso, solitario, esperando y frustrado? Aarón se quedó sin habla. «Tú eres un buen hombre, Aarón. Has caminado una senda solitaria, has peleado muchas batallas duras. Pero tu corazón es bueno. Tú eres Trancos». En voz muy, muy baja, nos dijo: «Él es quien yo quiero ser».

Las palabras de Stasi para describir su vida en ese momento fueron: «Perseverante, oculta, mal interpretada, cansada, tareas mundanas». Ella escogió a Lucy, de *The Lion, the Witch and the Wardrobe*, «porque ella quiere ser fiel y verdadera». (Usted también recordará que Lucy era más bien sencilla y no muy bella). También escribió Lucilla, la emperatriz en *Gladiator*, porque «quiero ser una emperatriz bella y valiente». Fíjese que casi siempre nuestra interpretación de nuestros días revelará lo que queremos ser pero tememos no ser. Luego fue nuestro turno. Alguien dijo Cenicienta, y *todos* dijeron: «Sí». Ella también era perseverante, reservada, mal interpretada, y realizaba tareas mundanas. Pero ella era también hermosa sin saberlo. Ahora conocemos la historia de Stasi, su gloria *ha* sido asaltada. ¿Recuerda cómo las malvadas hermanastras le arrancaron su traje a la Cenicienta para que no pudiera ir al baile? Le recordé a Stasi de aquella ocasión en que sus propias hermanas le hicieron exactamente lo mismo. Ella rompió en llanto. «Me había olvidado de todo eso… Oh…». La verdad estaba comenzando a llegar a su corazón.

Fue una tarde increíble. Todos nosotros habíamos elegido palabras duras, y es que la vida es *dura*, pero todas las interpretaciones de nuestras vidas estaban equivocadas. Cada uno de nosotros estaba en el proceso de entablar acuerdos sutiles con el enemigo, y ni siquiera nos habíamos dado cuenta de ello. Fue solo a través de los ojos de nuestros amigos que recobramos nuestro corazón, nuestro lugar verdadero, la realidad. Pero el verdadero poder de vivir en una comunidad es que recordamos esas historias por meses, y las usamos mutuamente en momentos cruciales en la batalla que tenemos por delante. Jenny dijo después: «Lo que hace que esta comunidad sea tan poderosa es que cada uno me ayuda a recordar mi historia. Yo no tengo que llevar la carga de recordarla por mí misma». Les cuento sobre aquella noche porque esa es la clase de intimidad fraternal que todo creyente necesita. No hubiera sido posible encontrar eso en una reunión grande. Necesitamos aliados íntimos.

Va a ser desagradable

La familia es… como un pequeño reino, y, como la mayoría de los otros pequeños reinos, está generalmente en un estado de algo que se parece a la anarquía.

G. K. Chesterton podría haber estado hablando de una pequeña comunidad (nuestra *verdadera* familia, porque es la familia de

Dios). Es un enredo real, y voy a tratar de adornarlo. Es *disruptiva*. Ir a la iglesia y sentarse con cientos de personas y escuchar un sermón no es algo que requiera mucho de usted. Por cierto que jamás lo va a dejar expuesto en toda su gloria. Por eso es que la mayoría de la gente lo prefiere. En cambio, la vida en comunidad lo va a exponer por completo. Va a revelar en qué áreas usted todavía no ha llegado a ser santo, justo en el momento en que usted se da cuenta del lugar en que *ellos* todavía no han llegado a ser santos. Lo va a acercar, y usted será *visto* y será *conocido,* y allí es donde radican tanto el poder como el peligro. ¿No hay momentos cuando todas esas pequeñas compañías, en todas esas historias, penden de un hilo? Galadriel le dice a Frodo: «Tu búsqueda está en el filo de un cuchillo. Si te apartas aunque sea un poco, va a fracasar, para ruina de todos. Sin embargo, la esperanza permanece mientras la Compañía sea verdadera».

Hemos experimentado desilusiones increíbles en nuestra comunidad. Cada uno de nosotros nos herido mutuamente, y en algunos casos muy hondamente. El año pasado hubo una noche en la que Stasi y yo presentamos nuestra visión de donde pensábamos que deberían ir las cosas. Nuestro sueño de toda una vida en cuanto a establecer una comunidad redentora. Esperamos que la Compañía iba a saltar exclamando: «¡Viva John! ¡Viva Stasi!» Lejos de eso. La respuesta fue más en el lado de las miradas vacías. Nuestro sueño fue interpretado mal, muy mal. Stasi se sintió enferma del estómago y hasta quería salir del cuarto para ir a vomitar. Yo estaba... atolondrado. Al siguiente día pude sentir que mi corazón era impelido hacia el resentimiento. Momentos como ese hacen anticipar el principio del fin para la mayor parte de los intentos de vivir en comunidad.

Seriamente, ¿cuántas veces ha visto usted que esta clase de comunidad íntima funcione? Muy pocas veces, porque es difícil, y recibe *oposición* feroz. El enemigo odia esta clase de experiencia de vida pues sabe lo poderosa que puede ser, para Dios y para su reino, así como para nuestros corazones. Es algo devastador para el maligno. ¿Recuerda lo de dividir y conquistar? La mayor parte de las iglesias sobreviven porque todos los asistentes mantienen una distancia cortés los unos de los otros. Mantenemos nuestras reuniones cortas y nuestras conversaciones superficiales. «Oye, Teodoro, ¿cómo marcha todo en el comité de mayordomía?» «Oh, fantástico, Nancy. Tenemos una meta grande para alcanzar este año, pero creo que vamos a poder construir el gimnasio, después de todo». Nadie está siendo puesto en libertad, pero tampoco nadie tiene por qué enojarse con otra persona. Nos hemos conformado con la seguridad de los números, una distancia conveniente y anónima. Un ejército que se reúne para reuniones cortas e informativas, pero que nunca se divide en pelotones para salir al frente de batalla.

Vivir en una comunidad es como acampar juntos durante todo un mes, en el desierto y sin tiendas de campaña. Todas sus cosas están desparramadas por todos lados para que las vea todo el mundo. Claro, cualquiera está dispuesto a verse como capturado por Cristo una hora a la semana, desde cierta distancia y usando la mejor ropa que tiene. En cambio, su vida queda abierta y expuesta a las personas con las cuales vive en comunidad. Un filósofo lo descubrió como un hato de puerco espines en una fría noche de invierno. Se juntan por causa del frío, se separan por causa de las púas. *Otra vez lo mismo. ¿Por qué siempre tiene que estar desanimado Jaime? Estoy cansado de alentarlo. ¿Y qué le pasa a María y el problema que tiene que nunca deja de hablar de sí misma? ¿Por qué Eduardo siempre necesita tantos cuidados? Esta gente* me *incomoda.*

Sin embargo, hay dos cosas que usted tiene ahora y que no tenía antes, y que ayudan a esta clase de comunidad a funcionar. Primero, usted sabe que el corazón es bueno. Esa es la clave que falta en la mayor parte de las comunidades. Su corazón es bueno y el corazón de todos los demás es bueno. Esto hace que confiar y perdonar sea mucho más fácil. Lo que sea que pueda estar sucediendo en ese momento, cualquiera que pueda ser el malentendido, sé que nuestros corazones son buenos, y que nos apoyamos los unos a los otros. Carlos dice algo que duele. Si yo pensara: *Bueno, eso es lo que quiso decir; está tratando de herirme,* con mucha rapidez se arruinaría la relación. Pero yo sé que ese no es su corazón hacia mí pues no es quien es en realidad. Si yo pensara que así fuera, saldría corriendo.

Segundo, sabemos que estamos en guerra. El pensamiento que dice: *Oh, hermano, aquí vamos otra vez con Francisco. ¿Por qué siempre tiene que estar hablando de su mamá? ¿Qué le pasa a esta gente? En realidad no son mis amigos. Me voy de aquí.* Ese es el enemigo. Usted debe recordar que el enemigo siempre está tratando de lograr que todo el mundo le haga a usted lo mismo que él le hace. Como dije antes, él crea un campo de fuerza, una fuerza gravitacional alrededor de usted que atrae a otros al complot sin que ni siquiera se den cuenta. Gabriel entra el cuarto, y de pronto yo me siento irritado con él. No soy yo, no es él. Tengo que saber eso. El asalto de toda su vida ha sido: «Si no lo puedes hacer bien, no queremos estar contigo». Es una mentira. Es el enemigo. *En realidad* yo no me siento de esa manera hacia él. Pero a menos que yo viva con este conocimiento, y mantenga un ojo atento, y resista de manera consciente, voy a ser absorbido a ese campo, empezaré a entablar acuerdos y hacer concesiones, y hasta allí llegó la amistad.

PELEE PARA HACERLA REALIDAD

> Sé amable, porque todas las personas que conoces están enfrentando una gran batalla. (Filón de Alejandría)

Una verdadera comunidad es algo por lo que usted va a tener que pelear. Va a tener que pelear para hacerla realidad, y va a tener que pelear para mantenerla a flote. Usted pelea por ella como lo haría al salvar una vida de una balsa endeble durante una tormenta en el mar. Usted quiere que las cosas funcionen. Necesita que esto funcione. No lo puede dejar que siga su curso y volverse a meter otra vez en el crucero. Esta comunidad *es* la iglesia; esto es todo lo que usted tiene. Sin ella, usted se va a hundir. O va a volver a la cautividad. Esa es la razón por la cual esos grupos pequeños de comunidad funcionan tan bien en otros países, porque ellos se *necesitan* los unos a los otros. No tienen otra alternativa.

De pronto todos esas frases que dicen «los unos a los otros» en las Escrituras tienen sentido. Amaos los unos a los otros. Llevad las cargas los unos de los otros. Perdonaos los unos a los otros. Los hechos bondadosos cobran un significado profundo porque sabemos que estamos en guerra. Sabiendo muy bien que estamos enfrentando batallas propias, nos damos mutuamente el beneficio de la duda. *Leigh no está distanciándose de mí a propósito, es probable que esté bajo algún ataque.* Es por eso que debemos saber las historias de cada uno, saber cómo «leer» a cada uno. Una palabra de aliento puede sanar una herida. Optar por perdonar puede destruir una fortaleza. Usted nunca se habría imaginado que hechos tan simples pudieran tener *tanto peso*. Es lo que nosotros llamamos «un estilo de vida de guerra espiritual».

Regularmente vemos cómo están los demás con nosotros, no por ser paranoicos («¿Todavía te gusto?»), sino por un deseo de mantenernos vigilantes de los corazones de los demás. «¿Cómo estás?» No obstante, tenga cuidado con lo que busca de la comunidad. Porque si usted le trae cada una de sus necesidades, se va a derrumbar. La comunidad no es un sustituto para Dios. Yo salí de nuestro viaje anual para acampar completamente extenuado y desilusionado. Mientras conducía de regreso a mi hogar me di cuenta que en realidad buscaba que ellos me validaran, que me apreciaran, que llenaran este doloroso vacío en mi corazón. Solamente una vez en diez días tuve tiempo para estar a solas con Dios. Estuve demasiado ocupado tratando de conseguir que mis necesidades fueran satisfechas a través de ellos. Es por eso que la comunidad tampoco puede sobrevivir sin la soledad.

Me sentí completamente asombrado por la forma en que fueron construidos los monasterios irlandeses y escoceses antiguos, cuando los visitamos el año pasado. Primero, ellos sabían que *tenían* que vivir en comunidad. Se necesitaban los unos a los otros. Pero en cada una de esas localidades, separadas del edificio de la comunidad, a una distancia de veinte minutos caminando, usted encontraba pequeñas «celdas», pequeñas chozas de piedra, diseñadas para que uno de sus miembros pasara tiempo a solas con Dios. Sabían que la comunidad no podía sobrevivir sin la soledad de cada miembro con su Dios. Hay un ritmo propio de la vida juntos, como dijo Bonhoeffer. Primero vamos a Dios, solos, para así tener algo que traer de vuelta a la comunidad. Este es parte del estilo de vida de la guerra espiritual. Yo sé que mi comunidad me necesita; todos me van a venir a visitar esta noche. Así que más me vale pasar tiempo con Dios esta tarde. Yo quiero contribuir, quiero desempeñar un papel vital.

EL TIEMPO HA LLEGADO DE NUEVO

Son los pequeños pelotones, los pequeños grupos en la guerra, los que cambian el mundo. Esto siempre ha sido así.

En el año 564, Santo Columba (Columcille en gaélico), salió de su amada Irlanda en un pequeño bote de mimbre y cuero, sin izar la vela, dispuesto a dejar que Dios lo llevara donde quisiera por la causa del evangelio. Con él iban doce discípulos, amigos, o «monjes guerreros» como serían llamados más tarde. Llegaron a una pequeña isla cerca de la costa de Escocia (en aquel entonces un país misterioso y pagano), y allí establecieron lo que llamaron, una «pequeña comunidad del cielo». El lugar es Iona, y se convirtió en el centro de una nueva y vibrante cristiandad.

Ahora bien, para darse cuenta de lo que Iona fue y de lo que ha significado para nosotros, debe entender el contexto de ese momento en la historia. Primero, el mundo alrededor de ellos se había vuelto muy oscuro. La noche había caído con la caída de Roma. Los vándalos, los godos y los visigodos y todos esos grupos predatorios habían arrasado toda Europa y básicamente habían saqueado el lugar. La Europa occidental era como la ciudad de Los Ángeles durante los estallidos sociales. Floreció el paganismo, el orden y la ley hacía mucho que habían desaparecido. Era la época de los bárbaros.

Ahora, usted también debe saber que en la época de Iona, la iglesia cristiana basada en Roma se estaba volviendo institucionalizada, jerárquica y era mucho más una organización que un organismo. La forma de vivir en asociaciones espontáneas de individuos que se conocían los unos a los otros íntimamente dio lugar a una iglesia burocrática grande y centralizada en la cual las leyes y las reglas se hicieron necesarias. Triste pero cierto, y espero que usted vea que fue un tiempo muy similar al de nosotros en la actualidad. Pensándolo bien, era un mundo casi igual al de la iglesia primitiva. La sinagoga estaba muerta, y por cierto que las culturas de su alrededor eran paganas. ¿Qué hicieron? Se reunieron en pequeñas comunidades del corazón.

Iona y sus monjes guerreros comenzaron a llevar su luz a esa oscuridad. Columba ganó para Cristo al rey de los pictos, los notorios guerreros paganos del norte de Escocia, quienes se pintaban los rostros de azul antes de las batallas (sí, los precursores de *Corazón Valiente*). Al ganarlo a él, Columba ganó una gran parte de Escocia. Iona también se convirtió en el punto de partida para muchas incursiones misioneras a Inglaterra y a toda Europa. De esta manera, el monasticismo irlandés y el cristianismo céltico comenzaron a cambiar el mundo. A todas partes donde fueron, establecieron comunidades como la de ellos, pequeñas «comunidades del corazón» dispersas por muchos lugares. Fue como si se volviera a escribir el libro de Los Hechos. Era una espiritualidad del corazón, basada en una comunidad que sabía que estaba en guerra, y que era imposible de detener. El historiador Thomas Cahill dijo que Iona «cambió para siempre el curso de la historia occidental».

> La espiritualidad céltica no es una forma de iglesia en la que gobierna la parte superior, sino lo opuesto. Permite que la espiritualidad fluya del corazón. Permite que se usen los cinco sentidos. Es creativa. Es un florecimiento de las artes creativas. Es una expresión del cristianismo en la que se cree que ser cristiano equivale a ser completamente humano. (Ray Simpson, *Lindisfarne Community*)

Creían que la gloria de Dios es el hombre completamente vivo.

Nuestro viaje a Iona el año pasado fue una especie de peregrinaje, y les digo que todavía es un lugar notable. El velo entre los mundos es muy delgado allí. A medida que caminamos entre las ruinas, leímos los relatos y experimentamos en parte su manera de vida, me di cuenta que esa no era la fe de algunas personas buenas que aplicaron principios bíblicos a sus vidas en un mundo más bien bueno, aunque desilusionador y caído. Aquí se encontraba la convicción de ardor de corazón de un grupo de hombres y mujeres cuya gloria iba en aumento y que quisieron la libertad y la vida y la restauración que Cristo prometió, y que estuvieron dispuestos a pelear por esas cosas, porque sabían que vivían en un mundo en guerra. Una comunidad de personas que vivían en las Cuatro Corrientes porque conocían la vida cristiana como una épica, no menor que los grandes mitos que el mundo ha conocido.

Nos detuvimos al lado de una de las grandes cruces célticas. Dios habló, y he aquí lo que dijo:

Estoy haciendo esto mismo otra vez.

Dios está llamando a que se formen pequeñas comunidades del corazón, para que peleen los unos por los otros y por los corazones de aquellos que aun no han sido puestos en libertad. Esa camaradería, esa intimidad, ese increíble impacto producido por unas intrépidas almas; todo eso está disponible. Es la vida cristiana como Cristo nos la dio a nosotros, y es algo completamente normal.

CAPÍTULO DOCE

Como los tesoros del Reino

Levántate, resplandece; porque ha venido tu luz,
　y la gloria de Jehová ha nacido sobre ti.
Porque he aquí que las tinieblas cubrirán la tierra,
　y oscuridad las naciones;
mas sobre ti amanecerá Jehová,
　y sobre ti será vista su gloria.

—Isaías (60.1, 2)

Y entonces mi alma, al despertar en la mañana
experimentará gozo, porque es eternamente recién nacida.

—George MacDonald

Jesús, profundamente conmovido otra vez, vino al sepulcro. Era una cueva, y tenía una piedra puesta encima. Dijo Jesús: Quitad la piedra. Marta, la hermana del que había muerto, le dijo: Señor, hiede ya, porque es de cuatro días. Jesús le dijo: ¿No te he dicho que si crees, verás la gloria de Dios? Entonces quitaron la piedra de donde había sido puesto el muerto. Y Jesús, alzando los ojos a lo alto, dijo: Padre, gracias te doy por haberme oído. Yo sabía que siempre me oyes, pero lo dije por causa de la multitud que está alrededor, para que crean que tú me has enviado. Y habiendo dicho esto, clamó a gran voz: ¡Lázaro, ven fuera! Y el que había muerto salió, atadas las manos y los pies con vendas, y el rostro envuelto en un sudario. Jesús les dijo: Desatadle, y dejadle ir (Juan 11.38-44).

Mas Jesús, habiendo otra vez clamado a gran voz, entregó el espíritu. Y he aquí, el velo del templo se rasgó en dos, de arriba abajo; y la tierra tembló, y las rocas se partieron; y se abrieron los sepulcros, y muchos cuerpos de santos que habían dormido, se levantaron; y saliendo de los sepulcros, después de la resurrección de él, vinieron a la santa ciudad, y aparecieron a muchos (Mateo 27.50-53).

Levántate

Me desperté en el desierto la mañana de la Pascua de resurrección.

A través de la ventana de mi tienda de campaña, pude ver las ramas de un pino, las espinas de una yuca, y más allá de ellas, piedras de arena que en la plena luz del sol tenían el color de la avena, pero ahora brillaba como oro con las primeras luces del alba. Los pájaros cantaban con alegría, volando de una rama a la otra del pino, pero gracias a Dios, no se podía ver o escuchar ninguna otra cosa viva. Esa era la quinta mañana que me despertaba en el Parque Nacional *Arches*, escondido en la esquina noroeste del estado de Utah, pero podría haber sido la Palestina alrededor del año 33 d. de J.C. El desierto no es una tierra yerma, como muchos se lo imaginan erróneamente cuando escuchan la palabra, sino un lugar vibrante y lleno de pastos, cactus, enebros y pinos, y flores silvestres esparcidas a lo largo del paisaje, un lugar donde usted puede encontrar huellas de pumas en la arena suave y húmeda abajo en los cañones, donde las corrientes casi llegan a la superficie. De muchas maneras, es un lugar que rebosa de vida.

Era un día bastante frío como para ver mi aliento cuando salí de la tienda, así que encendí la cocinita *Coleman* para hervir agua para el café y el chocolate, antes de despertar a mis hijos, completamente arropados en sus sacos de dormir. Disfrutando de momentos que eran solo míos, subí a la cumbre de las rocas detrás de nuestro campamento, para embeber la gran belleza del desierto al amanecer. Al oeste se veían gigantescas mesetas de arenisca navajo que se elevaban como antiguas fortalezas, con sus acantilados rojos pronunciados reflejando los rayos del sol que todavía no habían alcanzado la arena en la parte inferior.

Me volví hacia el este para recibir de frente el calor del nuevo día, sorprendido al ver las Montañas La Sal cubiertas de nieve, a unos ciento cincuenta kilómetros de distancia. Mi corazón se sentía como en casa en este lugar de belleza salvaje y vistas maravillosas. Pero era un tiempo un poco extraño para venir a este lugar. Esta mañana de resurrección, Stasi estaba en la ciudad de Los Ángeles, al lado de su madre que agonizaba y a quien daban menos de un mes de vida. Era una época un poco extraña para salir a acampar, pero Dios me había llevado a ese lugar.

Al igual que muchos peregrinos a través de los siglos, yo descubrí mi vida espiritual en el desierto. He encontrado soledad y silencio en el desierto Mojave al sur de California, lejos de la adormecedora uniformidad y sofocante densidad de los suburbios que alojan a tantos millones de personas. El desierto despertó mi corazón, y descubrí libertad de espíritu al caminar a través de los arroyos durante horas y horas, rodeado de absoluta belleza y el velo delgado de cielo que allí se extiende. No sorprende que Moisés, Eliseo y Juan el Bautista hayan pasado su tiempo libre en el desierto. Y aunque el desierto significó tanto para mí y le habló a mi corazón, lo dejé atrás hace muchos años. Usted sabe cómo la vida le roba estas cosas a uno, quitándoselas tan sutilmente que ni siquiera se da cuenta que ya no están. Simplemente dejé de ir al desierto.

En la primavera del año 2001, Stasi estaba realizando viajes frecuentes al sur de California para pasar tiempo con su madre, a quien estábamos perdiendo porque estaba enferma de mieloma múltiple, y yo estaba haciendo lo mejor que podía con atender a los hijos y pagar las cuentas en nuestra casa en Colorado. Para ser honestos, estábamos simplemente esperando «la llamada» para tomar un avión y asistir al funeral de Jane. Por eso simplemente no creí que fuera Dios cuando escuché: *Ve a Moab. Ve al desierto.* Tomó varias confirmaciones para que le prestara atención. En una cafetería me encontré con una joven, quien en medio de nuestra conversación dijo al pasar que acababa de regresar de Moab. Dije algunas palabras, y luego le pregunté calmadamente: «¿Qué tal fue?» «Fantástico», me dijo ella. «Usted tiene que visitar ese lugar». Al día siguiente, llamé por teléfono a un pastor de la ciudad de Denver, e hicimos planes para un retiro de hombres. De pronto, él me dijo: «Acabo de regresar de Moab. Fue maravilloso». Debo confesar que vine al desierto, no llevado por mis propias alas de sabiduría, sino más bien con renuencia, empujado por Dios.

Moab, está bien. Los muchachos extrañan a su madre, las distracciones van a ser buenas, y no hay ninguna otra cosa que podamos hacer desde aquí de todas formas excepto orar, a lo cual yo podría dedicar más tiempo en el desierto, y así fue como al fin vinimos. Me sorprendí del nivel de guerra espiritual que tuve que pelear para vencer. Durante unas cinco horas del tiempo conduciendo mi automóvil, tuve que invocar la obra de Cristo contra la opresión que me hacía difícil concentrarme, un velo realmente espantoso sobre mi espíritu. ¿Por un viaje a *acampar*? Parecía tan necio. Pero el ladrón viene a robar, a matar y a destruir *cualquier* movimiento hacia la libertad y la vida. Luchamos, llegamos tarde al lugar indicado, y descubrimos que Dios nos había reservado el último lugar disponible para acampar.

No estoy seguro de poder poner en palabras todo lo que Jesús me restauró en esos cinco días, pero alguna parte de mi corazón que hacía mucho había olvidado me fue devuelta, junto a algunas palabras profundas que necesitaba con mucha urgencia. Volví a la vida en aquel enorme y salvaje desierto. Y comencé a comprender que *mi corazón es importante para Dios. Mi corazón ha sido siempre importante para él.* Una cosa es creerlo, otra muy diferente es desear *descubrir* que sí es verdad. Este fue un regalo único para mi corazón, y no me podía haber sido dado en ningún otro lugar. Me desperté aquel domingo de Pascua mucho más vivo de lo que había estado en mucho, mucho tiempo.

TRATE SU CORAZÓN COMO EL TESORO QUE ES

«Sobre toda cosa guardada, guarda tu corazón». (Proverbios 4.23) Por lo general escuchamos estas palabras en el sentido de «mantén un ojo en tu corazón», de la forma en que advertiríamos a un alguacil que vigile a un forajido peligroso, o con respecto a un perro malo que el vecino dejó suelto. «No lo pierdas de vista». Habiendo creído por tanto tiempo que nuestros corazones son malos, asumimos que la advertencia es para mantenernos alejados de los problemas. Así que le ponemos llave a nuestros corazones y tiramos la llave, y entonces tratamos de continuar con nuestra vida. Pero ese no es en absoluto el espíritu del mandamiento. No dice que guardemos el corazón porque sea delincuente, dice que guardemos nuestro corazón porque de él mana la vida, porque es un *tesoro*, porque todo lo demás depende de él. Qué bondadoso de parte de Dios darnos esta advertencia, como cuando alguien da una cosa que es preciosa para esa persona a un amigo y le dice: «Cuídala bien, es algo que tiene mucho valor y significado para mí».

¿Sobre toda cosa? Por favor, no hacemos eso ni siquiera de vez en cuando. Es como si pusiéramos todo el dinero que hemos ahorrado

en el asiento del automóvil con la ventanilla abajo, así somos de descuidados con nuestro corazón. «Si no fuera por mi descuidado corazón», cantó Roy Orbison, y ese puede ser el himno de nuestras vidas. Las cosas podrían ser diferentes. Yo podría ir más adelante. Mi fe podría ser mucho más profunda. Mis relaciones mucho mejores. Mi vida estaría en la senda que Dios quiere para mí... si no fuera por mi descuidado corazón. Vivimos completamente al revés. «Todas las demás cosas» están sobre nuestro corazón, y le apuesto que cuidar su corazón no es una de las categorías en la que usted piensa. «Veamos, tengo que llevar a los hijos al partido de fútbol, necesito dejar el automóvil en el taller, y necesito dedicar unas dos horas a *mi* corazón esta semana». Tal vez hasta suene no bíblico, aun después de todo lo que hemos cubierto.

Hablando en serio, ¿qué es lo que hace usted diariamente para cuidar su corazón? Bueno, tal vez eso no sea justo. ¿Qué me dice de un cuidado semanal? *¿Mensual?*

Sí, tenemos un residuo cultural de esto llamado vacaciones. La mayor parte de la clase trabajadora recibe una o dos semanas de vacaciones al año, y ese es el único tiempo que tal vez planeen hacer algo que sea bueno para sus almas. O malgastan ese fragmento en un lugar como Miami, al igual que un hombre pobre gasta su último peso en un boleto de lotería. Y usted sabe lo que pasa cuando regresa de sus vacaciones. La actitud entre su familia, amigos y colegas es por lo general algo como esto: «Fantástico. ¡Has regresado! Espero que lo hayas disfrutado, porque, te informo que todo se desmoronó mientras estabas ausente y nosotros esperamos (ahora que estás descansado), que en realidad vas a trabajar sin tregua». Lo que sea que esa semana le dio, es devorado en asunto de unos momentos o días.

Pero la intención de Dios es que tratemos nuestros corazones como tesoros del reino, rescatados a un costo incalculable, como si en realidad importaran, como si importaran profundamente.

Guardando hasta que rebose

Si en realidad es sabio, vivirá como un embalse más que como un canal. Un canal esparce el agua a medida que la recibe, pero un embalse espera a estar lleno antes de esparcirla, de esa forma [comparte] sin pérdida para sí mismo su abundante agua. (Bernard of Clairvaux)

Un hermoso cuadro. El canal se seca con mucha rapidez, muy poco después que para de llover. Al igual que un lecho seco de una corriente en el desierto. En cambio, un embalse es una reserva de vida vasta y profunda. Estamos llamados a vivir de tal manera que guardemos reservas en nuestros corazones y *luego* ofrezcamos la provisión desde esa situación de abundancia. Jesús dijo: «Por eso todo escriba docto en el reino de los cielos es semejante a un padre de familia, que saca de su tesoro [depósito] cosas nuevas y cosas viejas». (Mateo 13.52)¿Qué tesoro o depósito? «El hombre bueno, del buen tesoro de su corazón saca lo bueno… porque de la abundancia *del corazón* habla la boca». (Lucas 6.45, cursivas añadidas)

Temo que vivo espiritualmente como vivo financieramente. Recibo un poco y de inmediato voy y lo gasto. Vivo como un canal. Me *veo* como un embalse cuando llegan las lluvias, pero después de un corto tiempo, estoy seco de nuevo. (Mis lectores que son responsables financieramente se acaban de felicitar a sí mismos por vivir una vida más disciplinada, pero permítanme preguntarles: ¿Están usando esas reservas para hacer cosas que cuidan el corazón? Muchos tacaños han llenado sus cofres mientras han dejado que sus almas sufran por falta de alimento). «Hay muchos canales en la iglesia hoy», se lamenta Julia Gatta, «pero pocos embalses». Una mujer que está muy involucrada en el ministerio, hace poco me escribió diciéndome que está «quemada hasta lo último». Ella ha sido un canal. No ha cuidado su corazón. Y no está sola.

¿Cómo viviría usted de manera diferente si supiera que su corazón es el tesoro del reino?

Esto es lo que Dios nos dice que hagamos, sobre todo lo demás, como dice el pasaje. La semana pasada, mientras desayunábamos, le pregunté a un pequeño grupo de amigos, hombres que pelean por el corazón de otros todo el tiempo, lo siguiente: «¿Qué están haciendo estos días para cuidar su propio corazón?» Todos se quedaron en silencio, con los ojos bajos, mirando su plato de comida, examinándose las uñas, como si estuvieran meditando en una buena respuesta, pero no me llegó respuesta alguna. Me entristecí, pero no me sorprendí. Nuestros corazones son la primera cosa que descuidamos.

¿Sabe usted que Dios da de la *abundancia* de Su corazón? Una de las primeras cosas que Juan nos dice acerca de su querido amigo Jesús es que «de su plenitud tomamos todos, y gracia sobre gracia» (Juan 1.16). De la *plenitud* de Dios recibimos bendiciones. O como Pablo ora en Efesios: «Para que os dé, conforme a las riquezas de su gloria, el ser fortalecidos con poder» (3.16), lo que quiere decir que de las riquezas que Dios ha guardado en su gran corazón, él reparte con generosidad al nuestro. Dallas Willard nos recuerda:

> Él está lleno de gozo. Sin duda alguna, él es el ser con más gozo en todo el universo. La abundancia de su amor y generosidad es inseparable de su infinito gozo. Todas las cosas buenas y hermosas de las que bebemos ocasionalmente, [Willard incluye al mar en su belleza, o una película maravillosa, o la música] las experimenta Dios continuamente en toda su anchura, profundidad y riqueza.

¿Se le ha ocurrido alguna vez que Dios es una persona tan amorosa y generosa *porque* su corazón está lleno, como un embalse, de gozo? Es porque su corazón rebosa de cosas buenas y de experiencias maravillosas, que Dios puede amar y perdonar y sufrir por tanto tiempo por la humanidad. Lo mismo es cierto en cuanto a nosotros. ¿Es usted una persona con quién es agradable pasar tiempo después que ha luchado una hora conduciendo en tránsito pesado? No es de extrañarse que nos falte tanta gracia y misericordia. La vida nos hace quedar secos, y nosotros lo aceptamos como una forma normal de vida.

Este año, Stasi y yo estábamos realmente agotados y quemados cuando nos pusimos en camino para nuestra vacación familiar anual. Antes de irnos ella me dijo que estaba «cansada de la gente». Yo también lo estaba. Hasta una corta conversación me parecía agotadora. Ninguno de los dos quería ver a nadie. Pensamos seriamente en la posibilidad de volvernos ermitaños. Suficiente de este asunto de la comunidad. Vivir solos en una choza en Kalahari sonaba como el paraíso. El remedio de Dios fue ocho días en la parte sur de Alaska, fotografiando osos grises, acercándonos en canoas kayak a las ballenas jorobadas, comiendo más de lo acostumbrado comidas deliciosas, y embebiendo bellezas que quitan el aliento en cada dirección. Llegamos a casa tarde el sábado por la noche y me desperté el domingo de mañana escuchando a Stasi hablar por teléfono con una amiga. Ella llamó a otra, y a una tras otra todo el día. «Solamente me estoy poniendo al día», dijo con una sonrisa.

Como un acto de amor

Cuidar su propio corazón no es ser egoísta; es como comenzamos a amar.

Sí, cuidamos nuestros corazones por el bienestar de otros. ¿Le suena eso como una contradicción? No lo es en absoluto. ¿Qué traerá usted a otros si su corazón está vacío, seco y atribulado? El amor es el elemento clave. Además, usted no puede amar sin su corazón, y no puede amar a menos que su corazón esté bien.

Cuando se trata del tema de amar a otras personas, usted debe saber lo siguiente: así como usted maneja su propio corazón es la forma en que manejará los corazones de otros. Esta es la sabiduría detrás de las palabras de Jesús instándonos a amar a otros *como nos amamos a nosotros mismos* (Marcos 12.31). «Un mandamiento terrible», dijo C. S. Lewis, «si se supone que el yo simplemente debería ser aborrecido». Si usted no considera su corazón, terminará no considerando el de ellos. Si usted espera perfeccionismo en su corazón, esperará lo mismo del de ellos. Si usted maneja su corazón con eficiencia y buen desempeño, así es como esperará que sean los corazones de los demás.

«Pero», protesta usted, «yo tengo mucha gracia para otras personas, simplemente soy duro conmigo mismo». Yo traté de usar esa excusa durante años. No funciona. Aunque tratemos de ser misericordiosos hacia otros mientras descuidamos o nos maltratamos a nosotros mismos, ellos pueden *ver* cómo tratamos nuestros propios corazones, y siempre van a sentir que ese trato será igual para con ellos. Y tienen razón. Es inevitable, tarde o temprano también les vamos a tratar mal a ellos.

Usted sabe esto sin saber lo que hizo. Hay ciertas personas a su alrededor a quienes usted jamás iría con un problema; jamás las llamaría a las dos de la madrugada cuando usted está luchando con alguna carga o pérdida. ¿Por qué no? Porque sabe que ellos no manejarían bien su corazón. Unas personas que conozco ganaron boletos de avión para viajar a cualquier lugar del mundo. Eso fue hace quince años. Todavía no los han usado. ¿Les pediría a ellos consejo en cuanto a cómo cuidar su corazón? ¿No siente usted que dirían: «No hay tiempo para eso»?

Sí, hay un lugar para el sacrificio. Y sí, lo sé, muchas cosas egoístas han sido hechas bajo la excusa de: «Estoy cuidando mi corazón». He escuchado de divorcios y de aventuras extramaritales justificadas de esa manera. Pero el hecho de que alguien abuse de una idea no la hace una mala idea. La gente también come en exceso. ¿Quiere decir eso que usted no debe disfrutar de la comida? Algunas cosas horribles han sido hechas en nombre del cristianismo. ¿Quiere decir eso que usted no debería ser cristiano? No permita que las malas elecciones de otros le den forma a su vida. Cuide su corazón, sobre todas las cosas. No solamente para su bien, ni siquiera principalmente por su propio bien. Hágalo para amar mejor, para el bien de aquellos que tanto lo necesitan. Y de verdad lo necesitan. Recuerde, esta es nuestra hora más desesperada.

COMO UN ACTO DE DEVOCIÓN

Cuidar su corazón es la forma como usted protege su relación con Dios.

He aquí un pensamiento novedoso. ¿Acaso no es nuestro corazón el nuevo lugar donde mora Dios? Es donde tenemos comunión con él. Es donde escuchamos su voz. Muchas de las personas que conozco que nunca han escuchado que Dios les habla son las mismas personas que viven lejos de su corazón. Ellos practican el cristianismo de los principios, y después se preguntan por qué Dios parece estar distante. *Creo que todo el asunto de la intimidad con Dios es para otros, no para mí.* Es como un amigo que detesta hablar por teléfono. Detesta pagar las cuentas, y no le importa en absoluto cuando la compañía de teléfono le desconecta el servicio. Después se pregunta por qué «nadie lo llama nunca». Usted no puede desconectar su corazón y esperar escuchar de Dios.

Lo mismo es cierto de las personas que no parecen poder encontrar la vida abundante que Cristo ha prometido. Su corazón es el lugar donde la vida fluye en usted. «En el último y gran día de la fiesta, Jesús se puso en pie y alzó la voz, diciendo: Si alguno tiene sed, venga a mí y beba. El que cree en mí, como dice la Escritura, de su interior correrán ríos de agua viva». (Juan 7.37, 38) Esto quiere decir que de la parte más profunda de su ser, de su corazón, de esa fuente de vida en su interior. Dios *quiere* darle Su vida; la parte de usted es mantener abierto el canal, y lo hace cuidando su corazón.

Clairvaux describe la madurez cristiana como la etapa en la cual «nos amamos porque Dios así lo quiere», queriendo decir que como para él nuestros corazones son los tesoros del reino, también lo son para nosotros. Nos cuidamos a nosotros mismos al igual que se cuida una mujer que sabe que es amada profundamente, mientras que una mujer que ha sido maltratada tiende a «descuidarse a sí misma». Los amigos de Dios cuidan sus corazones porque son importantes para *él*.

¿QUÉ HARÁ USTED?

Permítame preguntarle otra vez: ¿Cómo viviría usted de manera diferente si supiera que su corazón es el tesoro del reino?

¿Qué necesita su corazón? En cierto sentido es una pregunta personal y única en cuanto a la forma que somos y lo que nos trae vida. Para algunos es la música; para otros la lectura; para otros es trabajar en el jardín. A nuestra amiga Lori le encanta la ciudad; yo casi no puedo esperar para salir de una ciudad. A Bart le gusta leer artículos sobre la aviación; a Cherie le gusta leer una buena novela. A Bethann le encantan los caballos, y Gary siempre quiere sacar tiempo para trabajar en su taller de carpintero. Usted sabe lo que refresca su corazón, las cosas que le hacen cobrar vida. Yo no entiendo el asunto de las mujeres y los baños, pero sé que a Stasi le encantan y que apenas puede disfruta una especie de retiro de quince minutos en la bañera: «Él me guía a aguas llenas de burbujas». Para mí y para mis hijos es cuanto más sucios, mejor.

Hay algunas necesidades que todos los corazones tienen en común. Todos necesitamos la belleza. Es algo evidente en el hecho de que Dios ha llenado el mundo de belleza. Él nos ha dado el sol y la lluvia:

y el vino que alegra el corazón del hombre,
el aceite que hace brillar el rostro,
y el pan que sustenta la vida del hombre (Salmo 104.15).

Bebemos de la belleza dondequiera que la podamos hallar, en la música, en la naturaleza, en el arte, en una buena comida con amigos. Estos son todos regalos que recibimos del corazón generoso de Dios. Amigos, esas cosas no son adornos de la vida sino que nos traen vida.

Los cielos azules
Los campos verdes
Son todos para ti

La luna plateada
El brillante mar
Son para ti.

Para ti, los vientos que soplan
Para ti, los ríos que corren

Y todo aquello en lo que has soñado
Aun el amor en el que sueñas,
Todo es para ti. (John Smith y Lisa Aschmann, «All for You»)

No creo que hubiera podido terminar este libro si no fuera por las caminatas que doy todos los días en el bosque. Anoche comenzó a nevar. Todavía sigue nevando ahora. La nieve, también, es un regalo para mi corazón. Temprano esta mañana, me senté a observarla caer; tan callada y hermosa, se sintió como un bálsamo para mi alma.

Necesitamos el silencio y la soledad. A menudo, Jesús nos modeló eso, aunque muy pocos de nosotros alguna vez seguimos su ejemplo. No pasó ni siquiera un capítulo completo en el evangelio de Marcos, y el Nazareno ya había creado una conmoción. «Y toda la ciudad se agolpó a la puerta», lo que quiere decir que Jesús se está convirtiendo en el hombre que hay que ver. Veamos la historia allí.

> Cuando llegó la noche, luego que el sol se puso, le trajeron a todos los que tenían enfermedades, y a los endemoniados; y toda la ciudad se agolpó a la puerta. Y sanó a muchos que estaban enfermos de diversas enfermedades, y echó fuera muchos demonios; y no dejaba hablar a los demonios porque le conocían. Levantándose muy de mañana, siendo aún muy oscuro, salió y se fue a un lugar desierto, y allí oraba. Y le buscó Simón, y los que con él estaban; y hallándole, le dijeron: Todos te buscan. Él les dijo: Vamos a los lugares vecinos» (Marcos 1.32-38).

«Todos te buscan». Seguramente que usted se puede identificar con eso. En el trabajo, en el hogar, en la iglesia, ¿no hay veces cuando todo parece caerle a usted? Bien, esta es una oportunidad muy grande. Es decir, si Jesús quería expandir su ministerio, aumentar las ventas, expandir su audiencia, esta parecería ser la oportunidad de hacerlo. ¿Qué hace él aquí? Se va. Se aleja. ¡Todos te buscan! Oh, sí... entonces es mejor que nos vayamos. Me hace reír. Wendell Berry debe haber estado escribiendo sobre Jesús cuando dijo: «Su calidad de visionario se encontraba en su habilidad de rehusarse, o su inhabilidad, de vivir dentro de las expectativas de otras personas». Somos lo opuesto; nuestras vidas completas están regidas por las expectativas de los demás, y cuando vivimos así, lo primero que se pierde es el corazón.

Permítame preguntarle otra vez: ¿Qué es lo que necesita *su* corazón? Un lugar simple para comenzar sería preguntarle a Dios: *¿Qué es lo que tienes para mi corazón?* Usted se sorprenderá de las cosas a que él lo guía.

Hace poco mis padres vinieron a visitarnos. Fue un tiempo bueno, pero cayó durante muchas otras demandas sobre mí, y para cuando la semana terminó, yo estaba agotado física, emocional y espiritualmente. No había tenido ni un momento para mí mismo. Mientras los llevaba en mi automóvil al aeropuerto, mi padre mencionó que había leído en la sección de deportes del periódico local que la pesca estaba muy buena en uno de mis antiguos lugares favoritos. Lo recibí con un simple «Oh». Camino de regreso a casa, Dios me susurró: *Vete de pesca.* ¿Qué? No tengo tiempo para ir a pescar. Eso era lo último que tenía en la mente. *Toma tu canoa, llama a Morgan y ve al lago.* Usted debe entender mi renuencia. Por un lado, la canoa estaba sirviendo de lugar para guardar cada baratija y desecho en mi garaje. Estaba enterrada. Por otro lado, yo no había estado en el lago desde hacía cuatro años, desde el día que murió mi mejor amigo.

Pero he aprendido a confiar en Dios en estos impulsos, así que llamé a mi amigo, desenterré la canoa, encontré mis aparejos, y fuimos. El paisaje era muy hermoso. Las aguas estaban completamente en calma, como un espejo, y no había ni un alma a nuestro alrededor. Remamos, y dentro de unos pocos minutos estábamos pescando esas grandes truchas arco iris, una detrás de la otra, riéndonos y vitoreando y divirtiéndonos mucho. Siento un poco de vergüenza de tener que admitirlo, pero yo estaba sorprendido, simplemente sorprendido. *¿Realmente, Dios? ¿Mi corazón te importa a ti?*

Tal vez usted no piense que Dios quiera esto para usted… pero, ¿se lo ha preguntado? Creo que he perdido miles de pequeños impulsos a través de los años, simplemente porque no estaba abierto al hecho de que sí ocurren. Pero estoy maravillado, y más que eso, me siento humilde por el número de regalos que él le ha dado a mi corazón desde que comencé a obedecer así fuera parcialmente Proverbios 4.23. Y sé que yo no soy ningún caso especial. El martes pasado, las personas de nuestra comunidad hogareña estaban revisando algunas notas que escribimos de un ejercicio que realizamos juntos al principio del año. Habíamos apartado una noche para escribir las cosas que nos gustaría que sucedieran en nuestras vidas en el transcurso del año. Es una manera simple de escuchar lo que su corazón necesita: ¿Qué es lo que usted quiere? ¿Qué es lo que anhela su corazón?

Habían pasado diez meses cuando Jenny sugirió que miráramos lo que habíamos escrito. Repasar nuestros deseos fue sorprendente en dos sentidos. Primero, la mayoría de nosotros se había olvidado completamente de lo que anhelábamos. (La señal de un corazón abandonado: no nos acordábamos de nuestros propios sueños). Stasi no se acordaba que quería hablar a grupos de mujeres. Yo había olvidado que quería ir a Alaska. Leigh había olvidado que quería bailar. Joni se había olvidado de su deseo de visitar los Tetons, en las Montañas Rocosas. Pero lo que fue aún más sorprendente fue que *Dios* no lo había olvidado. Nosotros habíamos ido a Alaska, Joni había ido a los Tetons y Leigh había danzado; todo eso de forma maravillosa. Stasi habló en su primer retiro de mujeres; fue glorioso. En cada una de las listas de las personas, en la mayoría de los casos, Dios nos había dado los deseos de nuestro corazón. ¡Qué fantástico! Nuestros corazones *sí* le importan a Dios.

El enemigo le va a decir que esto es una tontería. *Hay tantas otras cosas importantes para hacer. Puedes hacer esto en otro momento. Estás siendo egoísta. De todas formas, esto no es ni siquiera lo que quieres.* Cuidar su corazón es un acto de obediencia. Es un acto de amor, un acto de fe y un acto de guerra.

Como un acto de guerra

Cuidar su corazón es su primer golpe contra las artimañas del enemigo.

El corazón que es débil es vulnerable. ¿Puede usted defenderse de las acusaciones cuando está deshecho por una semana difícil en el trabajo? Con tanto cansancio, hasta parecieran ser ciertas, ¿y a quién le importa, de todas maneras? Usted sabe muy bien cuánto lo agotan a uno los días feriados. ¿Está usted desbordando de oración el día después de la Navidad? Preste atención: la primera ola de cualquier golpe contra nosotros es robarnos del corazón el deseo de luchar. Siempre empieza de esa forma, con ese sentimiento de estar demasiado cansados o atribulados. Advertencia: el ataque principal viene pisándole los talones a ese ataque inicial. Al enfrentarse a un enemigo sobrecogedor en Agincourt, el Rey Enrique ora por sus hombres, que el número de oponentes no «les arranque el corazón de ellos».

Considere lo siguiente: las hienas no pueden vencer a un león que está en su apogeo. Lo que hacen es que lo corretean, lo molestan, y lo cansan hasta el punto del agotamiento. Una vez que ven que el león no se puede defender a sí mismo, se le echan encima. La estrategia del enemigo en la época en que vivimos es las *muchas ocupaciones* o *el impulso a hacer mucho más*. Pregúntele a la gente que conoce, cómo marchan las cosas. Nueve de diez le van a responder que están «muy ocupados». Cada vez que llamo a otro ministerio me contesta alguien para que deje un mensaje. «Están muy ocupados en este momento, ¿puedo conectarlo con su máquina de dejar mensajes?» El complot mortal es este: *mantenlos corriendo. De esa forma, nunca van a cuidar sus corazones. Los vamos a agotar, y los vamos a derrotar.*

Yo no quiero ser derrotado. Otras personas cuentan conmigo. Debo cuidar mi corazón como mi primera línea de defensa.

Un corazón vacío también es más vulnerable a la tentación. ¿No es cuando usted está triste y desalentado que una bolsa de galletitas le parece una salvación? ¿No es cuando usted está aburrido y solitario que el canal de televisión para adultos le parece irresistible? Un corazón que ha sido cuidado es como un hombre o una mujer que está profundamente enamorado. Una relación ilícita ni siquiera les llama la atención cuando se tiene lo que es verdadero. Es el corazón hambriento el que sucumbe a la seducción. Hay un gran cuadro de esto en la película *Chocolate*. El terror de la ciudad es un fariseo, un legalista atado a las reglas. Él niega su corazón, lo odia y le teme. Una noche él va a destrozar el negocio de chocolate y termina llevándose a sí mismo a un estado de coma, su hambriento corazón vencido por un poco de chocolate.

Sea bueno con usted mismo. Cuide su corazón. Lo va a necesitar.

Queridos amigos, estamos en guerra

Si corriste con los de a pie,

y te cansaron,

¿cómo contenderás con los caballos?

Y si en la tierra de paz no estabas seguro,

¿cómo harás en la espesura del Jordán? (Jeremías 12.5)

Mire, la cosa se va a poner peor antes de que mejore. Jesús nos advirtió al respecto. Así que déjeme decirle otra vez: *estamos en guerra*. Las peores escenas en *El Señor de los Anillos* o en *La Matriz* o en *Gladiator* están simplemente tratando de despertarlo a la realidad en la que vive ahora. El rescate de su vida requiere que usted *cuide su corazón… ahora mismo*. Él sabe lo que viene.

Algo así como la batalla de Iwo Jima va a venir… espiritualmente, en nuestras vidas, y en la vida del cuerpo de Cristo alrededor del mundo. Decir que fue una de las batallas más sangrientas, horrorosas, más heroicas en la historia de la guerra es decir la verdad, pero no nos da un cuadro real. La película de John Wayne ni siquiera se acerca a lo que realmente sucedió allí. Fue horrible, más allá de las palabras. Imagínense la primera escena de la película *Saving*

Private Ryan, y multiplíquela por tres. Los japoneses habían estudiado la victoria de las fuerzas aliadas en Normandía para prepararse para esta invasión. Transformaron a la pequeña isla, un pedacito de roca en el Pacifico, en una fortaleza de túneles, trincheras, nidos de ametralladoras, y cavernas subterráneas para esconder a 22.000 soldados japoneses que, al igual que los enajenados *kamizakes*, pilotos suicidas, prometieron morir defendiendo la isla.

Los jóvenes marinos que desembarcaron en Iwo Jima se vieron forzados a sacar a los japoneses centímetro a centímetro, peleando con un enemigo que no podían ver mientras eran expuestos a toda clase de armas de fuego desde toda dirección posible. Morteros, ametralladoras, minas, granadas. Algunos sobrevivientes informaron que no vieron ni a un solo soldado japonés en esos días de combate. (Suena como la guerra espiritual). Los analistas militares creyeron que la guerra podía ser ganada en setenta y dos horas. Tomó treinta y seis días y costó casi siete mil vidas de soldados norteamericanos. Más medallas de honor se otorgaron por acción allí que en ninguna otra batalla en la historia de los Estados Unidos. El segundo día de la invasión, un reportero de guerra, yéndose del campo, le advirtió a un colega: «Yo no iría allí si fuera usted. Hay más infierno allí que el que he visto en todo el resto de la guerra».

Los hombres de *Easy Company* fueron los primeros en descender a ese infierno, y entre los últimos en salir del lugar después de más de cinco semanas seguidas. La unidad de ellos sufrió 85 por ciento de pérdidas. La compañía había desembarcado en la parte este de la isla, en el lado llamado *Green Beach One*. Dos mil atrincherados japoneses comenzaron a disparar todo lo que tenían sobre los totalmente expuestos soldados de infantería de marina. No solamente durante horas o días, sino por *semanas*. En el día quince de la batalla, sacaron a la compañía *Easy* del frente para darle un respiro. Su capitán llevó a la compañía a una playa segura en la parte oeste de la isla. ¿Sus órdenes?

Ir a nadar.

ANÍMESE

Ahora estamos yendo a la batalla. Es el principio del fin. Se hace tarde y a usted lo necesitan. Necesitamos su corazón.

Si hubiera algo más que yo pudiera hacer para ayudarlo a ver, quisiera haberlo podido hacer. Se me llenan los ojos de lágrimas por el temor de no haber hecho suficiente. Usted debe volver, entonces, a su mito. Mañana, y el día siguiente, y el día después. Lea la batalla del Abismo de Helm, que se encuentra en el capítulo siete de *Las Dos Torres*. Mire cualquiera de las películas de esa trilogía y la primera parte de *Gladiator*. Allí es donde estamos ahora. O si lo puede resistir, mire la batalla de *Dran Valley* en *We Were Soldiers*. Es completamente cierta en cuanto a lo que debemos enfrentar y por cierto enfrentaremos. Piense en el clímax de *The Prince of Egypt*, donde Dios va a la guerra contra los egipcios para darle libertad a su pueblo. Si las imágenes de Éxodo no lo conmueven, no sé qué lo conmoverá.

Lea el último libro de la serie de Lewis *Las crónicas de Narnia*, que se llama *La última batalla*. Yo no creo que él supiera todo lo que estaba diciendo allí. Esas historias y esas imágenes se encuentran entre las historias que Dios le está dando a su pueblo para esta hora. Son regalos para nosotros de su mano, claridad y fortaleza para nuestros corazones. Según parece, las necesitamos cuanto antes. Le harán un bien muy grande. Y entonces… usted hará un bien muy grande. ¿Recuerda a nuestros amigos del camino de Emaús? Bien, la historia de ellos termina con sus ojos bien abiertos. Van volando a Jerusalén, con sus corazones que no les caben en el pecho, diciendo: «Y hallaron a los once reunidos, y a los que estaban con ellos, que decían: Ha resucitado el Señor verdaderamente» (Lucas 24.33, 34). Sí, es verdad. Toda la historia.

Ahora estamos muy adelantados en esta historia épica que todo gran mito señala. Hemos llegado al momento en el cual también nosotros debemos encontrar nuestro valor y levantarnos para recuperar nuestros corazones y pelear por el corazón de otros. La hora es avanzada, y se ha desperdiciado mucho tiempo. Aslan se ha puesto en movimiento; debemos unirnos a él en la mesa de piedra. Debemos encontrar a Gepetto que está perdido en el mar. Debemos cabalgar aprisa, cabalgar hasta llegar al Abismo de Helm y unirnos a la gran batalla por la Tierra Media. Aproveche todo lo que Dios le envía. Usted va a necesitar todo lo que le ayude para ver con los ojos de su corazón, incluyendo esos mitos, y la forma en que nos iluminan las palabras que Dios nos ha dado en las Escrituras, «a la cual hacéis bien en estar atentos como a una antorcha que alumbra en lugar oscuro, hasta que el día esclarezca y el lucero de la mañana salga en vuestros corazones» (1 Pedro 1.19).

Sí, hasta que el día esclarezca, y el Lucero de la mañana salga en nuestro *corazón*.

Despiértate, tú que duermes,
y levántate de los muertos,
y te alumbrará Cristo.
—El apóstol Pablo
(Efesios 5.14)

Una oración diaria por liberación

Querido Señor Jesús, vengo a ti ahora para ser restaurado en ti, para renovar mi lugar en ti, mi compromiso contigo, y para recibir de ti toda la gracia y la misericordia que tanto necesito hoy. Te honro como mi soberano Señor, y entrego todos los aspectos de mi vida total y completamente a ti. Te doy mi cuerpo, un sacrificio vivo, te doy mi corazón, mi mente, mis fuerzas. También te doy mi espíritu.

Me cubro con tu sangre, cubro mi espíritu, mi alma y mi cuerpo. Y le pido a tu Espíritu Santo que restaure mi unidad contigo, me selle en ti, y me guíe en este tiempo de oración. En todo por lo que ahora oro (mi esposa y/o mis hijos, por nombre). Actuando como cabeza de ellos, los traigo bajo mi autoridad y cobertura, y vengo bajo tu autoridad y cobertura. Espíritu Santo, aplica en sus vidas todo lo que ahora te pido.

Querido Señor, santa y victoriosa Trinidad, solo tú eres digno de mi adoración, de la devoción de mi corazón, de toda mi alabanza y mi confianza y de la gloria de mi vida. Te adoro, me inclino ante ti, y me entrego a ti otra vez en mi búsqueda por la vida. Tú solo eres Vida, y tú te has convertido en mi vida. Renuncio a todos los dioses falsos, todos los ídolos, y te doy a ti el lugar en mi corazón y en mi vida que verdaderamente mereces. Confieso aquí y ahora que todo gira en torno Dios, y que esto no se trata de de mí. Tú eres el héroe de esta historia, y yo te pertenezco. Perdóname, Dios, perdona todos y cada uno de mis pecados. Escudriña todo mi ser, y revélame cualquier aspecto de mi vida que no te agrade, expone cualquier acuerdo y concesión que haya hecho, y concédeme la gracia de un arrepentimiento profundo y verdadero.

Padre celestial, gracias por amarme y elegirme antes que hicieras el mundo. Tú eres mi Padre verdadero, mi Creador, mi Redentor, mi Sustentador, y el fin verdadero de todo, incluyendo mi vida. Te amo, confío en ti y te adoro. Gracias por probar que me amas al enviar a tu Hijo unigénito, Jesús, para que sea mi sustituto y representante. Lo recibo y recibo toda su vida y todo lo que hizo, lo cual tú ordenaste para mí. Gracias por incluirme en Cristo, por perdonar mis pecados, por concederme su justicia, por hacerme completo en él. Gracias por darme vida juntamente con Cristo, resucitándome con él, sentándome a su mano derecha, concediéndome su autoridad y ungiéndome con su Espíritu Santo. Recibo todo esto con agradecimiento y le concedo todos los derechos sobre mi vida.

Jesús, gracias por venir en mi lugar, por rescatarme con tu propia vida. Te honro como mi Señor; te amo, te adoro y confío en ti. Te recibo sinceramente como mi Redentor, y recibo toda la obra y triunfo de la crucifixión. Soy limpio de todo pecado por tu sangre derramada, mi vieja naturaleza ha sido quitada, mi corazón ha sido circuncidado para Dios, y cualquier derecho que esté siendo reclamado contra mí, queda desarmado. Tomo mi lugar en tu cruz y en tu muerte, y por lo tanto he muerto contigo al pecado y a la carne, al mundo, y al maligno. Estoy crucificado con Cristo, y he crucificado mi carne con todas sus pasiones y deseos. Tomo mi cruz y crucifico todo su orgullo, incredulidad e idolatría. Dejo al hombre viejo. Ahora pongo la cruz de Cristo entre mí y toda la gente, todos los espíritus, todas las cosas. Espíritu Santo, aplica a mí [mi esposa y/o mis hijos] la plenitud de la obra de la crucifixión de Jesús por mí. La recibo con agradecimiento y le doy todos los derechos sobre mi vida.

Jesús, también con sinceridad te recibo como mi nueva vida, mi santidad y santificación, y recibo toda la obra y triunfo de tu resurrección, por la cual he sido resucitado contigo a una nueva vida, a caminar en novedad de vida, muertos al pecado y vivos para Dios. Estoy crucificado con Cristo, y ya no soy yo el que vive sino que Cristo vive en mí. Ahora yo tomo mi lugar en tu resurrección, por lo tanto he sido hecho vivo en ti, reino en la vida a través de ti. Ahora me visto del nuevo hombre en toda su santidad y humildad, en toda su justicia, pureza y verdad. Ahora Cristo es mi vida y el que me fortalece. Espíritu Santo, aplica a mí [mi esposa y/o mis hijos] la plenitud de la resurrección de Cristo por mí. La recibo con agradecimiento y le doy todos los derechos a mi vida.

Jesús, también con sinceridad te recibo como mi autoridad y señorío, mi eterna victoria sobre Satanás y su reino, y recibo toda la obra y el triunfo de tu ascensión, por la cual Satanás ha sido juzgado y echado fuera, sus dominios y autoridades han sido desarmadas. Toda autoridad en el cielo y en la tierra te ha sido dada a ti, Jesús, y yo he recibido plenitud en ti, la Cabeza de todos. Tomo mi lugar en tu ascensión, por lo cual he sido levantado contigo a la mano derecha del Padre y establecido contigo en toda autoridad. Traigo tu autoridad y el gobierno de tu reino a mi vida, mi familia, mi casa, y mi dominio.

Y ahora traigo la plenitud de tu obra, tu cruz, tu resurrección y tu ascensión, contra Satanás, contra su reino, y contra todos sus emisarios y la obra de ellos contra mi dominio. Más grande es el que está en mí que el que está en el mundo. Cristo me ha dado autoridad para vencer todos los poderes del maligno, y yo reclamo esa autoridad ahora sobre y contra cada enemigo, y los hago desaparecer en el nombre de Jesucristo. Espíritu Santo, aplica a mí [mi esposa y/o mis hijos] la plenitud de tu obra de la ascensión de Cristo para mí. La recibo con agradecimiento y le doy todos los derechos a mi vida.

Espíritu Santo, te recibo sinceramente como mi Consejero, mi Consolador, mi Fortaleza y mi Guía. Gracias por sellarme en Cristo. Te honro como mi Señor y te pido que me guíes a toda verdad, que me unjas en mi vida y mi caminar y mi llamado, y que me guíes más profundamente a Jesús hoy. Te abro mi vida totalmente en cada dimensión y aspecto, mi cuerpo, mi alma, mi espíritu, escogiendo ser lleno con tu plenitud, y caminar contigo en todas las cosas. Aplícame, bendito Espíritu Santo, toda la obra y todos los dones de Pentecostés. Lléname de nuevo, bendito Espíritu Santo. Te recibo con agradecimiento y te doy todos los derechos a mi vida [y la de mi esposa y/o mis hijos].

Padre celestial, gracias por concederme toda bendición espiritual en los lugares celestiales en Jesucristo.

Recibo esas bendiciones en mi vida hoy, y le pido al Espíritu Santo que traiga todas esas bendiciones a mi vida hoy. Gracias por la sangre de Jesús. Lávame una vez más con su sangre de todo pecado, mancha y cosa maligna. Me pongo tu armadura, el cinto de la verdad, la coraza de justicia, y me calzo con el apresto del evangelio de la paz, el yelmo de la salvación. Tomo el escudo de la fe y la espada del Espíritu, la Palabra de Dios, y en el poder de Dios, empuño estas armas contra el maligno. Decido orar en todo tiempo en el Espíritu, para ser fuerte en ti, Señor, y en todo tu poder.

Padre, gracias por tus ángeles. Los llamo en la autoridad de Jesucristo y los envío a la guerra por mí y por mi casa. Que me guarden a toda hora hoy. Gracias por las personas que oran por mí; confieso que necesito sus oraciones, y te pido que envíes tu Espíritu y los despiertes, los unas para levantar toda la cobertura de oración e intercesión por mí. Reclamo todo el reino del Señor Jesucristo hoy en toda mi casa, mi familia, mi vida y mi dominio. Oro esto en el nombre de Jesucristo, con toda la gloria y el honor, y le doy gracias a él.

Agradecimientos

De todo corazón agradezco a Travis, a Sealy y su equipo, a mis aliados en Thomas Nelson, a mis amigos de *Ransomed Heart,* a Jenny y a mi familia. Lo logramos.

¿Nos atrevemos a desear?

Pero para pruebas reales usted debe mirar a sus propios anhelos y aspiraciones; debe escuchar a los temas más profundos de la propia historia de su vida.

—GERALD MAY

El anhelar es el tesoro del corazón.

—AGUSTÍN

¿Qué es lo que quieres?

—JESÚS DE NAZARET

La consumida figura yacía al sol como una pila de trapos tirada allí por accidente. Casi no parecía una figura humana. Pero aquellos que usaban la puerta para entrar y salir de Jerusalén lo reconocieron. Ese era su lugar y lo había sido por tanto tiempo como cualquiera lo podía recordar. Era discapacitado, alguien de su familia lo dejaba allí todas las mañanas, y lo recogían al fin del día. A través de los años, una clase de galería de seres humanos enfermos se reunía al lado del estanque de Betesda: los cojos, los ciegos, los sordos, los

leprosos, todos los que usted se puede imaginar. Se corría el rumor
de que algunas veces (nadie sabía en realidad cuándo), un ángel
movía las aguas, y el primero que llegara al agua sería sanado. Casi
como una lotería, si se me permite la expresión. Y como con todas
las loterías, los desesperados eran los que se reunían allí, esperando
un milagro. Así que, hablando técnicamente, el hombre nunca estaba solo. Pero hacía tanto tiempo que alguien en realidad le había
hablado, así que él pensó que la pregunta era dirigida a otra persona. Entrecerrando los ojos a la luz del sol, no reconoció a la figura
parada a su lado. El desventurado hombre le pidió que le repitiera
lo que había dicho. Aunque la voz era amable, la pregunta se sintió
dura, casi cruel.

«¿Quieres ser sano?»

El hombre se quedó sin habla, pestañeando por la luz del sol.
Lentamente, las palabras se le filtraron en la conciencia, como una
voz que le hablaba desde un sueño ¿Quieres ser sano? Lentamente,
como una rueda que hace mucho que está herrumbrada, su mente
comenzó a darle vueltas. ¿Qué clase de pregunta es esta? ¿Por qué
otra razón estaría acostado aquí? ¿Por qué otra razón habría pasado
cada día de los últimos treinta y ocho años yaciendo aquí? Se está
burlando de mí. La burla era algo que le era familiar al hombre, y él
había sufrido bastante cuando le hacían el ridículo. Pero ahora que
su visión se había adaptado a la brillante luz, podía verle la cara y
los ojos al que le hacía la pregunta. No había ni una pizca de burla.
El rostro era tan amable como la voz que había escuchado. Aparen-
temente, el hombre era sincero, porque estaba esperando una respuesta. «¿Quieres ser sano? ¿Qué es lo que quieres?»

«Eh, tú allí, el que no puede caminar, ¿por qué estás tendido
allí? ¿No te gustaría levantarte, estirarte un poco, y caminar?»
¿Quién se atrevía a preguntar algo tan insensible? Fue Jesús quien
formuló la pregunta, así que nosotros debemos estar pasando algo
por alto en esto. Él es el amor encarnado. ¿Por qué le formuló al

parapléjico una pregunta tan desconcertante? Por supuesto que el individuo quería sanarse. No hay que ser Dios para ver lo que es obvio. ¿O lo era? Al igual que con la mayoría de las preguntas que formuló, Jesús estaba buscando algo que no se ve. Por supuesto que Él sabía la respuesta, ¿pero la sabía el hombre? ¿La sabemos nosotros? Piense en el hombre que estaba en el suelo por unos momentos; póngase usted, literalmente, en su lugar. Su vida entera había sido formada por su quebrantamiento. Todos los días quería una cosa. No eran riquezas. No era la fama. La vida para este hombre estaba capturada por un deseo simple e inalcanzable. Cuando los otros niños corrían y jugaban, él estaba sentado observando. Cuando su familia estaba de pie en el templo orando, él yacía en el suelo. Cada vez que necesitaba tomar agua o ir al baño, alguien lo tenía que levantar y llevarlo allí.

Así que él había ido a ese lugar por los últimos treinta y ocho años, esperando ser el afortunado. Claro que era algo improbable, pero era todo lo que tenía. ¿A qué altura comenzó a perder las esperanzas? Primero un año, luego pasaron dos. Nada, por lo menos para él. Tal vez alguien más obtuvo el milagro; ya llegaría su hora. ¿Qué diremos después de cinco años sin ningún resultado? ¿Diez? ¿Por cuánto tiempo podemos sostener nuestros deseos contra las continuas desilusiones? Algunos aguantan más que otros, pero finalmente todos nos movemos a un lugar de resignación, o cinismo o amargura. A medida que transcurrían los años, este hombre, al igual que todos nosotros, comenzó a perder toda la conexión vital del corazón con lo que quería. Él estaba presente, pero su presencia no era contada. Las durezas se habían formado, no en el corazón de Jesús, sino sobre el corazón del otro hombre. Él había abandonado el anhelo. Jesús lo llevó de vuelta al lugar secreto dentro de su corazón. Al preguntarle qué quería, Jesús lo llevó de nuevo a lo que deseaba. ¿Por qué?

Porque es a donde nosotros debemos ir si queremos encontrarnos con Dios.

UNA INVITACIÓN A DESEAR

Tal vez esto le cause sorpresa: el cristianismo no es una invitación a llegar a ser una persona de buenas normas morales. No es un programa para hacernos entrar en vereda o para reformar la sociedad. Tiene un poderoso efecto sobre nuestras vidas, pero cuando viene la transformación, siempre es el efecto posterior de algo más, algo al nivel de nuestros corazones. En su médula, el cristianismo comienza con una invitación a desear. Fíjese de nuevo en la forma en que Jesús se relaciona con la gente. Al igual que hizo con el hombre en la puerta de las Ovejas, Él está continuamente llevándolos a sus propios corazones, a sus deseos más profundos.

La historia de los dos hombres ciegos camino a Jericó repite el tema. Jesús pasa por el lugar donde estos dos hombres están sentados buscando caridad, por no se sabe cuanto tiempo. Saben que Jesús está pasando por el lugar, así que lo llaman con un clamor. Aunque la multitud trata de callarlos, ellos tienen éxito en gritar sobre el alboroto, y captan la atención del Maestro. El desfile se detiene. Jesús camina hasta el costado del camino, y allí de pie delante de Él se encuentran dos hombres, nada es más claro que el hecho de que son ciegos. «¿Qué quieren que les haga?» De nuevo la pregunta. Otra vez lo obvio que después de todo no debe ser tan obvio.

Después está la mujer samaritana con quien Jesús se encuentra en el pozo. Ella ha venido sola al calor del día a buscar agua, y ambos saben por qué. Al ir cuando el sol está alto, es menos probable que se encuentre con otras personas. Como usted puede ver, el estilo de vida sexual de la mujer le ha ganado una «reputación». En aquellos días, tener un compañero detrás del otro no se miraba muy bien. Ella ya va por su sexto amante, así que prefiere soportar los ardientes rayos del sol que enfrentar las cortantes palabras de las mujeres «decentes» de la ciudad que van a sacar agua al atardecer. Ella tiene éxito en evitar a las mujeres pero en cambio se encuentra con Dios. ¿Cuál es el tema que

Jesús escoge para hablar con esta mujer — la inmoralidad de ella? No, él le habla de la sed de ella: «Si conocieras el don de Dios, y quién es el que te dice: Dame de beber; tú le pedirías, y él te daría agua viva» (Juan 4.10). Es notable. Él no le da un pequeño sermón sobre la pureza; ni siquiera la menciona, excepto cuando le dice que sabe cómo ha sido su vida: «Porque cinco maridos has tenido, y el que ahora tienes no es tu marido» (Juan 14.18). En otras palabras, ahora que los dos lo sabemos, hablemos de la sed real de tu corazón, puesto que es obvio que la vida que has escogido no te está dando buenos resultados. «El agua que yo [te] daré será en [ti] una fuente de agua que salte para vida eterna» (Juan 4.14).

Más adelante en el evangelio de Juan, Jesús extiende la oferta a cualquiera que se dé cuenta que su vida no está conectada a su deseo profundo: «Si alguno tiene sed, venga a mí y beba. El que cree en mí, como dice la Escritura, de su interior correrán ríos de agua viva» (Juan 7.37, 38). Su mensaje no era nada nuevo, pero confundió a los líderes religiosos de aquel tiempo. Por cierto que aquellos judíos letrados en las Escrituras deben de haber recordado la invitación tan antigua hecha a ellos, hablada por medio del profeta Isaías setecientos años antes:

> A todos los sedientos:
>   Venid a las aguas;
> y los que no tienen dinero,
>   venid, comprad y comed.
> Venid, comprad sin dinero
>   y sin precio vino y leche.
> ¿Por qué gastáis el dinero en lo que no es pan,
>   y vuestro trabajo en lo que no sacia?
> Oídme atentamente, y comed del bien,
>   y se deleitará vuestra alma con grosura.
>
> (ISAÍAS 55.1, 2)

De alguna forma, el mensaje se había perdido para el tiempo en que Jesús entró en escena. Los judíos de aquel tiempo estaban practicando una espiritualidad que mata el alma, una religión muerta de deberes y obligaciones. Habían abandonado el deseo y lo habían reemplazado con el conocimiento y el desempeño como la clave de la vida. La sinagoga era el lugar al que iban para aprender cómo llevar a cabo el programa. El deseo estaba fuera del asunto: el deber era el sendero que las personas debían caminar. No es de extrañarse que le tuvieran miedo a Jesús. Él llegó y comenzó a apelar al deseo.

Al cansado, Jesús le habla de descanso. Al perdido, le habla de encontrar el camino. Una y otra vez, Jesús lleva a la gente de nuevo a sus deseos: «Pedid, y se os dará; buscad, y hallaréis; llamad, y se os abrirá» (Mateo 7.7). Esas son palabras insólitas, estimulantes. Pedir, buscar, llamar —estas palabras invitan y despiertan el deseo. ¿Qué es lo que usted quiere? Caen en oídos sordos si usted no quiere nada, nada que esté buscando, nada que quiera lo suficiente como para llamar a una puerta.

Jesús hace renacer el deseo, lo despierta, lo intensifica. Los guardianes religiosos lo acusan de herejía. Él les dice: «De ningún modo. Esta es la invitación que Dios les ha estado enviando todo el tiempo». Él continúa:

> Ustedes estudian con diligencia las Escrituras porque piensan que en ellas hallan la vida eterna. ¡Y son ellas las que dan testimonio en mi favor! Sin embargo, ustedes no quieren venir a mí para tener esa vida (Juan 5.39, 40, Nueva Versión Internacional).

LA VIDA EN TODA SU PLENITUD

Vida eterna… tendemos a pensar en ella en términos de una existencia que nunca termina. Y la existencia que parece implicar —una cierta clase de experiencia religiosa en el cielo—, nos deja preguntándonos si querríamos que continuara para siempre. Pero Jesús es bien claro cuando habla de la vida eterna, lo que quiere decir es vida que es absolutamente maravillosa y que nunca puede ser menguada, ni tampoco se puede robar. Él dice: «Yo he venido para que tengan vida, y para que la tengan en abundancia» (Juan 10.10). No dice: «He venido para amenazarlos a entrar en vereda». Tampoco dice: «He venido para extenuarlos con una larga lista de demandas». Ni siquiera dice: «He venido principalmente para perdonarlos». Sino que simplemente dice: «Mi propósito es traerles vida en toda su plenitud». En el libro titulado *The Divine Conspiracy,* Dallas Willard escribe:

> Jesús se ofrece a sí mismo como la puerta que lleva a la vida que es verdaderamente vida. La confianza en Él nos lleva hoy, y en otros tiempos, a convertirnos en Sus aprendices en vivir eternamente. «Los que vienen a través de mí estarán a salvo», dijo. «Entrarán y saldrán y encontrarán todo lo que necesitan. Yo he venido a su mundo para que puedan tener vida, y vida hasta el máximo».

En otras palabras, la vida eterna no es principalmente duración sino calidad de vida, «vida hasta el máximo». No nos la pueden robar, así que continúa. Pero el enfoque es en la vida en sí misma. «En él estaba la vida», dice el apóstol Juan de Jesús, «y la vida era la luz de los hombres» (Juan 1.4). Fíjese que las personas que no son tan buenas para mantenerse dentro del programa pero que están muy conscientes de la profunda sed de su alma son capturadas por el mensaje de Jesús. Personas comunes y corrientes rompen el techo de una casa para llegar a Él. Literalmente se atropellan tratando de llegar más cerca de este hombre. Nunca he visto a nadie actuar de esta manera para tratar de obtener una posibilidad de servir en un comité de alguna iglesia o para escuchar un sermón sobre por qué bailar es «del diablo». La gente actúa de esta manera cuando es un asunto de vida o muerte. Las multitudes se atropellan tratando de salir de un edificio en llamas; empujan a la muchedumbre para alcanzar una línea de comida. Cuando la vida está en juego y la respuesta está al alcance, entonces es cuando usted ve el deseo humano desenmascarado en toda su desesperación.

Los fariseos pierden completamente el significado de esto. Sus corazones están endurecidos por la misma ley que afirmaron que les traería vida. Ponen su esperanza en reglas y regulaciones, en saber y hacer las cosas perfectamente. Habiendo matado la sed de sus almas con el deber, continuaron hasta matar la única Esperanza de sus almas, pensando que estaban cumpliendo con su deber.

Buenas noticias que en realidad no lo son

Parece que las cosas han llegado al punto de partida. La promesa de vida y la invitación a desear se han perdido nuevamente debajo de una pila de enseñanzas religiosas que ponen el foco en el conocimiento y el desempeño.

> La historia nos ha traído al punto en el cual se cree que el mensaje cristiano se ocupa esencialmente solo en cómo tratar con el pecado: con las cosas malas y con los seres malos y sus efectos. La vida, nuestra existencia real, no está incluida en lo que ahora es presentado como el corazón del mensaje cristiano, o se incluye solo marginalmente. *(The Divine Conspiracy)*

Así que Dallas Willard describe los evangelios que tenemos hoy como «evangelios de manejo del pecado». El pecado es el punto principal, y nosotros tenemos la cura. Típicamente, es un sistema de conocimiento o desempeño, o una mezcla de los dos. Aquellos en la esfera del conocimiento ponen el énfasis en que nuestra doctrina esté bien alineada. La creencia correcta se ve como los medios para la vida. El deseo no tiene nada que ver; lo que importa es el contenido. Pero fíjese en esto: los fariseos sabían más de la Biblia de lo que jamás sabremos la mayoría de nosotros, y endureció sus corazones. El conocimiento no es tan bueno como se piensa que es. Si usted está familiarizado con la narración bíblica, recordará que en el huerto del Edén había dos árboles: el árbol del conocimiento del bien y el mal, y el árbol de la vida. Nosotros tenemos el árbol equivocado. Tenemos conocimiento, y no nos ha hecho mucho bien. T. S. Eliot se lamentaba:

> Invenciones sin límite, experimentos sin límite,
> Llevan al conocimiento a ponerse en movimiento, pero no a la quietud;
> Conocimiento para hablar, pero no para estar en silencio;
> Conocimiento de muchas palabras, pero no de la Palabra.
> ¿Dónde está la vida que hemos perdido viviendo?
> ¿Dónde está la sabiduría que hemos perdido en el conocimiento?
>
> («Choruses from the Rock»)

El cristianismo a menudo se presenta como la transferencia esencial de un cuerpo de conocimiento. Aprendemos de dónde venían los filisteos, cuánto valdría una dracma hoy en día, y toda clase de cosas del griego original. La información presentada no podría parecer menos pertinente a nuestros deseos más profundos.

Y luego tenemos los sistemas dirigidos a que arreglemos nuestros comportamientos, de una forma u otra. Sin tener en cuenta a la iglesia que usted asista, casi siempre hay una lista no hablada de cosas que usted no debería hacer (de acuerdo a su denominación y cultura, pero típicamente larga), y una lista de lo que puede hacer (por lo regular mucho más corta, en su mayor parte de actividad religiosa que parece totalmente sin relación a nuestros deseos más profundos y que nos deja extenuados).

Y esto, se nos dice, son las buenas noticias. Sepa lo que es correcto; haga lo que es correcto. ¿Es esto vida? Cuando esto no nos parece algo sobre lo cual sentirnos emocionados, sentimos que no debemos ser lo suficientemente espirituales. Tal vez una vez que tengamos una lista lo suficientemente larga, entenderemos.

No necesitamos más hechos, y por cierto que no necesitamos más cosas que hacer. Necesitamos Vida, y la hemos estado buscando desde que perdimos el Paraíso. Jesús apela a nuestros deseos, porque Él vino a hablarle a nuestro deseo. Cuando abandonamos el deseo, ya no escuchamos o entendemos lo que nos está diciendo. Pero hemos vuelto al mensaje de la sinagoga; estamos predicando la ley. Y el deseo es el enemigo. Después de todo, el deseo es el obstáculo individual mayor a la meta que es hacernos entrar en vereda. Se nos dice que matemos el deseo y lo llamamos santificación. O como les dijera Jesús a los fariseos: «Abruman a los demás con cargas que apenas se pueden soportar, pero ustedes mismos no levantan ni un dedo para ayudarlos» (Lucas 11.46, Nueva Versión Internacional). Como resultado, dice Dallas Willard: «Las almas de los seres humanos son dejadas para marchitarse y morir en las llanuras de la vida porque no son presentadas al ambiente para el cual fueron hechas».

«Yo comencé a hacerme preguntas serias sobre mi fe», me escribió un amigo, «cuando estaba sufriendo mi segundo año de depresión. La gente en la iglesia veían mi rostro deprimido, y me elogiaban sobre lo buen creyente que era». Yo no estoy inventando esto. Este pobre hombre estaba siendo alentado por su buena espiritualidad cuando era aparente que su alma estaba muriendo. «Yo pensé que la mejor manera en que puede vivir una persona es mantener sus deseos a un mínimo para que pueda estar preparada para servir a Dios». ¿No es ese el mensaje? Tal vez no sea explícito (lo que en realidad creemos muy raramente lo es), pero es lo suficientemente claro. Deshágase del deseo y comience con el programa.

Compare la vida marchita que se pone como modelo de la madurez cristiana con la vida revelada en el libro de los Salmos:

> Me mostrarás la senda de la vida;
>> En tu presencia hay plenitud de gozo;
>> Delicias a tu diestra para siempre.
>
> (16.11)

> Como el ciervo brama por las corrientes de las aguas,
>> así clama por ti, oh Dios, el alma mía.
> Mi alma tiene sed de Dios, del Dios vivo;
>> ¿Cuándo vendré y me presentaré delante de Dios?
>
> (42.1, 2)

> Dios, Dios mío eres tú;
>> de madrugada te buscaré;
>> Mi alma tiene sed de ti, mi carne te anhela,
>> en tierra seca y árida
>>> donde no hay aguas.
>
> (63.1)

Formúlese la siguiente pregunta: ¿Podría esta persona ser promovida a una posición de liderazgo en la iglesia? Por supuesto que no. Es demasiado inestable, demasiado apasionado, se deja llevar demasiado por sus deseos. Se trata de placer, deseos y sed. Y David, quien escribió la mayor parte de los salmos, fue llamado «un varón conforme a su [de Dios] corazón» (1 Samuel 13.14).

El cristianismo no tiene nada que decirle a la persona que es completamente feliz con la manera que son las cosas. Es un mensaje para aquellos que tienen hambre y sed, para aquellos que desean la vida como fue diseñada para ser. ¿Por qué apela Jesús al deseo? Porque es esencial para Su meta: traernos vida. A propósito, Él sana al hombre en el estanque de Betesda. Los dos hombres ciegos al costado del camino reciben la vista, y la mujer que encontró en el pozo encuentra el amor que había estado buscando. Reflexionando sobre estos acontecimientos, el apóstol Juan miró lo que Jesús ofrecía y lo que entregaba y dijo: «El que tiene al Hijo, tiene la vida» (1 Juan 5.12).

La historia del deseo

Entendemos mal las buenas noticias que Jesús está anunciando cuando las escuchamos fuera de la historia que Dios nos está diciendo. Las buenas noticias, un informe que nos trae alivio y gozo al mismo tiempo, son noticias que hablan a nuestro dilema. Cuando usted escucha que el doctor le dice que el bulto que tiene es benigno, es buenas noticias. Recibir una nota de la Dirección de Impuestos Internos que le dice que no le van a revisar sus declaraciones es buenas noticias. Recibir una llamada de la policía que le dice que han encontrado a su hija es buenas noticias. Que le ofrezcan sugerencias y técnicas para vivir una vida más obediente no se encuentra ni siquiera en la esfera de las buenas noticias. Sabemos en nuestro corazón que nuestro dilema no puede ser: «Quisiera ser una persona más decente. Lo que en realidad necesito es un programa para mejorar mis principios morales». Jesús parecía pensar que lo que Él ofrecía real y verdaderamente le hablaba a nuestro dilema. Aquellos que entendieron y adoptaron lo que decía están de acuerdo. Así que, ¿cuál es nuestro dilema? ¿Qué es lo que necesitamos escuchar con más urgencia? ¿Dónde estamos en la historia?

Preguntémosle a los que relatan las historias. Hollywood ha dominado el arte de hablar a las situaciones difíciles de los seres humanos. Considere el éxito de la película de James Cameron del año

1997: «Titanic». No solamente se llevó prácticamente todos los premios Oscar, sino que la película ha llegado a ser la que se ha visto más en el mundo, sobrepasando «Lo que el viento se llevó». La venta de entradas ha sobrepasado dos mil millones de dólares. Conozco a gente que no solo la ha visto una o dos veces, sino muchas veces. Es un fenómeno cuyo atractivo sobrepasa los límites generacionales y culturales. ¿Por qué? Los críticos cristianos de la película no se dieron cuenta de su significado, y se concentraron casi exclusivamente en los asuntos morales (el manejo del pecado traído a la reseña de la película). No puedo dejar de pensar que si esos críticos hubieran estado al lado de la mujer samaritana en el pozo, le habrían dado un buen sermón.

Pero aquí sucede mucho más. Es obvio que la película tocó una fibra; apeló al deseo humano por la vida. ¿Cuál es el centro de la historia? La película comienza con romance, una historia de amor apasionado, que se desarrolla dentro de un viaje emocionante. Aquellos que han visto la película recordarán a los dos jóvenes de pie en la proa del enorme barco mientras este corta el agua de un mar dorado por la maravillosa puesta del sol. Romance, belleza, aventura. Edén. La vida que todos hemos estado buscando porque es la vida para la cual fuimos creados. ¿Nos hemos olvidado, o nunca nos lo han dicho? Érase una vez, al comienzo del viaje de la humanidad sobre la tierra, que vivíamos en un huerto que era exótico y frondoso, que invitaba a la aventura. Era «el ambiente para el cual fuimos creados», al igual que el lobo marino fue creado para el mar. Pero a aquellos de ustedes que aprendieron sobre el Edén en la escuela dominical, tal vez se les ha pasado algo por alto aquí. Usar franelógrafos para presentar el Paraíso no pinta la escena correcta. Imagínese la isla de Maui a la puesta del sol con la persona que más ama. Un mundo de intimidad y belleza y aventura.

Pero entonces sucede la tragedia. Estoy seguro de que no voy a arruinarle la historia a nadie si digo que el barco se hunde. Qué terribles, qué perturbadoras son esas escenas del lento pero irreversible hundimiento del enorme transatlántico, dejando detrás un mar de seres humanos congelándose hasta morir en las aguas del Ártico. Todo ha desaparecido, la belleza, el romance, la aventura. El Paraíso se ha perdido. Y nosotros lo sabemos. Lo sabemos más que nunca antes. Hubo un tiempo antes en el siglo pasado cuando creíamos en el futuro, en algo llamado progreso. Pero ya no, y especialmente para la generación más joven. Todavía no he conocido a una persona joven que crea que su vida va a ser mejor dentro de unos años. Como dijera Chesterton, todos de alguna forma sabemos que somos «sobrevivientes de un accidente, la tripulación de un barco dorado que se ha hundido antes del comienzo del mundo». El barco se ha hundido. Todos estamos a la deriva en el agua, esperando encontrar algunos restos del naufragio para subirnos a ellos y salvarnos.

Pero eso no es todo. El secreto del éxito de la película se encuentra en la escena final. Mientras las cámaras nos llevan una vez más al fondo del mar, se nos da una vez más un vistazo al casco del que una vez fuera un gran barco, algo sucede. El Titanic comienza a transformarse ante nuestros propios ojos. La luz fluye a través de las ventanas. El óxido y la ruina desaparecen mientras la belleza prístina del barco es restaurada. Las puertas se abren, y allí se encuentran todos los grandes corazones de la historia, no están muertos, sino que están vivos y se están gozando. Se está celebrando una fiesta. Es una fiesta de bodas. La heroína, vestida con un hermoso traje blanco, sube por la escalera hasta los brazos de su amado. Todo ha sido restaurado. La tragedia no tiene la palabra final. De alguna manera, más allá de toda esperanza, el Paraíso ha sido vuelto a ganar.

¿No es este nuestro dilema? ¿No son estas las noticias que hemos estado anhelando? ¿Un retorno a la vida que valoramos? Fíjese de nuevo a lo que Jesús ofrece. Hay suficiente pan para todos. Hay sanidad para cada enfermedad. Los perdidos son encontrados. A los cansados se les da descanso. Hay vida disponible… vida hasta lo máximo.

> Yo soy la puerta; el que entre por esta puerta, que soy yo, será salvo. Se moverá con entera libertad, y hallará pastos. El ladrón no viene más que a robar, matar y destruir; yo he venido para que tengan vida, y la tengan en abundancia» (Juan 10.9, 10, Nueva Versión Internacional).

EL DESEO Y EL BIEN

¿Pero el cristianismo no condena el deseo? ¿Qué diremos de los puritanos y todo eso? Al contrario. El cristianismo considera el deseo con seriedad, con mucha más seriedad que los estoicos o los simples hedonistas. El cristianismo se rehúsa a moverse de la posición que sostiene el hecho de que el hombre fue creado para el placer, que su principio y su fin es el paraíso, y que la meta de vivir es encontrar Vida. Jesús sabe el dilema del deseo, y le habla en casi todo lo que dice.

Cuando consideramos las preguntas sobre principios morales, no se trata de si decimos un simple sí o no al deseo, sino que siempre es lo que hacemos con el deseo. El cristianismo reconoce que dentro de nosotros el deseo se ha desenfrenado. Pero no busca rectificar el problema matando el deseo; más bien busca la sanidad del deseo, de la misma manera que busca la sanidad de cualquier otra parte de nuestro ser.

«Dos cosas contribuyen a nuestra santificación», escribió Pascal. «Los dolores y los placeres». Y mientras que sabemos que en nuestro viaje abundan los problemas y las dificultades, «las dificultades que encuentran no son sin placer, y no pueden ser vencidas sin placer». ¿En dónde encuentra usted a Jesús que diga: «El problema con todos ustedes es que desean demasiado. Si aprendieran a ser felices con menos, todos nos llevaríamos muy bien»? En ninguna parte. Todo lo contrario. «Mis mandamientos son para su bien», dice Él, «siempre».

Algo ha sucedido que está mal en nosotros, muy mal. Tan mal que se nos debe decir que el gozo se encuentra, no en tener la esposa de otro hombre, sino en tener la propia nuestra. Pero el asunto no es la ley; el asunto es el gozo. No creo necesitar decir más que esto: El cristianismo ha traído a un grupo entero de gente al punto en el que se les tiene que decir que las relaciones sexuales han sido, usando las palabras de un libro, «creadas para el placer».

Dios es realista. Sabe que el éxtasis no es una opción; hemos sido creados para la felicidad, y la debemos tener, de una forma u otra. Él también sabe que la felicidad es frágil y que descansa en un fundamento más grande que la felicidad. Todas las disciplinas cristianas fueron formuladas en uno u otro tiempo en un intento de sanar la perversidad de los deseos y así, por medio de la obediencia, traernos de nuevo a la felicidad. Walter Brueggemann sugiere que la fe en su camino a la madurez se mueve del «deber al deleite». Si no se está moviendo, entonces se ha estancado. Si ha cambiado la meta de deleite a deber, ha retrocedido; es una fe regresiva. Esta es la gran verdad perdida de la fe cristiana, la corrección que Jesús le hizo al judaísmo y que ha sido pasada a nosotros: la meta de la moralidad no es la moralidad —es el éxtasis. ¡Usted fue creado para el placer!

¿Quién, entonces, puede ser salvo?

Mire otra vez la historia que Jesús contó sobre el hijo pródigo. Podría ser llamada la historia del deseo. Considere lo que cada personaje hace con su deseo. Está el hijo menor, cuyo deseo lo lleva a un mundo de problemas. Luego se encuentra el padre, cuyo deseo por el hijo perdido es tan profundo que lo ve llegar desde una gran distancia —él ha estado mirando, esperando. El perdón es asumido; es algo implícito. El padre está agradecido por tener a su hijo de vuelta en el hogar. Y luego se encuentra el hijo mayor. Él es un arruina fiestas, si usted recuerda la historia. Su hermano menor ahora «ha vuelto a la vida», como dijo su padre, y el hermano mayor ni siquiera quiere venir a la celebración. Se queda afuera, resentido. Veamos la historia en este punto:

> Entonces se enojó, y no quería entrar. Salió por tanto su padre, y le rogaba que entrase. Más él, respondiendo, dijo al padre: He aquí, tantos años te sirvo, no habiéndote desobedecido jamás, y nunca me has dado ni un cabrito para gozarme con mis amigos. Pero cuando vino este tu hijo, que ha consumido tus bienes con rameras, has hecho matar para él el becerro gordo. Él entonces le dijo: Hijo, tú siempre estás conmigo, y todas mis cosas son tuyas. Mas era necesario hacer fiesta y regocijarnos, porque este tu hermano era muerto, y ha revivido; se había perdido, y es hallado (Lucas 15.28-32).

El hermano mayor es la figura del hombre que ha vivido toda su vida enfocada en el deber y la obligación. Cuando el hijo perdido regresa de su naufragio de deseo, su hermano está furioso porque recibe una fiesta y no un viaje detrás del granero y una corrección con el lado ancho de una paleta. Él le dice a su padre que no es justo, que en todos esos años no ha obtenido nada por toda una vida de servicio. La respuesta del padre es directa: «Todas mis cosas son tuyas». En otras palabras: «Tú nunca me pediste». Rembrandt captura todo esto en una forma poderosa en su cuadro titulado «El regreso del hijo prodigo». En el cuadro, el hermano mayor se encuentra de pie un escalón más arriba de la reunión de padre e hijo. Él no va a bajar el escalón ni va a entrar. Está por encima de todo. ¿Pero quién recibe la redención? El escandaloso mensaje de la historia es este: los que matan el deseo —los legalistas, los que cumplen sus obligaciones—, no son los que experimentan el abrazo del padre. La pregunta no es si nos atrevemos a desear, sino si no nos atrevemos a desear.

Acerca del Autor

John Eldredge es el fundador y director del ministerio Ransomed Heart™ en Colorado Springs, Colorado, una comunidad dedicada a ayudar a la gente a recuperarse y vivir desde la profundidad de su corazón. Es autor de numerosos libros, incluyendo *Salvaje de Corazón* y *El Sagrado Romance*. John vive en Colorado con su esposa Stasi y sus tres hijos, Samuel, Blaine y Luke. Le encanta estar al aire libre, y hacer excursiones en lugares inhóspitos.

Para saber más sobre los seminarios de John, sus casetes, y otros recursos para el corazón, visite su sitio en Internet:

www.RansomedHeart.com

O escríbale a:

Ransomed Heart™ Ministries
P.O. Box 51065
Colorado Springs CO 80949-1065

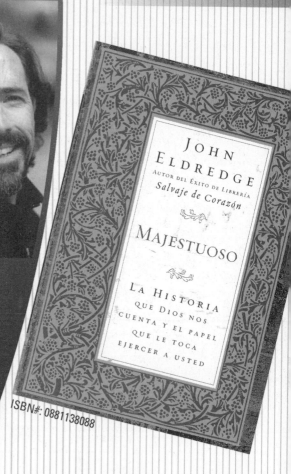